基于**有界记忆**与**共同冲击**的投资和再保险策略研究

李 胜 —————— 著

西南财经大学出版社

中国·成都

图书在版编目(CIP)数据

基于有界记忆与共同冲击的投资和再保险策略研究/李胜著.—成都:西南
财经大学出版社,2023.8
ISBN 978-7-5504-5581-8

Ⅰ.①基… Ⅱ.①李… Ⅲ.①保险投资 Ⅳ.①F840.5

中国国家版本馆 CIP 数据核字(2023)第 140444 号

基于有界记忆与共同冲击的投资和再保险策略研究

JIYU YOUJIE JIYI YU GONGTONG CHONGJI DE TOUZI HE ZAIBAOXIAN CELÜE YANJIU

李 胜 著

策划编辑:李 琼
责任编辑:李 琼
责任校对:李思嘉
封面设计:墨创文化
责任印制:朱曼丽

出版发行	西南财经大学出版社(四川省成都市光华村街55号)
网　　址	http://cbs.swufe.edu.cn
电子邮件	bookcj@ swufe.edu.cn
邮政编码	610074
电　　话	028-87353785
照　　排	四川胜翔数码印务设计有限公司
印　　刷	成都市火炬印务有限公司
成品尺寸	170mm×240mm
印　　张	11.5
字　　数	195 千字
版　　次	2023 年 8 月第 1 版
印　　次	2023 年 8 月第 1 次印刷
书　　号	ISBN 978-7-5504-5581-8
定　　价	68.00 元

摘要

　　保险作为社会风险的重要管理工具，已经参与到社会治理的各个方面。在应对新型冠状病毒感染疫情期间，保险在抗疫和支持复工复产中表现出明显的支撑保障作用，为确诊患者及时地提供了救治援助，为企业生产减轻了费用负担。作为保险市场的供给方，保险公司降低了个体风险，维护了社会稳定。当保险公司承保的风险超过其限额时，需要进行再保险。为了保障公司的偿付能力、确保公司在市场的激烈竞争中占据有利地位以及争取更多客户实现资本增值，保险公司还必须进行投资。因此，保险公司必须密切关注自身的投资组合设计及风险管理。在经典投资组合优化中，投资者仅根据当前的信息（当前的资产价格和当前的投资组合价值等）做出决策，而不考虑历史信息（过去的资产价格和过去的投资组合价值等）。然而，在现实世界中，投资者在做出投资决策之前往往会先看看风险资产或其投资组合的历史表现。保险公司在做投资或再保险决策时，往往基于公司一段时期的绩效，而不是当时瞬时的绩效。从现实保险市场看，保险公司的保险组合中不同保险业务之间往往存在着某种相互依赖的共同冲击。严重的传染病疫情等共同冲击因素往往导致各种保险索赔同时发生，例如新型冠状病毒感染疫情期间，医疗索赔、死亡索赔和失业索赔等的发生率同时增加。基于此，我们将有界记忆和共同冲击结合起来，在不同的模型设定和经济环境下，对保险公司的投资和再保险策略进行研究。具体内容如下：

首先，在有界记忆和共同冲击框架下考虑跳扩散金融市场和存在卖空限制的投资和再保险策略问题。保险公司将自己的财富投资于由一个无风险资产和一个风险资产组成的金融市场，其中风险资产的价格过程服从跳扩散模型。并且假设保险公司持有一个由两种保险业务组成的保险组合，该组合的盈余过程由具有风险共同冲击的二维复合泊松模型刻画，为规避保险风险，保险公司将为每一条保险业务按比例购买再保险。通过引入有界记忆特征以刻画历史信息对保险公司决策的影响，得到保险公司由随机延迟微分方程描述的财富演化动态。我们以马科维茨均值-方差为准则并在卖空限制下，应用随机线性二次控制理论和随机延迟控制理论，获得了相应的带延迟的 HJB 基于有界记忆与共同冲击的投资和再保险策略研究方程，然后求解 HJB 方程获得了辅助问题的粘性解以及最优投资和两类业务的再保险策略，并应用拉格朗日对偶方法获得了原问题的有效策略以及带延迟的均值-方差有效前沿，同时通过数值算例分析了刻画有界记忆特征的参数和共同冲击参数对有效前沿的影响。

其次，在有界记忆和共同冲击框架下考虑 Heston 随机波动率模型和存在违约风险的投资和再保险策略问题。保险公司将自己的财富投资于由一个无风险资产、一个违约债券和一个风险资产组成的金融市场，其中违约债券以简约形式模型进行刻画，而风险资产的价格过程遵循 Heston 随机波动率模型。我们以最大化常风险回避均值-方差偏好为目标，应用博弈论框架中的随机控制理论以及随机延迟控制理论推导出带延迟的广义 HJB 方程，进而获得最优时间一致的违约债券投资策略、风险资产投资策略和两类业务的再保险策略以及对应的均衡值函数，并且通过数值算例分析了刻画有界记忆特征的参数和共同冲击参数对最优时间一致的违约债券投资策略、风险资产投资策略和再保险策略的影响。

再次，在有界记忆和风险共同冲击框架下研究以最大化状态相依风险回避均值-方差偏好为目标的投资和再保险策略问题。保险公司将自己的财富投资于由一个无风险资产和一个风险资产组成的金融市场，其中风险资产的价格过程服从几何布朗运动。保险公司的盈余过程服从二维相依扩散逼近过程。我们以最大化状态相依风险回避的均值-偏好为目标，应用博弈论框架中的随机控制理论和随机延迟控制理论推导出带延迟的广义 HJB 方程，通过求解该广义 HJB 方程和构造指数鞍的方法获得了状态相依最优时间一致投资和再保险策略的半显式表达。

最后，在有界记忆和共同冲击框架下考虑模糊厌恶型保险公司的投资和再保险策略问题。保险公司将自己的财富投资于由一个无风险资产和一个风险资产组成的金融市场，其中风险资产的价格过程服从跳扩散模型。考虑模型不确定性，我们应用博弈论框架中的随机控制理论、随机延迟控制理论和鲁棒控制方法获得了稳健时间一致的投资和再保险策略以及对应的稳健均衡值函数。

关键词： 有界记忆　共同冲击　投资和再保险　随机延迟控制理论　博弈论　广义 HJB 方程　时间一致策略

目录

1 绪论

1.1 研究背景与意义

作为金融体系的重要组成部分,保险业的发展水平与整个社会经济的发展水平是相互联系、相互促进的。截至 2019 年,我国保险业总资产额达到 20.6 万亿元,虽然仅占金融业总资产额的 6.45%,但提供的保险金额却高达 6 470.04 万亿元,是 GDP 的 65.30 倍,为国家的安全、社会的稳定以及人民的幸福生活提供了重要保障。保险作为社会风险的重要管理工具,已经在社会治理的各个方面发挥了重要作用,其具有社会效益好、保障程度高等特点,特别是养老保险和房屋保险等有利于分散金融风险,有利于缓解金融风险过度集中于银行业,有利于构建国家金融安全网。在应对新型冠状病毒感染疫情期间,保险在抗疫和支持复工复产中表现出明显的支撑保障作用,尤其是表现出明显的损失补偿和救济作用。在医疗资源分配方面,保险为医疗资源向疫情抗击一线倾斜提供了重要保障,确保了确诊者能得到及时的救助;在稳定就业及促进增长方面,失业保险稳岗返还及社保费用减免等保险政策,有效地减轻了企业的生产负担。

作为保险行业主角之一的保险市场供给方,保险公司通过分散个体风险来缓解社会风险,保障社会安全,提升经济系统运行效率。投保人通过支付保险费用将风险转移给保险公司,保险公司将个体潜在的高风险,分摊转移降解到每一个投保人身上,降低了个体风险,维护了社会稳定。当保险公司承保的风险超过其限额时,进行再保险是必要的,再保险是保险的保险,是整个保险体系的重要组成部分。在再保险市场中,保险公司通过支付再保险费用,以比例再保险或非比例再保险的方式,将部分保险业务转移给其他保险公司,形成"利益共享、风险共担"的合作关系,这样的关系有助于减缓突发的超额索赔风险对经济体系的冲击。并且再保险使得保险公司可以较为灵活地调整业务种类,改善业务结构,进而可以增强保险公司的承保能力。此外,为了保障公司的稳定运营,确保公司有足够的偿付能力以及确保公司在激烈的市场竞争中占据有利地位和争取更多客户实现资本增值,保险公司还必须进行投资。保险公司的利润不仅仅来自承保利润,更多的是来自投资活动,特别是保险业务发生亏损或者盈利不足时,保险公司的投资管理可能是公司平稳经营的重要保障。因此,保险公司必须密切关注自身的投资组合设计及风险管理。

在经典的投资组合优化中,投资者将自己的财富分配在风险资产和无风险资产之中,并选择控制策略以最大化总的期望效用。风险资产的价格通常用马尔可夫随机过程来描述,例如几何布朗运动等。在这种情况下,投资者将仅根据当前的信息(当前的资产价格或当前的投资组合价值等)做出决策,而不考虑历史信息(过去的资产价格或过去的投资组合价值等)。然而,在现实世界中,投资者在做出投资决策之前往往会先看风险资产或其投资组合的历史表现。例如,投资者倾向于在投资股票之前先查看股票的历史表现。因此,具有良好历史业绩的股票可能会吸引更多的投资者,这将增加股票的需求,从而具有良好历史表现的股票价格往往会上涨。相反,如果资产价格已经下降了很多,更多的投资者倾向于出售资产和投资于其他资产,这将推动价格进一步下跌。此外,当保险公司在做投资或再保险决策时,往往基于公司一段时期的绩效,而不是当时瞬时的绩效。这表明,应该通过具有记忆或延迟的随机过程来模拟股票价格或者投资组合价值。

从现实保险市场看,保险公司的保险组合中不同保险业务之间往往存在着某种相互依赖的共同冲击。在保险实践中,严重的传染病疫情等就是非常常见的共同冲击因素,这些共同冲击因素往往导致各种保险索赔同时发生,例如新型冠状病毒感染疫情期间,医疗索赔、死亡索赔和失业索赔等的发生率同时增加。此外,还有一些保险业务在设计上就是相互依赖、相伴发生的,例如,汽车保险/第三方保险、意外伤害保险/健康保险、人寿保险/养老保险等。这表明,保险业务之间存在相互依赖的共同冲击是一种普遍现象。

综合上述分析,历史信息与共同冲击是保险公司在投资和再保险决策过程中需要考虑的重要因素。由于对当前决策产生重要影响的往往是靠近当前时刻的一段时期的历史信息,而更遥远的历史信息可以忽略不计,也就是说,记录历史信息的记忆时间长度不是无限的,而是有界的。因此,基于有界记忆和共同冲击的框架,对保险公司的投资和再保险决策进行研究具有非常重要的现实意义。另外,在现代金融理论中,随机控制理论、鞅方法、倒向随机微分方程等被广泛用于投资组合的构建。本书将随机延迟控制理论、随机线性二次控制理论、博弈论框架中的随机控制理论以及鞅方法结合在一起处理考虑有界记忆和共同冲击的投资和再保险策略问题,丰富了构建最优投资组合的工具箱,为保险公司的平稳运营以及最优化决策奠定了坚实的理论基础。

1.2　研究现状

最优投资组合的构建一直属于现代金融和保险研究中的热点问题之一。自 Merton(1969,1971) 提出关于在连续时间下构建最优的投资和消费组合理论以来,各国学者在不同优化准则以及不同随机过程下对投资组合选择问题进行研究,在理论和实践上取得了一系列重要成果。Browne (1995) 首先将其思想和方法应用在保险精算领域,他假设保险公司的盈余过程服从扩散逼近模型,并且假设保险公司将财富投资于由一个无风险资产和一个服从几何布朗运动的风险资产构成的金融市场,分别以终端财富期望效用最大化以及破产概率最小化为目标研究了保险公司的最优投资策略。事实上,关于保险公司盈余过程的研究最早可以追溯到 Lundberg (1903),他首次将泊松随机过程引入风险模型。在此基础上,Cramér(1955, 1976) 进一步将风险模型理论严格化,提出了经典的 Cramér-Lundberg(C-L) 风险模型。为简化计算过程,Grandell(1991) 基于概率测度的弱收敛理论提出了 C-L 模型的扩散逼近,即用一个带漂移的布朗运动逼近 C-L 风险模型。于是,扩散逼近模型和 C-L 模型成为刻画保险公司盈余过程的两种主要风险模型。Højgaard 和 Taksar(1998) 在扩散逼近模型下以最大化回报函数为目标研究最优比例再保险问题,并获得了最优再保险策略和值函数的显式表达。Hipp 和 Plum(2000) 在 C-L 风险模型下以最小化破产概率为目标准则获得了保险公司的最优投资策略。Schmidli(2001) 则以破产概率最小化为目标分别在扩散逼近模型和 C-L 模型下对最优比例再保险策略进行了研究。进一步地,Schmidli(2002)将投资和再保险结合起来,在破产概率最小化目标下获得了最优的投资和再保险策略。Yang和Zhang(2005)则在C-L风险模型中加入布朗运动作为随机扰动,分别以终端财富期望指数效用最大化和生存概率最大化为目标研究了保险公司的最优投资策略。Bai和Guo(2008)进一步在多维风险资产和卖空限制下,获得了终端财富期望指数效用最大化和破产概率最小化准则下的最优投资和再保险策略。Cao和Wan(2009)也考虑了终端财富期望对数效用最大化准则下的投资和再保险策略。此外,Lin和Li(2011)、Gu等(2010)、Gu等(2012)、Li等(2014)、Wu和Wu(2016)、Wang等(2018)研究了常方差弹性(CEV)模型下的投资再保险策略问题。而Zhao等(2013)、Li等(2016)、朱怀念等(2021)则考虑了Heston随机波动率模型下的投资和再保险决策问题。上述文献都是以破产概率最小化或者指数效用最大化为优化目标的。

此外,均值-方差是保险公司关注的另一个决策准则,因为该准则不仅考虑了风险,还考虑了收益。由于其合理性和实用性,该准则成为实践中较为流行的决策准则。关于均值-方差准则的研究最早可以追溯到Markowitz(1952)。此后,均值-方差准则受到广泛研究。Li和Ng(2000)引入了一种嵌入技术来进行变换,将均值-方差问题转化为离散时间模型中的随机线性二次型控制问题。Zhou和Li(2000)在Li和Ng(2000)的基础上进一步拓展,应用连续时间下的随机控制理论和拉格朗日对偶方法,解决了连续时间下的均值-方差投资组合问题。此后,均值-方差准则在保险精算方面也得到了大量应用,例如Bäuerle(2005)、Bai和Zhang(2008)、Bi等(2011)、Bi和Guo(2013)、Chen和Yam(2013)、Bi等(2014)、杨鹏(2014)、Sun和Guo(2018)、毕俊娜和李旻瀚(2020)等。

然而,值得注意的是,动态均值-方差准则缺乏迭代期望性质,这导致了时间不一致,从而Bellman最优性原则不再适用。事实上,在许多情形下,最优策略的时间一致性是理性决策的基本要求。因此,Björk和Murgoci(2010)、Björk等(2017)将博弈论框架中的纳什子博弈精炼均衡的思想和观点应用到随机控制理论中,建立了马尔可夫时间不一致随机控制问题的一般理论,获得了广义HJB方程,并且得到的最优策略是时间一致的均衡策略,该策略不仅在当前时刻是最优的,而且在未来一段时期内也是最优的。近年来,对于均值-方差投资和再保险问题,寻找最优时间一致的均衡策略越来越受到学者们的关注。应用这一理论,Zeng和Li(2011)、Li等(2012)、

Zeng 等(2013)、Li 和 Li(2013)、Li 等(2015)、Yang(2017)、Liang 和 Song
(2015)、Li 等(2015)、Zhao 等(2016)、Lin 和 Qian(2016)、Li 等(2017)、Zhao
等(2017)，Zhang 和 Chen(2018)、Chen 和 Shen(2019)、Bi 和 Cai(2019) 等
分别在不同的金融市场设置、不同的保险风险模型以及其他不同的约束下
以均值-方差为准则获得了最优时间一致的投资和再保险策略。下面按照
本书的研究框架和研究内容对相关文献进行梳理。

1.2.1　有界记忆相关研究

在现实生活中,影响事物运动规律的因素不仅仅取决于当前状态,而且
可能会取决于过于一段时期的状态。为了刻画这种现象,有必要引入对过
去一段时期状态的刻画,即延迟项。然而,对于保险公司决策而言,产生重
要影响的是靠近当前时刻的一段时期的状态,这表现出一种有界记忆特征,
即延迟项中的延迟时间长度是有界的,如第 2.2.3 小节的延迟项 $L(t) = \int_{-h}^{0} e^{Au} X^{\pi}(t + u) du$ 中延迟时间长度 h。 随机延迟微分方程是刻画自然界和
人类社会中存在有界记忆的随机现象的有效工具。Mohammed(1984,
1998)、Scheutzow(1984)等最早对随机延迟微分方程进行了系统研究。Kol-
manovskii 和 Maizenberg(1973)则对受控随机延迟微分方程的控制问题进行
了研究,解决了一类具有二次成本泛函的线性延迟系统的非奇异随机控制
问题。他们利用 Lyapunov-Krasovsky 泛函的存在性,给出了最优控制存在的
条件,并建立了最优控制系数的方程,得到了该方程组存在的条件,同时,
提出了一种适用于数值确定最优控制系数的逐次逼近方法。受
Kolmanovskii 和 Maizenberg(1973) 的启发,Elsanosi 等(2000)研究了一类由
随机延迟微分方程描述的最优回报问题,并给出了随机延迟系统最优控制
的变分不等式。他们重点关注一类值函数以某种简单方式依赖于过程的初
始路径(而不是初始点)的最优回报问题,例如,$X(t)$ 表示 t 时刻的财富价
值,财富价值的增长既受 $X(t)$ 当前值的影响,又与 $X(t - h)$ 以及之前值的
一些(滑动)平均值有关。值得一提的是,随机延迟控制问题往往是无限维
的,很难获得解的显式表达,而应用 Elsanosi 等(2000)的理论模型可以获得
一类受随机延迟微分方程控制的最优回报问题的闭形式解。在 Elsanosi 等
(2000)的基础上,Øksendal 和 Sulem(2001)考虑了应用极大值原理来解决
一类随机延迟微分方程系统的最优控制问题,并在该类系统下证明了两个

极大值原理,其中一个极大值原理适用于解决一般的随机延迟控制问题,另一个极大值原理则可应用于解决奇异型的随机延迟控制问题。作为应用,他们从一个由某种类型的随机延迟方程描述的经济量中明确地找到了最优消费率,同时还解决了一个具有延迟的市场中的 Merton 型最优投资组合问题。Larssen(2002)也考虑了随机延迟微分方程系统描述的最优控制问题。他证明随机延迟系统下的 Bellman 最优性原理(动态规划原理)。现实中,演化动态可能会以一般方式依赖过去的状态,然而,作为一个应用,他们研究了一类值函数仅通过加权平均依赖过去的系统,并在值函数足够光滑的条件下获得了 HJB 偏微分方程。在此基础上,Larssen 和 Risebro(2003)研究了一类与 Elsanosi 等(2000)类似的随机延迟微分方程系统下的最优控制问题。Larssen 和 Risebro(2003)应用 Larssen(2002)中的动态规划原理导出了这类问题的 HJB 方程。由于这类随机控制问题是无限维的,他们证明了在一定条件下,可以将这类无限维的随机控制问题转化为有限维问题,并且证明了有限维下的 HJB 方程有解的充要条件是系数满足一阶偏微分方程组。此外,他们还考虑了 HJB 方程的粘性解,并证明了在一定条件下,值函数是 HJB 方程的唯一粘性解,同时给出了 HJB 方程化为有限维方程的两种情况的数值例子。Bauer 和 Rieder(2005)也通过将无限维退化为有限维的方法对随机延迟微分方程系统的最优控制问题进行了研究,并解决了一些具有延迟的线性二次型问题,同时找到了具有延迟的金融市场的最优消费率。Gozzi 等(2009)研究了广告模型引起的一类随机延迟微分方程系统下的最优控制问题,处理了延迟同时进入状态和控制的受控随机延迟控制问题。与 Larssen 和 Risebro(2003)以及 Bauer 和 Rieder(2005)类似,他们将问题重新表述为一个有限维随机控制问题,通过动态规划原理,将该问题与二阶 HJB 方程联系起来,并给出了验证定理和一些简单的例子,证明了这样的方程允许显式光滑解和构造最优反馈控制。关于更多的具有延迟的随机控制问题还可参见 Chang 等(2008)、Federico 等(2010, 2011)、Chen 和 Wu(2010)、Federico(2011)、Chang 等(2011)、Øksendal 等(2011)、Agram 等(2013)、Mao 和 Sabanis(2013)。这些学者都从不同的角度在不同的条件下对随机延迟微分方程系统下的最优控制问题进行了研究。其中有些学者对金融中随机延迟控制问题进行了研究,例如 Federico(2011)研究了具有延迟的养老金管理问题,Chang 等(2011)讨论了存在有界记忆的投资消费问题,Mao 和 Sabanis(2013)研究了具有延迟的几何布朗运动下的期权估值问题。

Shen 和 Zeng(2014)应用 Øksendal 和 Sulem(2001)建立的存在延迟的随机系统下的最大值原理,以均值-方差为准则获得了存在有界记忆的保险公司的最优投资和再保险策略。此后,Chunxiang A 和 Li(2015)以及 Chunxiang A 等(2018)分别考虑了 Heston 随机波动率模型和 CEV 模型下以指数效用最大化为目标存在延迟的保险公司投资和超额损失再保险问题。阿春香和邵仪(2020)研究了在 CEV 模型下具有延迟的最优投资和比例再保险问题。

1.2.2 共同冲击相关研究

近年来,世界范围内的自然灾害和人为灾害越来越多,给人们的生命财产安全带来了极大的损害,如在全球范围内爆发的新型冠状病毒感染疫情就给人类世界带来了不可估量的损失。从保险领域看,这些灾害对各类保险业务带来了共同冲击影响,因此,在实践中,保险业务通常在某种程度上是相互依赖的。典型的例子是,公共安全事故、瘟疫等往往导致各种保险索赔同时发生,如医疗索赔、死亡索赔等。我们假设这两类总索赔由一个共同的冲击相关联,这种共同冲击风险模型用来描述总索赔风险之间的相依性。这种模型假定,除了潜在的风险之外,还有一种影响所有类别索赔数量的共同冲击。因此,与 Browne(1995)、Chen 和 Shen(2019)、Bi 和 Cai(2019)等假设风险之间相互独立相比,这种共同冲击模型能更好地描述现实中某种共同的风险因素(例如各类自然灾害、瘟疫以及公共安全事故等)对各类保险索赔的影响。Partrat(1994)、Ambagaspitiya(1998,1999)、Yuen 等(2002)等分别从不同的角度和在不同的条件下对相依索赔的分布进行了研究。Lindskog 和 McNeil(2003)考虑了共同冲击风险模型在保险损失和信用风险建模中的应用。在上述学者研究的基础上,Centeno(2005)考虑了风险相依模型下的超额损失再保险问题,以期望指数效用最大化为准则获得了最优留存水平。Yuen 等(2006)将二元复合泊松模型用于刻画两类依存的保险业务。他们主要关注至少一类业务破产的概率,由于二元复合泊松模型破产概率难以获得显式表达,因此他们引入二元复合二项式模型用来逼近有限时间内的保险公司的生存概率,然后通过二元复合泊松模型的关联特性,研究了一些简单的无穷时毁灭概率的界限,并且还通过多元随机阶来研究依赖性对无穷时毁灭概率的影响。Bai 等(2001)假设保险公司有两条依存业务线,且两条业务线的盈余过程由二维相依复合泊松风险过程或共同冲击风险模型来模拟。为了防止大的损失,降低保险公司的破产概率,保险公司对每条业务线都适用一个再保险决策,因此两个决策形成了一个二维再保险决策。他们首先利用鞅中心极限定理,推导出二维复合泊松盈余过程的二维扩散近似(Grandell,1991)。然后通过扩散逼近过程来刻画保险公司的总盈余过程,并将最优再保险策略问题简化为可控扩散逼近过程的动态控制问题。在这种设置下,以破产概率最小化为准则,获得了二维最优超额损失再保险策略的闭形式表达。Yuen 等(2015)、Liang 和 Yuen(2016)分别在期望值保费原理和方差保费原理下以指数效用最大化为准则研究了共同冲击模型下的最优比例再保险策略。Ming 等(2016)应用随机线性二次控制理论以均值-方差为准则获得了共同冲击模型下的最优比例再保险策略。在 Ming 等(2016)的基础上,Liang 等(2016)结合投资和再保险,以均值-方差为准则考虑了跳扩散金融市场和共同冲击模型下的最优投资和再保险策略。此后,Bi 等(2016)、Liang 等(2018)、Han 等(2019)、Zhang 和 Zhao(2020)、Sun 等(2020)分别从不同的金融市场设置和不同优化目标出发研究了共同冲击模型下的投资和再保险问题。

从对上述研究的梳理可知,在投资和再保险决策中考虑有界记忆和共同冲击是很有必要的,但是关于有界记忆对投资和再保险决策的研究还相对较少,而将有界记忆和共同冲击结合起来考虑的更是匮乏。考虑到有界记忆和共同冲击这两种因素在保险公司投资和再保险决策中的现实性,本书将有界记忆和共同冲击结合起来在几类不同的模型设定下对保险公司的投资和再保险决策进行研究。

1.3　研究内容

本书基于有界记忆与共同冲击模型框架,在不同的模型设定和经济环境假设下,应用随机线性二次控制理论、随机延迟控制理论、博弈论框架中的随机控制理论以及鞅方法和鲁棒控制方法对保险公司的投资和再保险决策进行分析。具体研究内容如下:

第 1 章是绪论。首先,对本书的研究背景和意义进行了阐述;其次,对投资和再保险领域的发展脉络和研究动态进行了梳理,并对有界记忆和共同冲击方面的文献进行了分类梳理;最后,对本书的主要研究内容进行概括总结,并对本书的主要创新点进行了说明。

第 2 章考虑了有界记忆和共同冲击框架下存在卖空限制的投资和再保险策略问题。保险公司将自己的财富投资于由一个无风险资产和一个风险资产组成的金融市场,其中风险资产的价格过程服从跳扩散模型。并且假设保险公司持有一个由两种保险业务组成的保险组合,该组合的盈余过程由具有共同冲击的二维复合泊松模型刻画,为规避保险风险,保险公司将为每一条保险业务按比例购买再保险。在此基础上,引入有界记忆特征以刻画历史信息对保险公司决策的影响,于是得到由随机延迟微分方程描述的保险公司的财富动态。保险公司以最大化考虑了历史绩效的终端财富期望和最小化考虑了历史绩效的终端财富方差为目标,并在卖空约束下,寻找最优投资和再保险策略。本章应用随机线性二次控制理论和随机延迟控制理论获得了相应的带延迟的 HJB 方程,然后求解 HJB 方程获得了辅助问题的粘性解以及最优投资和两类相依业务的再保险策略,并证明了验证定理。最后,应用拉格朗日对偶方法获得了原问题的有效策略以及带延迟的均值-方差有效前沿。此外,我们通过一个数值案例分析了刻画有界记忆特征的参数和共同冲击参数对有效前沿的影响。

第 3 章研究了有界记忆和共同冲击框架下存在违约风险的投资和再保险策略问题。保险公司将自己的财富投资于由一个无风险资产以及一个违约债券和一个风险资产组成的金融市场,其中违约债券以简约形式模型进行刻画,而风险资产的价格过程遵循 Heston 随机波动率模型。保险公司盈余过程的刻画与上一章相同。通过与第 2 章相同的方式引入有界记忆特征,得到随机延迟微分方程刻画的保险公司的财富过程。保险公司以最大化考虑了历史绩效的均值-方差效用为目标,寻找最优时间一致策略。本章应用博弈论框架中的随机控制理论以及随机延迟控制理论获得了带延迟的广义 HJB 方程,接着通过解该广义 HJB 方程获得了最优时间一致的违约债券投资策略、风险资产投资策略和两类业务的再保险策略以及对应的均衡值函数。此外,我们通过一个数值案例分析了刻画有界记忆特征的参数和共同冲击参数对最优时间一致的违约债券投资策略、风险资产投资策略和再保险策略的影响。

第 4 章考虑了有界记忆和共同冲击框架下以最大化状态相依风险回避均值-方差效用为目标的投资和再保险策略问题。保险公司将自己的财富投资于由一个无风险资产和一个风险资产组成的金融市场,其中风险资产的价格过程服从几何布朗运动。保险公司的盈余过程采用二维相依扩散逼近过程进行刻画。通过与前面章节相同的方法得到保险公司由随机延迟微分方程描述的财富过程。与第 3 章不同的是,保险公司以最大化考虑历史绩效并考虑状态相依风险回避均值-方差效用为目标,寻找最优时间一致策略。本章应用博弈论框架下的随机控制理论和随机延迟控制理论获得了带延迟的广义 HJB 方程,通过求解该广义 HJB 方程以及构造指数鞅的方法获得了状态相依最优时间一致投资和再保险策略。此外,我们通过一个数值案例分析了刻画有界记忆特征的参数和共同冲击参数对最优时间一致投资策略和再保险策略的影响。与第 3 章不同的是,该时间一致的投资和再保险策略受当前财富状态的影响,并且数值分析的结果与经济意义是一致的。

第 5 章研究了有界记忆和共同冲击框架下模糊厌恶型保险公司的投资和再保险策略问题。保险公司将自己的财富投资于由一个无风险资产和一个风险资产组成的金融市场,其中风险资产的价格过程服从跳扩散模型。保险公司的盈余过程服从二维相依扩散逼近过程。通过与前面章节相同的方法得到保险公司由随机延迟微分方程描述的财富动态。由于保险公司是模糊厌恶的,模型参数具有不确定性,因此本章通过相对熵惩罚来刻画与真实模型的偏差,应用博弈论框架下的随机控制理论、随机延迟控制理论和鲁棒控制方法获得了模型不确定情形下的广义 HJB 方程,进而寻找到稳健最优时间一致的投资和再保险策略以及对应的稳健均衡值函数,并通过一个数值例子对理论结果进行了分析。

第 6 章是结论与展望。该部分对本书的主要研究内容和研究结果进行总结,并指出本书研究中存在的不足以及进一步的研究方向和研究内容。

1.4　主要创新点

本书将保险公司在运营和决策过程中面临的两个重要现实因素(有界记忆和共同冲击)结合起来的框架基础上,对不同模型设定和经济环境下的保险公司的投资和再保险决策问题进行分析和研究,主要创新点如下:

第一,在保险公司投资和再保险决策问题中同时引入有界记忆和共同冲击因素,综合考虑了历史信息以及保险公司承保业务之间的相依共同冲击对决策的影响。在跳扩散金融市场和卖空约束下,本书基于有界记忆和共同冲击模型框架研究了保险公司的均值-方差投资和再保险问题。综合应用随机线性二次控制理论和随机延迟控制理论,推导出考虑了历史绩效的粘性解,并在粘性解框架中给出了考虑历史绩效和保险公司承保业务之间的相依共同冲击的验证定理。

第二,在有界记忆和共同冲击模型框架下考虑了 Heston 随机波动率和违约风险,以最大化常系数风险回避均值-方差效用为目标,综合应用博弈论框架中的随机控制理论和随机延迟控制理论推导出相应的广义 HJB 方程。通过求解该广义 HJB 方程,我们获得了考虑历史绩效的最优时间一致的违约债券、风险资产,以及两类相依保险业务的再保险策略以及对应均衡值函数的显式表达,同时还推导出对应的均衡有效前沿。

第三,在有界记忆和共同冲击模型框架下以最大化状态相依均值-方差效用为目标研究投资和再保险策略问题。由于我们关注的是一段时期的绩效而不仅仅是当前状态的绩效,风险回避系数是当前状态和历史状态的函数,因此此处的状态相依风险回避均值-方差效用既不同于第 3 章的常系数风险回避均值-方差效用,也不同于 Björk 等(2014)、Zhang 和 Liang(2017)以及 Bi 和 Cai(2019)考虑的仅依赖当前状态的状态相依风险回避均值-方差效用。综合应用博弈论框架中的随机控制理论、随机延迟控制理论以及构造指数鞅的方法,获得了依赖于一段时期绩效的最优时间一致投资和再保险策略的半显式表达以及对应的均衡值函数。

第四,Zeng 等(2016)研究了模糊厌恶型保险公司稳健均衡投资和再保险策略。在此基础上,我们引入历史绩效和保险公司承保业务之间的相依共同冲击,在有界记忆和共同冲击框架下,综合应用博弈论中的随机控制理论、随机延迟控制理论和鲁棒控制理论,获得了考虑历史绩效和共同冲击的稳健最优时间一致投资和再保险策略以及对应的稳健均衡值函数。

2 跳扩散金融市场和卖空限制下的投资和再保险策略

2.1 引言

在保险市场上,保险公司通过分散个人风险,为经济系统和社会的平稳有序发展提供保障。投保人通过支付保费将风险转移给保险公司,保险公司可以自由地将保费用于投资。当其承保的风险超过其限额时,就有必要进入再保险市场。在再保险市场上,保险公司通过支付再保险费,将投保业务部分转移给其他保险公司,以达到分散风险、控制损失、稳定经营的目的。因此,对保险公司的投资和再保险决策进行分析和研究具有重要的现实意义。Browne(1995)、Wang 等(2018)、Zhao 等(2013)、Li 等(2016)、朱怀念等(2021)等在破产概率最小化或者指数函数效用最大化目标下研究了投资或再保险策略。然而,由于均值-方差准则不仅考虑了风险,还考虑了收益,因此它也是保险公司关注的非常实用且合理的决策准则之一。Bäuerle(2005)、Bai 和 Zhang(2008)、Bi 和 Guo(2013)、Chen 和 Yam(2013)、Sun 和 Guo(2018)、毕俊娜和李旻瀚(2020)等以均值-方差为决策准则研究了保险公司的投资或再保险问题。

现实中,理性的人不仅会根据当前的信息进行决策,还会考虑过去的信息。例如,在投资股票等风险资产时,投资者不仅关注股票当前的价格,还关注股票过去的价格走势。如果股票价格在一段时间内一直处于高位,那么投资者就会倾向于多买股票;反之,如果过去股价下跌,那么投资者就会倾向于卖出股票,投资其他资产。保险公司在进行投资和再保险决策时,也会考虑公司在一段时间内的整体表现。在现实市场中,不同的保险业务往往会面临一些共同的冲击。例如,新型冠状病毒感染疫情的爆发可能导致医疗理赔和死亡理赔的同时发生。此外,意外险/健康险、寿险/捐赠险往往存在相互依赖的共同风险冲击。

考虑到历史信息对保险公司决策的影响、保险业务之间的相依性、金融资产价格的跳跃风险、风险资产卖空的限制以及非负再保险约束等因素,本章将基于有界记忆和共同冲击框架研究跳扩散金融市场中且存在卖空限制的均值-方差投资和再保险问题。遵循随机线性二次控制框架,我们构建了原问题的辅助问题和相应的辅助财富动态,结合随机延迟控制理论获得了带延迟的 HJB 方程。考虑到值函数可能不是足够光滑的,我们在随机延迟控制系统情形下推导了辅助问题的粘性解的闭形式表达。与经典的均值-方差组合理论类似,我们得到了存在延迟和共同冲击的有效前沿,并通过一个数值算例分析模型参数对有效前沿的影响。

2.2　模型设定和问题描述

本章假设模型建立在满足通常条件的概率空间 $(\Omega, \mathcal{F}, \{\mathcal{F}_t\}_{t \in [0,T]}, \mathbb{P})$ 上,即 $\{\mathcal{F}_t\}_{t \in [0,T]}$ 是右连续的且概率测度 $\mathbb{P}$ 是完备的,其中 $\{\mathcal{F}_t\}_{t \in [0,T]}$ 表示保险公司获得的直到 t 时刻的市场的所有信息,T 是一个有限的正数,即运营期 $[0,T]$ 是一个有限的闭区间。本章出现的所有随机过程都是定义在此概率空间上的,并且是适应的。

2.2.1　金融市场

考虑金融市场由一个无风险资产和一个风险资产组成,其中无风险资产的价格 $B(t)$ 满足如下方程:
$$dB(t) = r(t)B(t)dt, \quad B_0 = b_0,$$
其中 $r(t) > 0$ 是 $[0,T]$ 上确定的有界的 Borel 可测函数,表示无风险利率。风险资产的价格 $S(t)$ 服从如下跳扩散过程:
$$dS(t) = S_t - \left[\alpha(t)dt + \sigma(t)dW(t) + d\sum_{i=1}^{N_0(t)} Y_{0i}\right], \quad S_0 = s_0, \quad (2.1)$$
其中 $W(t)$ 是标准的布朗运动,$\alpha(t)(>r(t))$ 和 $\sigma(t)$ 是 $[0,T]$ 上确定的有界的 Borel 可测函数,分别表示风险资产的回报率及风险资产对应的布朗运动的波动率。$\{N_0(t)\}_{t>0}$ 是强度为 λ_0 的泊松过程,并且价格跳变量 $\{Y_{0i}, i \geq 1\}$ 是一簇独立的同分布于函数 $F_0(y_0)$ 的随机变量。同时,令 $E[Y_{0i}] = \mu_{01} \geq 0, E[Y_{0i}^2] = \mu_{02}$。为了避免金融市场存在无风险套利,我们需要确保风险资产的回报率大于无风险利率,即需要假设 $\alpha(t) + \lambda_0\mu_{01} > r(t)$。

2.2.2 盈余过程

假设保险公司持有一个保险组合,该组合由两项不同的保险业务组成,如医疗保险和死亡保险。假设随机变量 $\{Y_{1i}, i \geq 1\}$ 表示第一类保险业务的赔付金额,它们是相互独立的随机变量且具有共同的分布函数 $F_1(y_1)$。$\{Y_{2i}, i \geq 1\}$ 表示第二类保险业务的赔付金额,它们也是相互独立的随机变量且具有相同的分布函数 $F_2(y_2)$。我们假设 $y_1 \leq 0$,那么 $F_1(y_1) = 0$;否则,$0 < F_1(y_1) \leq 1$。类似地,如果 $y_2 \leq 0$,那么 $F_2(y_2) = 0$;否则,$0 < F_2(y_2) \leq 1$。此外,我们假设矩母函数 $M_{Y_1}(\iota)$ 和 $M_{Y_2}(\iota)$ 存在。这两类保险业务的累积索赔过程如下:

$$C_1(t) = \sum_{i=1}^{\tilde{N}_1(t)} Y_{1i}, \quad C_2(t) = \sum_{i=1}^{\tilde{N}_2(t)} Y_{2i}, \qquad (2.2)$$

其中 $\{\tilde{N}_1(t)\}_{t>0}$ 和 $\{\tilde{N}_2(t)\}_{t>0}$ 分别表示直到 t 时刻的第一类和第二类保险业务的索赔数量。对于这两类不同的保险业务,假设它们的索赔数量存在如下共同冲击相依关系:

$$\tilde{N}_1(t) = N_1(t) + N(t), \tilde{N}_2(t) = N_2(t) + N(t), \qquad (2.3)$$

其中 $\{N(t)\}_{t>0}$,$\{N_1(t)\}_{t>0}$ 和 $\{N_2(t)\}_{t>0}$ 是三个相互独立的泊松过程,它们对应的强度分别是 λ, λ_1 和 λ_2,而 $\{N(t)\}_{t>0}$ 表示对第一类和第二类保险业务的共同冲击,例如新型冠状病毒感染疫情冲击导致死亡索赔和医疗索赔共同增加。因此累积索赔过程可以表示为

$$C(t) = C_1(t) + C_2(t) = \sum_{i=1}^{N_1(t)+N(t)} Y_{1i} + \sum_{i=1}^{N_2(t)+N(t)} Y_{2i}. \qquad (2.4)$$

假设对任意的 $\iota \in (0, \zeta)$,$E[Y_{1i}e^{\iota Y_{1i}}]$ 和 $E(Y_{2i}e^{\iota Y_{2i}})$ 都存在。并且,对某个 $\zeta \in (0, \infty]$,有 $\lim_{\iota \to \zeta} E[Y_{1i}e^{\iota Y_{1i}}] \to \infty$ 和 $\lim_{\iota \to \zeta} E[Y_{2i}e^{\iota Y_{2i}}] \to \infty$。

为简便,定义

$$\begin{aligned} a_1 &:= (\lambda + \lambda_1)\mu_{11}, \quad b_1^2 := (\lambda + \lambda_1)\mu_{12}, \\ a_2 &:= (\lambda + \lambda_2)\mu_{21}, \quad b_2^2 := (\lambda + \lambda_2)\mu_{22}, \end{aligned} \qquad (2.5)$$

其中 $\mu_{11} = E[Y_{1i}]$，$\mu_{12} = E[Y_{1i}^2]$，$\mu_{21} = E[Y_{2i}]$ 和 $\mu_{22} = E[Y_{2i}^2]$。

保险公司的盈余过程 $U(t)$ 定义为

$$U(t) = U_0 + c_0 t - C(t), \qquad (2.6)$$

其中 U_0 是初始盈余，c_0 是保费率。我们假设保费率按期望保费原理计算，则 $c_0 = (1 + \theta_1)a_1 + (1 + \theta_2)a_2$，其中 θ_1 和 θ_2 分别是第一类和第二类保险业务的安全负载。此外，保险公司可以按比例购买再保险。$q_1(t)$ 和 $q_2(t)$ 分别表示保险公司购买第一类再保险和第二类再保险后的留存水平，也就是说，当索赔发生时，保险公司将支付 $q_1(t)Y_{1i}$ [或 $q_2(t)Y_{2i}$]，而再保险公司则需要支付 $1 - q_1(t)Y_{1i}$ [或 $1 - q_2(t)Y_{2i}$]。令再保险费率也按期望保费原理计算，则保险公司需要向再保险公司支付费率 $(1 - q_1(t))(1 + \eta_1)a_1 + (1 - q_2(t))(1 + \eta_2)a_2$，其中 η_1 和 η_2 分别是第一类和第二类保险业务对应的再保险公司的安全负载。不失一般性，我们令 $\eta_1 > \theta_1$，$\eta_2 > \theta_2$。注意，$q_1(t) \in [0,1]$（$q_2(t) \in [0,1]$）表示保险公司购买比例再保险。而 $q_1(t) > 1$（$q_2(t) > 1$）表示保险公司扮演再保险公司的角色从其他公司接同类的保险业务。购买比例再保险后，保险公司的费率是

$$
\begin{aligned}
c &= c_0 - \big[(1 - q_1(t))(1 + \eta_1)a_1 + (1 - q_2(t))(1 + \eta_2)a_2 \big] \\
&= \big[(1 + \eta_1)q_1(t) + \theta_1 - \eta_1 \big]a_1 + \big[(1 + \eta_2)q_2(t) + \theta_2 - \eta_2 \big]a_2 \\
&= (1 + \eta_1)q_1(t)a_1 + \xi_1 a_1 + (1 + \eta_2)q_2(t)a_2 + \xi_2 a_2,
\end{aligned}
$$

$$(2.7)$$

其中，$\xi_1 = \theta_1 - \eta_1$，$\xi_2 = \theta_2 - \eta_2$，那么保险公司的盈余过程 $U(t)$ 可表示为

$$dU(t) = c\,dt - q_1(t)dC_1(t) - q_2(t)dC_2(t). \qquad (2.8)$$

进一步，我们假设 $\{Y_{0i}, i \geq 1\}$，$\{Y_{1i}, i \geq 1\}$，$\{Y_{2i}, i \geq 1\}$，$\{N_0(t)\}_{t>0}$，$\{N(t)\}_{t>0}$，$\{N_1(t)\}_{t>0}$ 和 $\{N_2(t)\}_{t>0}$ 是相互独立的。

2.2.3　财富动态

令保险公司 t 时刻的财富为 $X(t)$，$p(t)$ 表示投资于风险资产的数量，则 $X(t) - p(t)$ 表示投资于无风险资产的数量。考虑历史绩效对保险公司决策的影响，我们引入函数 $f(t, X(t) - \bar{L}(t), X(t) - M(t))$ 表示资本的流入/流出，并定义 $\pi(t) = (p(t), q_1(t), q_2(t))$ 为 t 时刻的投资和再保险策略，那么保险公司的财富动态遵循如下随机延迟微分方程：

$$dX^{\pi}(t) = (X^{\pi}(t) - p(t))\frac{dB(t)}{B(t)} + p(t)\frac{dS(t)}{S(t)} + dU(t) -$$
$$f(t, X(t) - \bar{L}(t), X(t) - M(t))dt$$
$$= [r(t)X^{\pi}(t) + (\alpha(t) - r(t))p(t) + (1 + \eta_1)q_1(t)a_1 +$$
$$(1 + \eta_2)q_2(t)a_2 + \xi_1 a_1 + \xi_2 a_2]dt - f(t, X^{\pi}(t) - \bar{L}^{\pi}(t), X^{\pi}(t) -$$
$$M^{\pi}(t))dt + \sigma(t)p(t)dW(t) + p(t)d\sum_{i=1}^{N_0(t)}Y_{0i} - q_1(t)d\sum_{i=1}^{N_1(t)+N(t)}Y_{1i} -$$
$$q_2(t)d\sum_{i=1}^{N_2(t)+N(t)}Y_{2i}. \tag{2.9}$$

为便于处理,假设资本的流入/流出为如下线性函数:

$$f(t, X(t) - \bar{L}(t), X(t) - M(t)) = \gamma_1(t)(X(t) - \bar{L}(t)) + \gamma_2(X(t) - M(t))$$
$$= \gamma_1(t)(X(t) - \frac{L(t)}{\int_{-h}^{0}e^{As}ds}) + \gamma_2(X(t) - M(t))$$
$$= (\gamma_1(t) + \gamma_2)X(t) - \bar{\gamma}_1(t)L(t) - \gamma_2 M(t), \tag{2.10}$$

其中,$\gamma_1(t) \geq 0$ 是 $[0, T]$ 上确定的一致有界的函数,$\gamma_2 \geq 0$ 是常数,$\bar{\gamma}_1(t) = \dfrac{\gamma_1(t)}{\int_{-h}^{0}e^{Au}du}$,$L(t) = \int_{-h}^{0}e^{Au}X^{\pi}(t+u)du$,$\bar{L}(t) = \dfrac{L(t)}{\int_{-h}^{0}e^{Au}du}$ 和 $M(t) = X(t-h)$ 分别表示保险公司在历史时期 $[t-h, t]$ 内财富动态、综合、平均以及逐点的延迟信息。$0 \leq h \leq T$ 是延迟参数,表示记忆的时间长度。由于 T 是一个有限正数,所以 h 是有界的。$\bar{L}(t)$ 被定义为财富过程在区间 $[t-h, t]$ 具有指数衰减因子 $e^{Au}(u \in [-h, 0])$ 的加权平均,$A \geq 0$ 是平均参数。当 $h = 1$ 时,$X(t) - \bar{L}(t)$ 和 $X(t) - M(t)$ 分别表示保险公司在上一运营周期内的平均收益(或平均损失)和绝对收益(或绝对损失)。资本的流入/流出与过去的绩效密切相关。一方面,如果过去绩效表现良好,那么保险公司会给股东或管理者分红,此时表现为资本流出,即当 $X(t) > \bar{L}(t)$ 和 $X(t) > M(t)$ 时,$f(\cdot) > 0$;另一方面,如果过去绩效表现不好,那么保险公司需要额外融资才能达到预定目标,此时表现为资本流入,即 $X(t) < \bar{L}(t)$ 和 $X(t) < M(t)$ 时,$f(\cdot) < 0$。也就是说,函数 $f(\cdot)$ 完全刻画了保险公司在 $[t-h, t]$ 时期内的绩效的变化。

将式(2.10)代回式(2.9),可得

$$\begin{aligned} dX^{\pi}(t) = \big[&(r(t) - \bar{\gamma}_1(t) - \gamma_2)X^{\pi}(t) + \bar{\gamma}_1(t)L^{\pi}(t) + \gamma_2 M^{\pi}(t) + \\ &(\alpha(t) - r(t))p(t) + (1 + \eta_1)q_1(t)a_1 + (1 + \eta_2)q_2(t)a_2 + \\ &\xi_1 a_1 + \xi_2 a_2 \big]dt + \sigma(t)p(t)dW(t) + p(t)d\sum_{i=1}^{N_0(t)} Y_{0i} - \\ &q_1(t)d\sum_{i=1}^{N_1(t)+N(t)} Y_{1i} - q_2(t)d\sum_{i=1}^{N_2(t)+N(t)} Y_{2i}, \end{aligned} \tag{2.11}$$

其中,

$$dL^{\pi}(t) = (X^{\pi}(t) - AL^{\pi}(t) - e^{-Ah}M^{\pi}(t))dt.$$

并且假设 $X(t) = X_0, \forall t \in [-h, 0]$,这可以被解释为保险公司在时刻 $-h$ 持有的初始财富为 X_0,并且保险公司在 $[-h, 0]$ 这段时间属于筹备阶段,公司不进行商业运作。进一步,经过计算可以得到初始的综合延迟财富值为

$$L(0) = \frac{X_0}{A}(1 - e^{-Ah})。$$

2.2.4 优化问题

定义 2.1(容许策略) 对任意的 $t \in [0, T]$,一个投资和再保险策略 $\pi(t) = (p(t), q_1(t), q_2(t))$ 被称为是容许的,如果它满足:(i) $\pi(t)$ 是 $\{\mathcal{F}_t\}_{t \in [0,T]}$ - 循序可测的;(ii)对任意 $t \in [0, T], E\Big[\int_0^T (p^2(t) + q_1^2(t) + q_2^2(t))dt\Big] < + \infty$, $p(t) \geqslant 0, q_1(t) \geqslant 0, q_2(t) \geqslant 0$。

根据定义 2.1 和 Mohammed(1984)的定理 2.1,随机延迟微分方程(2.11)存在唯一的强解 $X^{\pi}(t)$ 满足 $E\big[\sup_{t \in [0,T]} X^2(t)\big] < \infty$。

为考虑历史运营绩效的影响,保险公司不仅聚焦终端财富 $X^{\pi}(T)$,也会关注历史平均绩效 $\bar{L}^{\pi}(T)$。因此,我们研究通过寻找一个容许策略最大化期望 $E[X^{\pi}(T) + \bar{\beta}\bar{L}^{\pi}(T)]$ 并最小化方差 $\mathrm{Var}[X^{\pi}(T) + \bar{\beta}\bar{L}^{\pi}(T)]$ 的均值-方差投资和再保险问题。此外,参数 $\bar{\beta}(\in [0,1])$ 是常数,表示 $\bar{L}^{\pi}(T)$ 的权重。如果令 $\beta = \dfrac{\bar{\beta}}{\int_{-h}^0 e^{Au}du}$,那么 $X^{\pi}(T) + \bar{\beta}\bar{L}^{\pi}(T) = X^{\pi}(T) + \beta L^{\pi}(T)$。基于此,接下来的分析我们关注 $E[X^{\pi}(T) + \beta L^{\pi}(T)]$ 和 $\mathrm{Var}[X^{\pi}(T) + \beta L^{\pi}(T)]$,并且称组合 $X(T) + \beta L(T)$ 为终端财富。由以上分析,我们将保险公司的均值-方差问题表述为如下形式的多目标优化问题:

$$\begin{cases} \min_{\pi \in \Pi} \{ \mathrm{Var}[X^\pi(T) + \beta L^\pi(T)], -E[X^\pi(T) + \beta L^\pi(T)] \}, \\ \mathrm{s.t.}(X(\cdot), \pi(\cdot)) \text{ 满足式}(2.11). \end{cases} \quad (2.12)$$

如果不存在一个策略 $\pi \in \Pi$ 使得

$$E[X^\pi(T) + \beta L^\pi(T)] \geqslant E[X^{\pi^*}(T) + \beta L^{\pi^*}(T)]$$

和

$$\mathrm{Var}[X^\pi(T) + \beta L^\pi(T)] \leqslant \mathrm{Var}[X^{\pi^*}(T) + \beta L^{\pi^*}(T)]$$

两个不等式中,至少有一个不等式严格成立,则最优策略 $\pi^* \in \Pi$ 被称为均值 - 方差有效的。并且,称 $(\mathrm{Var}[X^{\pi^*}(T) + \beta L^{\pi^*}(T)], E[X^{\pi^*}(T) + \beta L^{\pi^*}(T)])$ 为有效点,所有的有效点构成的集合被称为有效前沿。

为解决均值-方差问题(2.12),我们首先考虑方差最小化问题。即对于给定的 $k \in \mathbb{R}$,寻找一个最优策略,在给定 $E[X^\pi(T) + \beta L^\pi(T)] = k$ 的前提下,最小化如下方差:

$$\mathrm{Var}[X^\pi(T) + \beta L^\pi(T)] = E[X^\pi(T) + \beta L^\pi(T) - E[X^\pi(T) + \beta L^\pi(T)]]^2$$
$$= E[X^\pi(T) + \beta L^\pi(T) - k]^2.$$

基于上述讨论,我们重述方差最小化问题如下:

$$\begin{cases} \min_{\pi \in \Pi} \mathrm{Var}[X^\pi(T) + \beta L^\pi(T)] = E[X^\pi(T) + \beta L^\pi(T) - k]^2, \\ \mathrm{s.t.} \begin{cases} E[X^\pi(T) + \beta L^\pi(T)] = k, \\ (X(\cdot), \pi(\cdot)) \text{ 满足式}(2.11). \end{cases} \end{cases} \quad (2.13)$$

由于问题(2.13)是凸优化问题,条件约束 $E[X^\pi(T) + \beta L^\pi(T)] = k$ 可以通过拉格朗日乘子 ω 消除。因此,问题(2.13)变成:

$$\begin{cases} \min_{\pi \in \Pi} E\{[X^\pi(T) + \beta L^\pi(T) - k]^2 + 2\omega[E(X^\pi(T) + \beta L^\pi(T)) - k]\}, \\ \mathrm{s.t.}(X(\cdot), \pi(\cdot)) \text{ 满足式}(2.11). \end{cases}$$

$$(2.14)$$

需要注意的是问题(2.13)和问题(2.14)并不等价。根据拉格朗日对偶定理,在求解问题(2.14)后,还需要对 $\omega \in \mathbb{R}$ 最大化问题(2.14)的最优值。由于

$$E\{[X^\pi(T) + \beta L^\pi(T) - k]^2 + 2\omega[E(X^\pi(T) + \beta L^\pi(T)) - k]\}$$
$$= E[(X^\pi(T) + \beta L^\pi(T)) - (k - \omega)]^2 - \omega^2,$$

所以有问题(2.14)的等价问题,如下:

$$\begin{cases} \min_{\pi \in \Pi} E[(X^\pi(T) + \beta L^\pi(T)) - (k - \omega)]^2, \\ \mathrm{s.t.}(X(\cdot), \pi(\cdot)) \text{ 满足式}(2.11). \end{cases} \quad (2.15)$$

2.3 辅助问题和粘性解

2.3.1 辅助问题

构造辅助问题,令 $x(t) = X(t) - (k - \omega)$,那么财富动态(2.11)被转化为如下随机延迟微分系统:

$$dx^\pi(t) = \big[\,(r(t) - \gamma_1(t) - \gamma_2)x^\pi(t) + (r(t) - \gamma_1(t) - \gamma_2)(k - \omega) +$$
$$\bar{\gamma}_1 L^\pi(t) + \gamma_2 M^\pi(t) + (\alpha(t) - r(t))p(t) + (1 + \eta_1)q_1(t)a_1 +$$
$$(1 + \eta_2)q_2(t)a_2 + \xi_1 a_1 + \xi_2 a_2\,\big]dt + \sigma(t)p(t)dW(t) +$$
$$p(t)d\sum_{i=1}^{N_0(t)} Y_{0i} - q_1(t)d\sum_{i=1}^{N_1(t)+N(t)} Y_{1i} - q_2(t)d\sum_{i=1}^{N_2(t)+N(t)} Y_{2i}, \qquad (2.16)$$

其中

$$dL^\pi(t) = \big[\,x^\pi(t) + (k - \omega) - AL^\pi(t) - e^{-Ah}M^\pi(t)\,\big]dt.$$

对应的辅助问题如下:

$$\begin{cases} \min\limits_{\pi \in \Pi} E\big\{\dfrac{1}{2}\big[\,x^\pi(T) + \beta L^\pi(T)\,\big]^2\big\}, \\ \text{s.t. } (X(\cdot), \pi(\cdot)) \text{ 满足式}(2.16), \end{cases} \qquad (2.17)$$

并定义如下值函数:

$$J(t, x, l, m) = \inf_{\pi \in \Pi} E\big\{\dfrac{1}{2}\big[\,x^\pi(T) + \beta L^\pi(T)\,\big]^2 \,\big|\, x^\pi(t) = x, L^\pi(t) = x,$$
$$M^\pi(t) = m\big\}. \qquad (2.18)$$

正如 Chang 等(2011)所提到的,具有延迟的随机控制问题一般是无限维的。为获得显式解,我们需要附加额外的条件,值函数 $J(\cdot)$ 只依赖 (t, x, l),即

$$J(t, x, l, m) = J(t, x, l).$$

为此,我们假设如下条件成立:

$$\gamma_2 = \beta e^{-Ah}, \quad \bar{\gamma}_1(t) - A\beta = (r(t) - \gamma_1(t) - \gamma_2 + \beta)\beta. \qquad (2.19)$$

注 2.1 条件(2.19)中的两个条件将被反复使用,它确保了我们应用随机延迟控制理论能够获得优化问题解的显式表达。首先,保险公司通过选取平均参数 A 和延迟参数 h 分别计算综合延迟财富 $L(t)$ 和逐点延迟财富 $M(t)$;其次,通过选取参数 β 确定在均值-方差绩效测度中 $X(t)$ 和 $L(t)$ 的

权重系数;最后,保险公司根据条件(2.19)设置参数 $\gamma_2 = \beta e^{-Ah}$ 和 $\gamma_1(t) =$

$$\frac{\beta \int_{-h}^{0} e^{Au} du}{1 + \beta \int_{-h}^{0} e^{Au} du}(r(t) - \gamma_2 + \beta + A)$$ 来作为历史绩效 $X(t) - M(t)$ 和 $X(t) -$

$\overline{L}(t)$ 的比例系数,并据此调整资本的流入/流出。

　　令 $C^{1,2,1}([0,T] \times \mathbb{R} \times \mathbb{R})$ 表示 $[0,T] \times \mathbb{R} \times \mathbb{R}$ 上的任意 $\varphi(t,x,l)$ 和它的导数 $\varphi_t(t,x,l)$, $\varphi_x(t,x,l)$, $\varphi_{xx}(t,x,l)$ 以及 $\varphi_l(t,x,l)$ 都连续的函数构成的空间。对于任意的函数 $\varphi(t,x,l) \in C^{1,2,1}([0,T] \times \mathbb{R} \times \mathbb{R})$ 和给定的策略 $\pi \in \Pi$,我们定义如下无穷小算子:

$$\begin{aligned}
\mathcal{L}^{\pi}\varphi(t,x,l) = & \varphi_t + \varphi_x [(r(t) - \gamma_1(t) - \gamma_2)x + (r(t) - \gamma_1(t) - \gamma_2)(k - \omega) + \\
& \overline{\gamma}_1(t)l + \gamma_2 m + (\alpha(t) - r(t))p + (1 + \eta_1)a_1 q_1 + (1 + \eta_2)a_2 q_2 + \\
& \xi_1 a_1 + \xi_2 a_2] + [x + (k - \omega) - Al - me^{-Ah}]\varphi_l + \frac{1}{2}\varphi_{xx}\sigma^2(t)p^2 + \\
& \lambda_0 E[\varphi(t, x + pY_{0i}, l) - \varphi(t,x,l)] + \lambda_1 E[\varphi(t, x - q_1 Y_{1i}, l) - \\
& \varphi(t,x,l)] + \lambda_2 E[\varphi(t, x - q_2 Y_{2i}, l) - \varphi(t,x,l)] + \\
& \lambda E[\varphi(t, x - q_1 Y_{1i} - q_2 Y_{2i}, l) - \varphi(t,x,l)],
\end{aligned} \tag{2.20}$$

那么对应问题(2.17)有如下 HJB 方程:

$$\begin{cases}
\inf_{\pi \in \Pi} \mathcal{L}^{\pi} V(t,x,l) = 0, \\
V(T,t,l) = \dfrac{1}{2}(x + \beta l)^2.
\end{cases} \tag{2.21}$$

2.3.2　粘性解

　　定义 2.1 中的容许策略满足非负约束 $p(t) \geq 0$, $q_1(t) \geq 0$ 和 $q_2(t) \geq 0$,这将导致值函数不是足够光滑的,因此我们考虑 HJB 方程(2.21)的粘性解。结合 Fleming 和 Soner(2006)以及 Øksendal 和 Sulem(2001),我们给出如下粘性解的定义。

　　定义 2.2　设 $V:[0,T] \times \mathbb{R} \times \mathbb{R} \to \mathbb{R}$ 是一个连续函数。

　　(i)如果对所有的 $\phi \in C^{1,2,1}([0,T] \times \mathbb{R} \times \mathbb{R})$ 和 $(\bar{t}, \bar{x}, \bar{l}) \in [0,T] \times \mathbb{R} \times \mathbb{R}$,满足若函数 $V - \phi$ 达到最大值时,有下列不等式成立:

$$\inf_{\pi \in \Pi} \mathcal{L}^{\pi} \phi(\bar{t}, \bar{x}, \bar{l}) \geq 0,$$

则称函数 V 是 HJB 方程(2.21)的粘性下解。

（ii）如果对所有的 $\phi \in C^{1,2,1}([0,T] \times \mathbb{R} \times \mathbb{R})$ 和 $(\bar{t},\bar{x},\bar{l}) \in [0,T] \times \mathbb{R} \times \mathbb{R}$，满足若函数 $V - \phi$ 达到最小值时，有下列不等式成立：

$$\inf_{\pi \in \Pi} \mathcal{L}^{\pi} \phi(\bar{t},\bar{x},\bar{l}) \leqslant 0,$$

则称函数 V 是 HJB 方程(2.21)的粘性上解。

（iii）如果函数 V 既是 HJB 方程(2.21)的粘性上解，又是 HJB 方程(2.21)的粘性下解，则称 V 是 HJB 方程(2.21)的粘性解。

为了便于在后文中给出辅助问题(2.17)的粘性解，我们首先给出如下引理。

引理 2.1 在不考虑约束 $p(\cdot) \geqslant 0, q_1(\cdot) \geqslant 0$ 和 $q_2(\cdot) \geqslant 0$ 的前提下，问题(2.17)的解具有如下结构：

$$\begin{cases} \hat{p} = -n_0(t)\left[(x+\beta l) + \dfrac{F(t)}{H(t)}\right], \\[2mm] \hat{q}_1 = -n_1\left[(x+\beta l) + \dfrac{F(t)}{H(t)}\right], \\[2mm] \hat{q}_2 = -n_2\left[(x+\beta l) + \dfrac{F(t)}{H(t)}\right], \end{cases} \tag{2.22}$$

其中

$$\begin{cases} n_0(t) = \dfrac{\alpha(t) - r(t) + \lambda_0 \mu_{01}}{\sigma^2(t) + \lambda_0 \mu_{02}}, \\[3mm] n_1 = \dfrac{a_1 \eta_1 b_2^2 - a_2 \eta_2 \lambda \mu_{11} \mu_{21}}{b_1^2 b_2^2 - \lambda^2 \mu_{11}^2 \mu_{21}^2}, \\[3mm] n_2 = \dfrac{a_2 \eta_2 b_1^2 - a_1 \eta_1 \lambda \mu_{11} \mu_{21}}{b_1^2 b_2^2 - \lambda^2 \mu_{11}^2 \mu_{21}^2}. \end{cases} \tag{2.23}$$

证明：假设 HJB 方程(2.21)的解具有如下结构：

$$V(t,x,l) = \frac{1}{2}H(t)(x+\beta l)^2 + F(t)(x+\beta l) + G(t), \tag{2.24}$$

其中终值条件满足 $H(T) = 1$ 和 $F(T) = G(T) = 0$。对函数 $V(t,x,l)$ 关于 t，x 和 l 求导，有

$$V_t = \frac{1}{2}H'(t)(x+\beta l)^2 + F'(t)(x+\beta l) + G'(t),$$

$$V_x = H(t)(x+\beta l) + F(t),$$

$$V_l = \beta H(t)(x+\beta l) + \beta F(t) = \beta V_x, \quad V_{xx} = H(t),$$

经计算,还有

$$E[V(t,x+pY_{0i},l)-V(t,x,l)]=\frac{1}{2}p^2\mu_{02}H(t)+p\mu_{01}(x+\beta l)H(t)+p\mu_{01}F(t),$$

$$E[V(t,x-q_1Y_{1i},l)-V(t,x,l)]=\frac{1}{2}q_1^2\mu_{12}H(t)-q_1\mu_{11}(x+\beta l)H(t)-q_1\mu_{11}F(t),$$

$$E[V(t,x-q_2Y_{2i},l)-V(t,x,l)]=\frac{1}{2}q_2^2\mu_{22}H(t)-q_2\mu_{21}(x+\beta l)H(t)-q_2\mu_{21}F(t),$$

$$E[V(t,x-q_1Y_{1i}-q_2Y_{2i},l)-V(t,x,l)]=\frac{1}{2}(q_1^2\mu_{12}+q_2^2\mu_{22}+2q_1q_2\mu_{11}\mu_{21})H(t)$$
$$-(q_1\mu_{11}+q_2\mu_{21})(x+\beta l)H(t)-(q_1\mu_{11}+q_2\mu_{21})F(t).$$

将上述结果代入方程(2.21)并注意到 $\gamma_2=\beta e^{-Ah}$,我们有

$$\inf_{\pi\in\Pi}\left\{\frac{1}{2}H'(t)(x+\beta l)^2+F'(t)(x+\beta l)+G'(t)+[H(t)(x+\beta l)\right.$$
$$+F(t)][(r(t)-\gamma_1(t)-\gamma_2+\beta)x+(r(t)-\gamma_1(t)-\gamma_2+\beta)(k$$
$$-\omega)+(\bar{\gamma}_1(t)-\beta A)l+(\alpha(t)-r(t))p+(1+\eta_1)a_1q_1+(1$$
$$+\eta_2)a_2q_2+\xi_1a_1+\xi_2a_2]+\frac{1}{2}H(t)\sigma^2(t)p^2+\frac{1}{2}\lambda_0\mu_{02}p^2H(t)$$
$$+\lambda_0\mu_{01}p(x+\beta l)H(t)+\lambda_0\mu_{01}pF(t)+\frac{1}{2}(q_1^2b_1^2+q_2^2b_2^2)H(t)$$
$$-(q_1a_1+q_2a_2)(x+\beta l)H(t)+\lambda q_1q_2\mu_{11}\mu_{21}H(t)$$
$$\left.-(q_1a_1+q_2a_2)F(t)\right\}=0.$$

$$(2.25)$$

令

$$h(p,q_1,q_2)=[H(t)(x+\beta l)+F(t)][(r(t)-\gamma_1(t)-\gamma_2+\beta)x$$
$$+(r(t)-\gamma_1(t)-\gamma_2+\beta)(k-\omega)+(\bar{\gamma}_1(t)-\beta A)l+(\alpha(t)$$
$$-r(t))p+(1+\eta_1)a_1q_1+(1+\eta_2)a_2q_2+\xi_1a_1+\xi_2a_2]$$
$$+\frac{1}{2}H(t)\sigma^2(t)p^2+\frac{1}{2}\lambda_0\mu_{02}p^2H(t)+\lambda_0\mu_{01}p(x+\beta l)H(t)$$
$$+\lambda_0\mu_{01}pF(t)+\frac{1}{2}(q_1^2b_1^2+q_2^2b_2^2)H(t)-(q_1a_1+q_2a_2)(x$$
$$+\beta l)H(t)+\lambda q_1q_2\mu_{11}\mu_{21}H(t)-(q_1a_1+q_2a_2)F(t).$$

对函数 $h(p, q_1, q_2)$ 关于 p, q_1 和 q_2 求导,有

$$\frac{\partial h}{\partial p} = [H(t)(x+\beta l)+F(t)](\alpha(t)-r(t)+\lambda_0\mu_{01})+H(t)p(\sigma^2(t)+\lambda_0\mu_{02}),$$

$$\frac{\partial h}{\partial q_1} = a_1\eta_1[H(t)(x+\beta l)+F(t)]+(q_1b_1^2+\lambda q_2\mu_{11}\mu_{21})H(t),$$

$$\frac{\partial h}{\partial q_2} = a_2\eta_2[H(t)(x+\beta l)+F(t)]+(q_2b_2^2+\lambda q_1\mu_{11}\mu_{21})H(t),$$

$$\frac{\partial^2 h}{\partial p^2} = H(t)(\sigma^2(t)+\lambda_0\mu_{02}), \quad \frac{\partial^2 h}{\partial p\partial q_1} = \frac{\partial^2 h}{\partial p\partial q_2} = 0, \frac{\partial^2 h}{\partial q_1^2} = b_1^2H(t),$$

$$\frac{\partial^2 h}{\partial q_2^2} = b_2^2H(t), \quad \frac{\partial^2 h}{\partial q_1\partial q_2} = \lambda\mu_{11}\mu_{21}H(t).$$

从上述结果,可得如下 **Hessian** 矩阵

$$\mathbf{Hessian} = \begin{pmatrix} \dfrac{\partial^2 h(p_1,q_1,q_2)}{\partial p_1^2} & \dfrac{\partial^2 h(p_1,q_1,q_2)}{\partial p_1 q_1} & \dfrac{\partial^2 h(p_1,q_1,q_2)}{\partial p_1 \partial q_2} \\[3mm] \dfrac{\partial^2 h(p_1,q_1,q_2)}{\partial p_1 q_1} & \dfrac{\partial^2 h(p_1,q_1,q_2)}{\partial q_1^2} & \dfrac{\partial^2 h(p_1,q_1,q_2)}{\partial q_1 \partial q_2} \\[3mm] \dfrac{\partial^2 h(p_1,q_1,q_2)}{\partial p_1 \partial q_2} & \dfrac{\partial^2 h(p_1,q_1,q_2)}{\partial q_1 \partial q_2} & \dfrac{\partial^2 h(p_1,q_1,q_2)}{\partial q_2^2} \end{pmatrix} = \mathbf{B}H(t),$$

其中

$$\mathbf{B} = \begin{pmatrix} \sigma^2(t)+\lambda_0\mu_{02} & 0 & 0 \\ 0 & b_1^2 & \lambda\mu_{11}\mu_{21} \\ 0 & \lambda\mu_{11}\mu_{21} & b_2^2 \end{pmatrix}.$$

由下文中的式(2.31)和式(2.33),知 $H(t) > 0$。又矩阵 $\mathbf{B}$ 是正定的,因此 $(\hat{p}, \hat{q}_1, \hat{q}_2)$ 是下面方程组的解。

$$\begin{cases} [H(t)(x+\beta l)+F(t)](\alpha(t)-r(t)+\lambda_0\mu_{01})+H(t)p(\sigma^2(t)+\lambda_0\mu_{02}) = 0, \\ a_1\eta_1[H(t)(x+\beta l)+F(t)]+(q_1b_1^2+\lambda q_2\mu_{11}\mu_{21})H(t) = 0, \\ a_2\eta_2[H(t)(x+\beta l)+F(t)]+(q_2b_2^2+\lambda q_1\mu_{11}\mu_{21})H(t) = 0. \end{cases}$$

解上述方程,得:

$$\begin{cases} \hat{p} = -\dfrac{\alpha(t) - r(t) + \lambda_0 \mu_{01}}{\sigma^2(t) + \lambda_0 \mu_{02}} \left[(x + \beta l) + \dfrac{F(t)}{H(t)} \right], \\[3ex] \hat{q}_1 = -\dfrac{a_1 \eta_1 b_2^2 - a_2 \eta_2 \lambda \mu_{11} \mu_{21}}{b_1^2 b_2^2 - \lambda^2 \mu_{11}^2 \mu_{21}^2} \left[(x + \beta l) + \dfrac{F(t)}{H(t)} \right], \\[3ex] \hat{q}_2 = -\dfrac{a_2 \eta_2 b_1^2 - a_1 \eta_1 \lambda \mu_{11} \mu_{21}}{b_1^2 b_2^2 - \lambda^2 \mu_{11}^2 \mu_{21}^2} \left[(x + \beta l) + \dfrac{F(t)}{H(t)} \right]. \end{cases}$$

引理 2.1 证毕。

注 2.2 与 Bi 等(2016)不同,本书聚焦的是一段时期的财富绩效 $X(\cdot) + \beta L(\cdot)$,而不是某个时点的瞬时财富 $X(\cdot)$,因此终值条件是 $V(T, x, l) = \dfrac{1}{2}(x + \beta l)^2$,从而我们假设 HJB 方程(2.21)的解的结构如式(2.24)。

由定义 2.1,容许策略中的再保险策略是非负的。为便于后文分类讨论,以确保两类保险业务的再保险策略都是非负的,我们给出如下引理。

引理 2.2 在第 2.2.2 小节中给定的参数 $\lambda, \lambda_1, \lambda_2, \mu_{11}, \mu_{21}, \mu_{12}$ 和 μ_{22},满足如下不等式

$$\frac{\lambda \mu_{11} \mu_{21}}{b_2^2} \frac{a_2}{a_1} < 1 < \frac{b_1^2}{\lambda \mu_{11} \mu_{21}} \frac{a_2}{a_1}. \tag{2.26}$$

证明:根据式(2.6),可得

$$\frac{\lambda \mu_{11} \mu_{21}}{b_2^2} \frac{a_2}{a_1} = \frac{\lambda \mu_{11} \mu_{21}}{(\lambda + \lambda_2) \mu_{22}} \frac{(\lambda + \lambda_2) \mu_{21}}{(\lambda + \lambda_1) \mu_{11}} = \frac{\lambda \mu_{21}^2}{(\lambda + \lambda_1) \mu_{22}},$$

$$\frac{b_1^2}{\lambda \mu_{11} \mu_{21}} \frac{a_2}{a_1} = \frac{(\lambda + \lambda_1) \mu_{12}}{\lambda \mu_{11} \mu_{21}} \frac{(\lambda + \lambda_2) \mu_{21}}{(\lambda + \lambda_1) \mu_{11}} = \frac{(\lambda + \lambda_2) \mu_{12}}{\lambda \mu_{11}^2}.$$

注意到 $\mu_{22} > \mu_{21}^2$ 和 $\mu_{12} > \mu_{11}^2$,易得 $\dfrac{\lambda \mu_{21}^2}{(\lambda + \lambda_1) \mu_{22}} < 1$ 和 $\dfrac{(\lambda + \lambda_2) \mu_{12}}{\lambda \mu_{11}^2} > 1$。因此,不等式(2.26)成立。

考虑到约束 $p(\cdot) \geqslant 0, q_1(\cdot) \geqslant 0$ 和 $q_2(\cdot) \geqslant 0$,并注意到 $n_0(t) > 0$,因此,根据引理 2.2,我们分三种情形讨论:

情形 1:如果 $\eta_1 \leqslant \dfrac{\lambda \mu_{11} \mu_{21}}{b_2^2} \dfrac{a_2}{a_1} \eta_2$,则有 $n_1 \leqslant 0$ 和 $n_2 > 0$;

情形 2：如果 $\dfrac{\lambda\mu_{11}\mu_{21}}{b_2^2}\dfrac{a_2}{a_1}\eta_2 < \eta_1 < \dfrac{b_1^2}{\lambda\mu_{11}\mu_{21}}\dfrac{a_2}{a_1}\eta_2$，则有 $n_1 > 0$ 和 $n_2 > 0$；

情形 3：如果 $\eta_1 \geqslant \dfrac{b_1^2}{\lambda\mu_{11}\mu_{21}}\dfrac{a_2}{a_1}\eta_2$，则有 $n_1 > 0$ 和 $n_2 \leqslant 0$。

在下面的定理中，我们只对情形 2 做详细分析，另外两种情形可做类似讨论。

定理 2.3　对于情形 2，函数

$$
V(t,x,l)=
\begin{cases}
\begin{aligned}
&\frac{1}{2}e^{\int_t^T(2K-2P(s))ds}\big[(x+\beta l)e^{\int_t^T(r(s)-\gamma_1(s)-\gamma_2+\beta)ds}+\int_t^T\big[(r(s)\\
&-\gamma_2+\beta)(k-\omega)+\xi_1 a_1+\xi_2 a_2\big]e^{\int_s^T(r(u)-\gamma_1(u)-\gamma_2+\beta)du}ds\big]^2,x\\
&+\beta l+e^{-\int_t^T(r(s)-\gamma_1(s)-\gamma_2+\beta)ds}\int_t^T\big[(r(s)-\gamma_1(s)-\gamma_2\\
&+\beta)(k-\omega)+\xi_1 a_1+\xi_2 a_2\big]e^{\int_s^T(r(u)-\gamma_1(u)-\gamma_2+\beta)du}ds<0\\[6pt]
&\frac{1}{2}e^{\int_t^T(2K-2P(s))ds}\big[(x+\beta l)e^{\int_t^T(r(s)-\gamma_1(s)-\gamma_2+\beta)ds}+\int_t^T\big[(r(s)\\
&-\gamma_2+\beta)(k-\omega)+\xi_1 a_1+\xi_2 a_2\big]e^{\int_s^T(r(u)-\gamma_1(u)-\gamma_2+\beta)du}ds\big]^2,x\\
&+\beta l+e^{-\int_t^T(r(s)-\gamma_1(s)-\gamma_2+\beta)ds}\int_t^T\big[(r(s)-\gamma_1(s)-\gamma_2+\beta)(k-\omega)\\
&+\xi_1 a_1+\xi_2 a_2\big]e^{\int_s^T(r(u)-\gamma_1(u)-\gamma_2+\beta)du}ds\geqslant 0
\end{aligned}
\end{cases}
$$

$$\tag{2.27}$$

是 HJB 方程(2.21)的粘性解，其中 $K=\dfrac{1}{2}b_1^2 n_1^2+\dfrac{1}{2}b_2^2 n_2^2+\lambda\mu_{11}\mu_{21}n_1 n_2+$

$a_1\eta_1 n_1+a_2\eta_2 n_2$，$P(t)=\dfrac{(\alpha(t)-r(t)+\lambda_0\mu_{01})^2}{2(\sigma^2(t)+\lambda_0\mu_{02})}$。方程(2.21)左侧部分的

最小值点是 $\pi^*(t,x,l)=(p^*(t,x,l),q_1^*(t,x,l),q_2^*(t,x,l))$，其中

$$p^*(t,x,l) = \begin{cases} -n_0(t)\Big[(x+\beta l) + e^{-\int_t^T(r(s)-\gamma_1(s)-\gamma_2+\beta)ds}\int_t^T\big[(r(s)-\gamma_1(s) \\ \quad -\gamma_2+\beta)(k-\omega)+\xi_1 a_1+\xi_2 a_2\big]e^{\int_s^T(r(u)-\gamma_1(u)-\gamma_2+\beta)du}ds\Big], x \\ \quad +\beta l + e^{-\int_t^T(r(s)-\gamma_1(s)-\gamma_2+\beta)ds}\int_t^T\big[(r(s)-\gamma_1(s)-\gamma_2+\beta)(k \\ \quad -\omega)+\xi_1 a_1+\xi_2 a_2\big]e^{\int_s^T(r(u)-\gamma_1(u)-\gamma_2+\beta)du}ds < 0, \\ 0, x \\ \quad +\beta l + e^{-\int_t^T(r(s)-\gamma_1(s)-\gamma_2+\beta)ds}\int_t^T\big[(r(s)-\gamma_1(s)-\gamma_2+\beta)(k \\ \quad -\omega)+\xi_1 a_1+\xi_2 a_2\big]e^{\int_s^T(r(u)-\gamma_1(u)-\gamma_2+\beta)du}ds \geqslant 0. \end{cases}$$

$$(2.28)$$

以及

$$q_i^*(t,x,l) = \begin{cases} -n_i\big[(x+\beta l) + e^{-\int_t^T(r(s)-\gamma_1(s)-\gamma_2+\beta)ds}\int_t^T\big[(r(s)-\gamma_1(s) \\ \quad -\gamma_2+\beta)(k-\omega)+\xi_1 a_1+\xi_2 a_2\big]e^{\int_s^T(r(u)-\gamma_1(u)-\gamma_2+\beta)du}ds\big], \\ x+\beta l + e^{-\int_t^T(r(s)-\gamma_1(s)-\gamma_2+\beta)ds}\int_t^T\big[(r(s)-\gamma_1(s)-\gamma_2 \\ \quad +\beta)(k-\omega)+\xi_1 a_1+\xi_2 a_2 e^{\int_s^T(r(u)-\gamma_1(u)-\gamma_2+\beta)du}ds < 0\big], \\ 0, x+\beta l + e^{-\int_t^T(r(s)-\gamma_1(s)-\gamma_2+\beta)ds}\int_t^T\big[(r(s)-\gamma_1(s)-\gamma_2 \\ \quad +\beta)(k-\omega)+\xi_1 a_1+\xi_2 a_2 e^{\int_s^T(r(u)-\gamma_1(u)-\gamma_2+\beta)du}ds \geqslant 0\big] \end{cases}$$

$$(2.29)$$

其中 $i = 1,2$。

证明:根据引理2.1,对于情形2,我们分 $(x+\beta l) + \dfrac{F(t)}{H(t)} \leqslant 0$ 和 $(x+\beta l) + \dfrac{F(t)}{H(t)} > 0$ 两部分进行讨论。

(i) 如果 $(x+\beta l) + \dfrac{F(t)}{H(t)} \leqslant 0$,那么 $p \geqslant 0, q_1 \geqslant 0$ 和 $q_2 \geqslant 0$,并且 $(\hat{p},\hat{q}_1,\hat{q}_2)$ 是方程(2.25)左侧部分的最小值点。将式(2.22)代入式(2.25),可得

$$\Big[\frac{1}{2}H'(t) + \big(\frac{1}{2}b_1^2 n_1^2 + \frac{1}{2}b_2^2 n_2^2 + \lambda\mu_{11}\mu_{21}n_1 n_2 + a_1\eta_1 n_1 + a_2\eta_2 n_2$$

$$- \frac{(\alpha(t) - r(t) + \lambda_0\mu_{01})^2}{2(\sigma^2(t) + \lambda_0\mu_{02})})H(t)](x + \beta l)^2 + [F'(t) + ((r(t)$$

$$- \gamma_1(t) - \gamma_2 + \beta)x + (r(t) - \gamma_1(t) - \gamma_2 + \beta)(k - \omega) + (\bar{\gamma}_1(t)$$

$$- A\beta)l + \xi_1 a_1 + \xi_2 a_2)H(t) + 2(\frac{1}{2}b_1^2 n_1^2 + \frac{1}{2}b_2^2 n_2^2 + \lambda\mu_{11}\mu_{21}n_1 n_2$$

$$+ a_1\eta_1 n_1 + a_2\eta_2 n_2 - \frac{(\alpha(t) - r(t) + \lambda_0\mu_{01})^2}{2(\sigma^2(t) + \lambda_0\mu_{02})})F(t)](x + \beta l)$$

$$+ G'(t) + ((r(t) - \gamma_1(t) - \gamma_2 + \beta)x + (r(t) - \gamma_1(t) - \gamma_2$$

$$+ \beta)(k - \omega) + (\bar{\gamma}_1(t) - A\beta)l + \xi_1 a_1 + \xi_2 a_2)F(t) + (\frac{1}{2}b_1^2 n_1^2$$

$$+ \frac{1}{2}b_2^2 n_2^2 + \lambda\mu_{11}\mu_{21}n_1 n_1 + a_1\eta_1 n_1 + a_2\eta_2 n_2$$

$$- \frac{(\alpha(t) - r(t) + \lambda_0\mu_{01})^2}{2(\sigma^2(t) + \lambda_0\mu_{02})}) \frac{F^2(t)}{H(t)} = 0 \qquad (2.30)$$

其中 n_1 和 n_2 由式(2.23)给出。由 $\bar{\gamma}_1(t) - A\beta = (r(t) - \gamma_1(t) - \gamma_2 + \beta)\beta$, 易得

$$(r(t) - \gamma_1(t) - \gamma_2 + \beta)x + (\bar{\gamma}_1(t) - A\beta)l$$
$$= (r(t) - \gamma_1(t) - \gamma_2 + \beta)(x + \beta l).$$

因此,式(2.30)可以被重写为

$$[\frac{1}{2}H'(t) + (\frac{1}{2}b_1^2 n_1^2 + \frac{1}{2}b_2^2 n_2^2 + \lambda\mu_{11}\mu_{21}n_1 n_2 + a_1\eta_1 n_1 + a_2\eta_2 n_2$$

$$- \frac{(\alpha(t) - r(t) + \lambda_0\mu_{01})^2}{2(\sigma^2(t) + \lambda_0\mu_{02})} + r(t) - \gamma_1(t) - \gamma_2 + \beta)H(t)](x + \beta l)^2$$

$$+ [F'(t) + (r(t) - \gamma_1(t) - \gamma_2 + \beta)(k - \omega) + \xi_1 a_1 + \xi_2 a_2)H(t)$$

$$+ (b_1^2 n_1^2 + b_2^2 n_2^2 + 2\lambda\mu_{11}\mu_{21}n_1 n_2 + 2a_1\eta_1 n_1 + 2a_2\eta_2 n_2$$

$$- \frac{(\alpha(t) - r(t) + \lambda_0\mu_{01})^2}{\sigma^2(t) + \lambda_0\mu_{02}} + r(t) - \gamma_1(t) - \gamma_2 + \beta)F(t)](x + \beta l)$$

$$+ G'(t) + ((r(t) - \gamma_1(t) - \gamma_2 + \beta)(k - \omega) + \xi_1 a_1 + \xi_2 a_2)F(t)$$

$$+ (\frac{1}{2}b_1^2 n_1^2 + \frac{1}{2}b_2^2 n_2^2 + \lambda\mu_{11}\mu_{21}n_1 n_1 + a_1\eta_1 n_1 + a_2\eta_2 n_2$$

$$- \frac{(\alpha(t) - r(t) + \lambda_0\mu_{01})^2}{2(\sigma^2(t) + \lambda_0\mu_{02})}) \frac{F^2(t)}{H(t)} = 0.$$

通过比较 $(x + \beta l)^2$ 和 $x + \beta l$ 的系数,并考虑终值条件,可得如下微分方程:

$$\frac{1}{2}H'(t) + (\frac{1}{2}b_1^2 n_1^2 + \frac{1}{2}b_2^2 n_2^2 + \lambda\mu_{11}\mu_{21}n_1 n_1 + a_1\eta_1 n_1$$

$$+ a_2\eta_2 n_2 - \frac{(\alpha(t) - r(t) + \lambda_0\mu_{01})^2}{2(\sigma^2(t) + \lambda_0\mu_{02})}$$

$$+ r(t) - \gamma_1(t) - \gamma_2 + \beta)H(t) = 0, H(T) = 1,$$

$$F'(t) + (r(t) - \gamma_1(t) - \gamma_2 + \beta)(k - \omega) + \xi_1 a_1 + \xi_2 a_2)H(t)$$

$$+ (b_1^2 n_1^2 + b_2^2 n_2^2 + 2\lambda\mu_{11}\mu_{21}n_1 n_1 + 2a_1\eta_1 n_1 + 2a_2\eta_2 n_2$$

$$- \frac{(\alpha(t) - r(t) + \lambda_0\mu_{01})^2}{\sigma^2(t) + \lambda_0\mu_{02}} + r(t) - \gamma_1(t)$$

$$- \gamma_2 + \beta)F(t) = 0, F(T) = 0,$$

$$G'(t) + ((r(t) - \gamma_1(t) - \gamma_2 + \beta)(k - \omega) + \xi_1 a_1 + \xi_2 a_2)F(t)$$

$$+ (\frac{1}{2}b_1^2 n_1^2 + \frac{1}{2}b_2^2 n_2^2 + \lambda\mu_{11}\mu_{21}n_1 n_1 + a_1\eta_1 n_1 + a_2\eta_2 n_2$$

$$- \frac{(\alpha(t) - r(t) + \lambda_0\mu_{01})^2}{2(\sigma^2(t) + \lambda_0\mu_{02})})\frac{F^2(t)}{H(t)} = 0, G(T) = 0.$$

上述微分方程的解如下:

$$H(t) = e^{2\int_t^T(K - P(s) + r(s) - \gamma_1(s) - \gamma_2 + \beta)ds}$$

$$F(t) = e^{\int_t^T(2K - 2P(s) + r(s) - \gamma_1(s) - \gamma_2 + \beta)ds}\int_t^T [(r(s) - \gamma_1(s) - \gamma_2 + \beta)(k - \omega)$$

$$+ \xi_1 a_1 + \xi_2 a_2]e^{\int_s^T(r(u) - \gamma_1(u) - \gamma_2 + \beta)du}ds$$

$$G(t) = \int_t^T [(r(u) - \gamma_1(u) - \gamma_2 + \beta)(k - \omega) + \xi_1 a_1 + \xi_2 a_2]$$

$$\times e^{\int_u^T(2K - 2P(s) + r(s) - \gamma_1(s) - \gamma_2 + \beta)ds}\int_u^T [(r(s) - \gamma_1(s) - \gamma_2 + \beta)(k - \omega)$$

$$+ \xi_1 a_1 + \xi_2 a_2]e^{\int_s^T(r(v) - \gamma_1(v) - \gamma_2 + \beta)dv}dsdu + \int_t^T (K - P(u))$$

$$\times e^{\int_u^T(2K - 2P(s))ds}(\int_u^T [(r(s) - \gamma_1(s) - \gamma_2 + \beta)(k - \omega) + \xi_1 a_1 + \xi_2 a_2]$$

$$\times e^{\int_s^T(r(v) - \gamma_1(v) - \gamma_2 + \beta)dv}ds)^2 du$$

$$= \frac{1}{2}e^{\int_t^T(2K - 2P(s))ds}[\int_t^T [(r(s) - \gamma_1(s) - \gamma_2 + \beta)(k - \omega) + \xi_1 a_1$$

$$+ \xi_2 a_2 \big] e^{\int_s^T (r(v) - \gamma_1(v) - \gamma_2 + \beta) dv} ds \big]^2 \qquad (2.31)$$

注意到

$$x + \beta l + \frac{F(t)}{H(t)} = x + \beta l + e^{-\int_t^T (r(s) - \gamma_1(s) - \gamma_2 + \beta) ds} \int_t^T \big[(r(s) - \gamma_1(s)$$

$$- \gamma_2 + \beta)(k - \omega) + \xi_1 a_1 + \xi_2 a_2 \big] e^{\int_s^T (r(u) - \gamma_1(u) - \gamma_2 + \beta) du} ds \leqslant 0,$$

则有

$$p^*(t,x,l) = - \frac{\alpha(t) - r(t) + \lambda_0 \mu_{01}}{\sigma^2(t) + \lambda_0 \mu_{02}} \big[(x + \beta l) + e^{-\int_t^T (r(s) - \gamma_1(s) - \gamma_2 + \beta) ds} \int_t^T \big[(r(s)$$

$$- \gamma_1(s) - \gamma_2 + \beta)(k - \omega) + \xi_1 a_1 + \xi_2 a_2 \big] e^{\int_s^T (r(u) - \gamma_1(u) - \gamma_2 + \beta) du} ds \big]$$

$$q_1^*(t,x,l) = - n_1 \big[(x + \beta l) + e^{-\int_t^T (r(s) - \gamma_1(s) - \gamma_2 + \beta) ds} \int_t^T \big[(r(s) - \gamma_1(s) - \gamma_2$$

$$+ \beta)(k - \omega) + \xi_1 a_1 + \xi_2 a_2 \big] e^{\int_s^T (r(u) - \gamma_1(u) - \gamma_2 + \beta) du} ds \big]$$

$$q_2^*(t,x,l) = - n_2 \big[(x + \beta l) + e^{-\int_t^T (r(s) - \gamma_1(s) - \gamma_2 + \beta) ds} \int_t^T \big[(r(s) - \gamma_1(s)$$

$$- \gamma_2 + \beta)(k - \omega) + \xi_1 a_1 + \xi_2 a_2 \big] e^{\int_s^T (r(u) - \gamma_1(u) - \gamma_2 + \beta) du} ds \big].$$

把上述结果代入式(2.24),并重新排序,可得

$$V(t,x,l) = \frac{1}{2} e^{\int_t^T (2K - 2P(s)) ds} \big[(x + \beta l) e^{\int_t^T (r(s) - \gamma_1(s) - \gamma_2 + \beta) ds} + \int_t^T \big[(r(s) - \gamma_1(s)$$

$$- \gamma_2 + \beta)(k - \omega) + \xi_1 a_1 + \xi_2 a_2 \big] e^{\int_s^T (r(v) - \gamma_1(v) - \gamma_2 + \beta) dv} ds \big]^2.$$

(ii) 如果 $(x + \beta l) + \frac{F(t)}{H(t)} > 0$,那么 $p < 0, q_1 < 0$ 和 $q_2 < 0$,从而 $(0,0,0)$

是方程(2.25)左侧部分取到最小值的点。将点 $(0,0,0)$ 代入式(2.25),有

$$\frac{1}{2} H'(t)(x + \beta l)^2 + F'(t)(x + \beta l) + G'(t) + \big[H(t)(x + \beta l)$$

$$+ F(t) \big] \big[(r(t) - \gamma_1(t) - \gamma_2 + \beta)x + (r(t) - \gamma_1(t) - \gamma_2 + \beta)(k - \omega)$$

$$+ (\bar{\gamma}_1(t) - \beta A)l + \xi_1 a_1 + \xi_2 a_2 \big] = 0.$$

由 $(r(t) - \gamma_1(t) - \gamma_2 + \beta)x + (\bar{\gamma}_1(t) - A\beta)l = (r(t) - \gamma_1(t) - \gamma_2 + \beta)$

$(x + \beta l)$,于是上述方程可重写为

$$\big[\frac{1}{2} H'(t) + (r(t) - \gamma_1(t) - \gamma_2 + \beta)H(t) \big](x + \beta l)^2 + \big[F'(t) + (r(t)$$

$$- \gamma_1(t) - \gamma_2 + \beta)(k - \omega) + \xi_1 a_1 + \xi_2 a_2)H(t) + (r(t) - \gamma_1(t)$$

$$- \gamma_2 + \beta)F(t)](x + \beta l) + G'(t) + [(r(t) - \gamma_1(t) - \gamma_2 + \beta)(k - \omega)$$

$$+ \xi_1 a_1 + \xi_2 a_2]F(t) = 0.$$

通过分离变量,可以得到如下微分方程:

$$\frac{1}{2}\widetilde{H}'(t) + (r(t) - \gamma_1(t) - \gamma_2 + \beta)\widetilde{H}(t) = 0, \widetilde{H}(T) = 1,$$

$$\widetilde{F}'(t) + (r(t) - \gamma_1(t) - \gamma_2 + \beta)(k - \omega) + \xi_1 a_1 + \xi_2 a_2)\widetilde{H}(t) + (r(t)$$

$$- \gamma_1(t) - \gamma_2 + \beta)\widetilde{F}(t) = 0, \widetilde{F}(T) = 0,$$

$$\widetilde{G}'(t) + [(r(t) - \gamma_1(t) - \gamma_2 + \beta)(k - \omega) + \xi_1 a_1 + \xi_2 a_2]\widetilde{F}(t) = 0,$$

$$\widetilde{G}(T) = 0.$$

解上述方程,得到

$$\widetilde{H}(t) = e^{2\int_t^T (r(s) - \gamma_1(s) - \gamma_2 + \beta) ds},$$

$$\widetilde{F}(t) = e^{\int_t^T (r(s) - \gamma_1(s) - \gamma_2 + \beta) ds} \int_t^T [(r(s) - \gamma_1(s) - \gamma_2 + \beta)(k - \omega)$$

$$+ \xi_1 a_1 + \xi_2 a_2] e^{\int_s^T (r(u) - \gamma_1(u) - \gamma_2 + \beta) du} ds, \qquad (2.33)$$

$$\widetilde{G}(t) = \frac{1}{2}[[(r(s) - \gamma_1(s) - \gamma_2 + \beta)(k - \omega) + \xi_1 a_1 + \xi_2 a_2] e^{\int_s^T (r(v) - \gamma_1(v) - \gamma_2 + \beta) dv} ds]^2.$$

注意

$$x + \beta l + \frac{\widetilde{F}(t)}{\widetilde{H}(t)} = x + \beta l + e^{-\int_t^T (r(s) - \gamma_1(s) - \gamma_2 + \beta) ds} \int_t^T [(r(s) - \gamma_1(s) - \gamma_2$$

$$+ \beta)(k - \omega) + \xi_1 a_1 + \xi_2 a_2] e^{\int_s^T (r(u) - \gamma_1(u) - \gamma_2 + \beta) du} ds > 0$$

和

$$\frac{H(t)}{\widetilde{H}(t)} = \frac{F(t)}{\widetilde{F}(t)} = \frac{G(t)}{\widetilde{G}(t)} = e^{2\int_t^T (K - P(s)) ds}.$$

将上述结果代入式(2.24),可得

$$V(t,x,l) = \frac{1}{2}[(x + \beta l) e^{\int_t^T (r(s) - \gamma_1(s) - \gamma_2 + \beta) ds} + \int_t^T [(r(s) - \gamma_1(s) - \gamma_2$$

$$+ \beta)(k - \omega) + \xi_1 a_1 + \xi_2 a_2] e^{\int_s^T (r(v) - \gamma_1(v) - \gamma_2 + \beta) dv} ds]^2. \quad (2.34)$$

从以上(i)和(ii)中的结果,知式(2.27)是 HJB 方程(2.21)的解。

定义空间区域 Γ_1, Γ_2 以及 Γ_3 如下:

$$\Gamma_1 := \{(t,x,l) \in [0,T] \times \mathbb{R} \times \mathbb{R} \mid x + \beta l + e^{-\int_t^T (r(s) - \gamma_1(s) - \gamma_2 + \beta) ds} \int_t^T [(r(s) - \gamma_1(s)$$

$$-\gamma_2+\beta)(k-\omega)+\xi_1 a_1+\xi_2 a_2\big]e^{\int_s^T(r(u)-\gamma_1(u)-\gamma_2+\beta)\,du}ds<0\big\},$$

$$\Gamma_2:=\big\{(t,x,l)\in[0,T]\times\mathbb{R}\times\mathbb{R}\mid x+\beta l+e^{-\int_t^T(r(s)-\gamma_1(s)-\gamma_2+\beta)\,ds}\int_t^T\big[(r(s)-\gamma_1(s)$$
$$-\gamma_2+\beta)(k-\omega)+\xi_1 a_1+\xi_2 a_2\big]e^{\int_s^T(r(u)-\gamma_1(u)-\gamma_2+\beta)\,du}ds>0\big\},$$

$$\Gamma_3:=\big\{(t,x,l)\in[0,T]\times\mathbb{R}\times\mathbb{R}\mid x+\beta l+e^{-\int_t^T(r(s)-\gamma_1(s)-\gamma_2+\beta)\,ds}\int_t^T\big[(r(s)-\gamma_1(s)$$
$$-\gamma_2+\beta)(k-\omega)+\xi_1 a_1+\xi_2 a_2\big]e^{\int_s^T(r(u)-\gamma_1(u)-\gamma_2+\beta)\,du}ds=0\big\},$$

在区域 Γ_1 中,对应于方程(2.21)的值函数 $V(t,x,l)=\dfrac{1}{2}H(t)(x+\beta l)^2$ $+F(t)(x+\beta l)+G(t)$ 是足够光滑的,它的一阶、二阶导数如下:

$$V_t=\frac{1}{2}H'(t)(x+\beta l)^2+F'(t)(x+\beta l)+G'(t),$$

$$V_x=H(t)(x+\beta l)+F(t),$$

$$V_l=\beta H(t)(x+\beta l)+\beta F(t),\quad V_{xx}=H(t).$$

在区域 Γ_2 中,对应于方程(2.21)的值函数 $V(t,x,l)=\dfrac{1}{2}\widetilde{H}(t)(x+\beta l)^2$ $+\widetilde{F}(t)(x+\beta l)+\widetilde{G}(t)$ 也是足够光滑的,它的一阶、二阶导数如下:

$$V_t=\frac{1}{2}\widetilde{H}'(t)(x+\beta l)^2+\widetilde{F}'(t)(x+\beta l)+\widetilde{G}'(t),$$

$$V_x=\widetilde{H}(t)(x+\beta l)+\widetilde{F}(t),$$

$$V_l=\beta\widetilde{H}(t)(x+\beta l)+\beta\widetilde{F}(t),\quad V_{xx}=\widetilde{H}(t).$$

区域 Γ_3 是导致值函数 $V(t,x,l)$ 不光滑的转折区域,对任意 $(t,x,l)\in\Gamma_3$,有

$$V(t,x,l)=\frac{1}{2}H(t)(x+\beta l)^2+F(t)(x+\beta l)+G(t)$$

$$=\frac{1}{2}\widetilde{H}(t)(x+\beta l)^2+\widetilde{F}(t)(x+\beta l)+\widetilde{G}(t)=0,$$

即 $V(t,x,l)$ 在区域 Γ_3 中依然是连续的。并且,经计算还有

$$V_t=\frac{1}{2}H'(t)(x+\beta l)^2+F'(t)(x+\beta l)+G'(t)$$

$$=\frac{1}{2}\widetilde{H}'(t)(x+\beta l)^2+\widetilde{F}'(t)(x+\beta l)+\widetilde{G}'(t)=0,$$

$$V_x=H(t)(x+\beta l)+F(t)=\widetilde{H}(t)(x+\beta l)+\widetilde{F}(t)=0,$$

$$V_l=\beta H(t)(x+\beta l)+\beta F(t)=\beta\widetilde{H}(t)(x+\beta l)+\beta\widetilde{F}(t)=0,$$

即 $V(t,x,l)$ 的一阶导数在区域 Γ_3 上依然是连续的。但是 $V_{xx}(t,x,l)$ 在区域 Γ_3 上不存在,也就是说,$V(t,x,l)$ 不具备 HJB 方程(2.21)古典解所需要的光滑性条件。因此,我们在 HJB 方程粘性解框架下进行讨论。

令 $\phi \in C^{1,2,1}([0,T] \times \mathbb{R} \times \mathbb{R})$ 使得 $V - \phi$ 在 $(\bar{t},\bar{x},\bar{l})$ 达到最大值,即 $V(\bar{t},\bar{x},\bar{l}) = \phi(\bar{t},\bar{x},\bar{l})$。如果 $(\bar{t},\bar{x},\bar{l}) \in \Gamma_1$(或者 Γ_2),那么 $\phi_t(\bar{t},\bar{x},\bar{l}) = V_t(\bar{t},\bar{x},\bar{l})$,$\phi_x(\bar{t},\bar{x},\bar{l}) = V_x(\bar{t},\bar{x},\bar{l})$,$\phi_l(\bar{t},\bar{x},\bar{l}) = V_l(\bar{t},\bar{x},\bar{l})$ 以及 $V_{xx}(\bar{t},\bar{x},\bar{l}) \leq \phi_{xx}(\bar{t},\bar{x},\bar{l})$。因此,将 ϕ 代替 V 代入 HJB 方程(2.21),并且由于

$$V(\bar{t},\bar{x} + pY_{0i},\bar{l}) - \phi(\bar{t},\bar{x} + pY_{0i},\bar{l}) \leq 0,$$

$$V(\bar{t},\bar{x} - q_1Y_{1i},\bar{l}) - \phi(\bar{t},\bar{x} - q_1Y_{1i},\bar{l}) \leq 0,$$

$$V(\bar{t},\bar{x} - q_2Y_{2i},\bar{l}) - \phi(\bar{t},\bar{x} - q_2Y_{2i},\bar{l}) \leq 0,$$

$$V(\bar{t},\bar{x} - q_1Y_{1i} - q_2Y_{2i},\bar{l}) - \phi(\bar{t},\bar{x} - q_1Y_{1i} - q_2Y_{2i},\bar{l}) \leq 0,$$

以及 $V_{xx}(\bar{t},\bar{x},\bar{l}) \leq \phi_{xx}(\bar{t},\bar{x},\bar{l})$,因此,下列不等式成立:

$$\inf_{\pi \in \Pi}\{\phi_t(\bar{t},\bar{x},\bar{l}) + \phi_x(\bar{t},\bar{x},\bar{l})[(r(\bar{t}) - \gamma_1(\bar{t}) - \gamma_2)\bar{x} + (r(\bar{t}) - \gamma_1(\bar{t})$$
$$- \gamma_2)(k - \omega) + \bar{\gamma}_1(\bar{t})\bar{l} + \gamma_2 m + (\alpha(\bar{t}) - r(\bar{t}))p + (1 + \eta_1)a_1q_1$$
$$+ (1 + \eta_2)a_2q_2 + \xi_1a_1 + \xi_2a_2] + \phi_l(\bar{t},\bar{x},\bar{l})[\bar{x} + (k - \omega) - A\bar{l}$$
$$- me^{-Ah}] + \frac{1}{2}\phi_{xx}(\bar{t},\bar{x},\bar{l})\sigma^2(t)p^2 + \lambda_0 E[\phi(\bar{t},\bar{x} + pY_{0i},\bar{l})$$
$$- \phi(\bar{t},\bar{x},\bar{l})] + \lambda_1 E[\phi(\bar{t},\bar{x} - q_1Y_{1i},\bar{l}) - \phi(\bar{t},\bar{x},\bar{l})]$$
$$+ \lambda_2 E[\phi(\bar{t},\bar{x} - q_2Y_{2i},\bar{l}) - \phi(\bar{t},\bar{x},\bar{l})]$$
$$+ \lambda E[\phi(\bar{t},\bar{x} - q_1Y_{1i} - q_2Y_{2i},\bar{l}) - \phi(\bar{t},\bar{x},\bar{l})]\}$$
$$\geq \inf_{\pi \in \Pi}\{V_t(\bar{t},\bar{x},\bar{l}) + V_x(\bar{t},\bar{x},\bar{l})[(r(\bar{t}) - \gamma_1(\bar{t}) - \gamma_2)\bar{x} + (r(\bar{t}) - \gamma_1(\bar{t})$$
$$- \gamma_2)(k - \omega) + \bar{\gamma}_1(\bar{t})\bar{l} + \gamma_2 m + (\alpha(\bar{t}) - r(\bar{t}))p + (1 + \eta_1)a_1q_1$$
$$+ (1 + \eta_2)a_2q_2 + \xi_1a_1 + \xi_2a_2] + V_l(\bar{t},\bar{x},\bar{l})[\bar{x} + (k - \omega) - A\bar{l}$$
$$- me^{-Ah}] + \frac{1}{2}V_{xx}(\bar{t},\bar{x},\bar{l})\sigma^2(t)p^2 + \lambda_0 E[V(\bar{t},\bar{x} + pY_{0i},\bar{l})$$
$$- V(\bar{t},\bar{x},\bar{l})] + \lambda_1 E[V(\bar{t},\bar{x} - q_1Y_{1i},\bar{l}) - V(\bar{t},\bar{x},\bar{l})]$$
$$+ \lambda_2 E[V(\bar{t},\bar{x} - q_2Y_{2i},\bar{l}) - V(\bar{t},\bar{x},\bar{l})]$$
$$+ \lambda E[V(\bar{t},\bar{x} - q_1Y_{1i} - q_2Y_{2i},\bar{l}) - V(\bar{t},\bar{x},\bar{l})]\} \geq 0.$$

如果 $(\bar{t},\bar{x},\bar{l}) \in \Gamma_3$,那么 $V(\bar{t},\bar{x},\bar{l}) = \phi(\bar{t},\bar{x},\bar{l}) = 0$,$\phi_t(\bar{t},\bar{x},\bar{l}) = V_t(\bar{t},\bar{x},\bar{l}) = 0$,$\phi_x(\bar{t},\bar{x},\bar{l}) = V_x(\bar{t},\bar{x},\bar{l}) = 0$,$\phi_l(\bar{t},\bar{x},\bar{l}) = V_l(\bar{t},\bar{x},\bar{l}) = 0$ 和 $\widetilde{H}(t) \leq \phi_{xx}(\bar{t},\bar{x},\bar{l})$。因

此,将 ϕ 代替 V 代入 HJB 方程(2.21),有

$$\inf_{\pi \in \Pi}\{\phi_t(\bar{t},\bar{x},\bar{l}) + \phi_x(\bar{t},\bar{x},\bar{l})[(r(\bar{t}) - \gamma_1(\bar{t}) - \gamma_2)\bar{x} + (r(\bar{t}) - \gamma_1(\bar{t})$$

$$- \gamma_2)(k - \omega) + \bar{\gamma}_1(\bar{t})\bar{l} + \gamma_2 m + (\alpha(\bar{t}) - r(\bar{t}))p + (1 + \eta_1)a_1q_1$$

$$+ (1 + \eta_2)a_2q_2 + \xi_1 a_1 + \xi_2 a_2] + \phi_l(\bar{t},\bar{x},\bar{l})[\bar{x} + (k - \omega) - A\bar{l}$$

$$- me^{-Ah}] + \frac{1}{2}\phi_{xx}(\bar{t},\bar{x},\bar{l})\sigma^2(t)p^2 + \lambda_0 E[\phi(\bar{t},\bar{x} + pY_{0i},\bar{l})$$

$$- \phi(\bar{t},\bar{x},\bar{l})] + \lambda_1 E[\phi(\bar{t},\bar{x} - q_1 Y_{1i},\bar{l}) - \phi(\bar{t},\bar{x},\bar{l})]$$

$$+ \lambda_2 E[\phi(\bar{t},\bar{x} - q_2 Y_{2i},\bar{l}) - \phi(\bar{t},\bar{x},\bar{l})]$$

$$+ \lambda E[\phi(\bar{t},\bar{x} - q_1 Y_{1i} - q_2 Y_{2i},\bar{l}) - \phi(\bar{t},\bar{x},\bar{l})]\}$$

$$= \inf_{\pi \in \Pi}\{\frac{1}{2}\phi_{xx}(\bar{t},\bar{x},\bar{l})\sigma^2(t)p^2 + \lambda_0 E[\phi(\bar{t},\bar{x} + pY_{0i},\bar{l})]$$

$$+ \lambda_1 E[\phi(\bar{t},\bar{x} - q_1 Y_{1i},\bar{l})] + \lambda_2 E[\phi(\bar{t},\bar{x} - q_2 Y_{2i},\bar{l})]$$

$$+ \lambda E[\phi(\bar{t},\bar{x} - q_1 Y_{1i} - q_2 Y_{2i},\bar{l})]\}$$

$$\geq \inf_{\pi \in \Pi}\{\frac{1}{2}H(t)\sigma^2(t)p^2 + \lambda_0 E[\phi(\bar{t},\bar{x} + pY_{0i},\bar{l})]$$

$$+ \lambda_1 E[\phi(\bar{t},\bar{x} - q_1 Y_{1i},\bar{l})] + \lambda_2 E[\phi(\bar{t},\bar{x} - q_2 Y_{2i},\bar{l})]$$

$$+ \lambda E[\phi(\bar{t},\bar{x} - q_1 Y_{1i} - q_2 Y_{2i},\bar{l})]\} = 0.$$

综上知,V 是 HJB 方程(2.21)的粘性下解。类似地,可以证明 V 是 HJB 方程(2.21)的粘性上解。因此,由(2.27)给定的值函数 $V(t,x,l)$ 是 HJB 方程(2.21)的粘性解。 □

注 2.3 由引理 2.1,对于情形 1,如果 $x + \beta l + \frac{F(t)}{H(t)} \leq 0$,那么最优策略 $\pi^* = (\hat{p},0,\hat{q}_2)$;如果 $x + \beta l + \frac{F(t)}{H(t)} > 0$,最优策略 $\pi^* = (0,\hat{q}_1,0)$。对于情形 3,如果 $x + \beta l + \frac{F(t)}{H(t)} \leq 0$,那么最优策略 $\pi^* = (\hat{p},\hat{q}_1,0)$;如果 $x + \beta l + \frac{F(t)}{H(t)} > 0$,最优策略 $\pi^* = (0,0,\hat{q}_2)$。关于在情形 1 和情形 3 下的最优策略以及对应的最优值函数的详细推导类似定理 2.3。

接下来,我们验证 HJB 方程(2.21)的粘性解 $V(t,x,l)$ 等于值函数 $J(t,x,l)$,并且式(2.28)和式(2.29)确实是问题(2.17)的最优投资和再保险策略。

定理 2.4[验证定理] 对于情形 2，如果初始时刻 t 的初始财富 $x + \beta l$ 满足

$$x + \beta l + e^{-\int_t^T (r(s) - \gamma_1(s) - \gamma_2 + \beta) ds} \int_t^T [(r(s) - \gamma_1(s) - \gamma_2 + \beta)(k - \omega) + \xi_1 a_1 + \xi_2 a_2] e^{\int_s^T (r(u) - \gamma_1(u) - \gamma_2 + \beta) du} ds \geq 0,$$

那么问题（2.17）的最优策略是 $\pi^*(s) = (0, 0, 0), t \leq s < T$。相反地，如果初始时刻 t 的初始财富 $x + \beta l$ 满足

$$x + \beta l + e^{-\int_t^T (r(s) - \gamma_1(s) - \gamma_2 + \beta) ds} \int_t^T [(r(s) - \gamma_1(s) - \gamma_2 + \beta)(k - \omega) + \xi_1 a_1 + \xi_2 a_2] e^{\int_s^T (r(u) - \gamma_1(u) - \gamma_2 + \beta) du} ds < 0,$$

那么问题（2.17）的最优策略是

$$\pi^*(s) = (p^*(s, x(s), L(s)), q_1^*(s, x(s), L(s)), q_2^*(s, x(s), L(s))),$$
$$t \leq s < T,$$

其中

$$p^*(s, x(s), L(s)) =$$

$$
\begin{cases}
- n_0(s) \big[(x^{\pi^*}(s) + \beta l) + e^{-\int_s^T (r(u) - \gamma_1(u) - \gamma_2 + \beta) du} \int_s^T [(r(u) \\
- \gamma_1(u) - \gamma_2 + \beta)(k - \omega) + \xi_1 a_1 \\
+ \xi_2 a_2] e^{\int_u^T (r(v) - \gamma_1(v) - \gamma_2 + \beta) dv} du \big], t \leq s < T \wedge \tau_{\pi^*}, \\
0, T \wedge \tau_{\pi^*} \leq s < T,
\end{cases}
$$

以及

$$
q_i^*(s, x(s), L(s)) =
\begin{cases}
- n_i \big[(x + \beta l) + e^{-\int_t^T (r(s) - \gamma_1(s) - \gamma_2 + \beta) ds} \int_t^T [(r(s) \\
- \gamma_1(s) - \gamma_2 + \beta)(k - \omega) + \xi_1 a_1 \\
+ \xi_2 a_2] e^{\int_s^T (r(u) - \gamma_1(u) - \gamma_2 + \beta) du} ds \big], t \leq s < T \wedge \tau_{\pi^*}, \\
0, T \wedge \tau_{\pi^*} \leq s < T,
\end{cases}
$$

$$(2.35)$$

其中 $i = 1, 2$，并且

$$\tau_{\pi^*} = \inf \{ s \geq t : x^{\pi^*}(s) + \beta L^{\pi^*}(s) + e^{-\int_s^T (r(v) - \gamma_1(v) - \gamma_2 + \beta) dv} \int_s^T [(r(u) - \gamma_1(u)$$

$$- \gamma_2 + \beta)(k - \omega) + \xi_1 a_1 + \xi_2 a_2] e^{\int_u^T (r(v) - \gamma_1(v) - \gamma_2 + \beta) dv} du > 0 \}.$$

此外，由式（2.27）给出的粘性解等于值函数，即 $V(t, x, l) = J(t, x, l)$。

证明：下面的证明过程分成（ⅰ）和（ⅱ）两部分。

（i）对于任意初始时刻 t，如果初始财富 $x + \beta l$ 满足

$$x + \beta l + e^{-\int_t^T (r(u) - \gamma_1(u) - \gamma_2 + \beta) ds} \int_t^T \big[(r(s) - \gamma_1(s) - \gamma_2 + \beta)(k - \omega) + \xi_1 a_1$$

$$+ \xi_2 a_2 \big] e^{\int_s^T (r(u) - \gamma_1(u) - \gamma_2 + \beta) du} ds$$

$$= x + \beta l + \int_t^T \big[(r(s) - \gamma_1(s) - \gamma_2 + \beta)(k - \omega)$$

$$+ \xi_1 a_1 + \xi_2 a_2 \big] e^{-\int_t^s (r(u) - \gamma_1(u) - \gamma_2 + \beta) du} ds \geqslant 0,$$

并定义

$$\pi^*(s) = (0,0,0), t \leqslant s < T,$$

那么从方程(2.16)，可以得到财富过程 $x^{\pi^*}(s)$ 的如下动态

$$dx^{\pi^*}(s) = \big[(r(s) - \gamma_1(s) - \gamma_2) x^{\pi^*}(s) + (r(s) - \gamma_1(s) - \gamma_2)(k - \omega) +$$
$$\overline{\gamma}_1(s) L^{\pi^*}(s) + \gamma_2 M^\pi(t) + \xi_1 a_1 + \xi_2 a_2 \big] ds, t \leqslant s < T,$$

$$dL^{\pi^*}(s) = \big[x^{\pi^*}(s) + (k - \omega) - A L^{\pi^*}(s) - e^{-Ah} M^{\pi^*}(s) \big] ds, t \leqslant s < T.$$

注意 $\gamma_2 = \beta e^{-Ah}$，$(r(s) - \gamma_1(s) - \gamma_2 + \beta) x^{\pi^*}(s) + (\overline{\gamma}_1(s) - A\beta) L^{\pi^*}(s) =$
$(r(s) - \gamma_1(s) - \gamma_2 + \beta)(x^{\pi^*}(s) + \beta L^{\pi^*}(s))$，并由上述微分方程，可得

$$d(x^{\pi^*}(s) + \beta L^{\pi^*}(s)) = \big[(r(s) - \gamma_1(s) - \gamma_2 + \beta)(x^{\pi^*}(s) + \beta L^{\pi^*}(s))$$

$$+ (r(s) - \gamma_1(s) - \gamma_2 + \beta)(k - \omega) \big] ds.$$

解上述微分方程，得

$$x^{\pi^*}(s) + \beta L^{\pi^*}(s) = e^{\int_t^s (r(v) - \gamma_1(v) - \gamma_2 + \beta) dv} \big[x + \beta l + \int_t^s \big[(r(u) - \gamma_1(u)$$

$$- \gamma_2)(k - \omega) + \xi_1 a_1 + \xi_2 a_2 \big] e^{-\int_t^u (r(v) - \gamma_1(v) - \gamma_2 + \beta) dv} du \big].$$

进一步，还有

$$x^{\pi^*}(T) + \beta L^{\pi^*}(T) = e^{\int_t^T (r(v) - \gamma_1(v) - \gamma_2 + \beta) dv} \big[x + \beta l + \int_t^T \big[(r(u) - \gamma_1(u)$$

$$- \gamma_2)(k - \omega) + \xi_1 a_1 + \xi_2 a_2 \big] e^{-\int_t^u (r(v) - \gamma_1(v) - \gamma_2 + \beta) dv} du \big]$$

$$\geqslant 0. \tag{2.37}$$

注意 $x^{\pi^*}(s) + \beta L^{\pi^*}(s)$ 满足

$$x^{\pi^*}(s) + \beta L^{\pi^*}(s) + \int_s^T [(r(u) - \gamma_1(u) - \gamma_2)(k - \omega)$$

$$+ \xi_1 a_1 + \xi_2 a_2] e^{-\int_s^u (r(v) - \gamma_1(v) - \gamma_2 + \beta) dv} du$$

$$= e^{\int_t^s (r(v) - \gamma_1(v) - \gamma_2 + \beta) dv} [x + \beta l + \int_t^T [(r(u) - \gamma_1(u) - \gamma_2)(k$$

$$- \omega) + \xi_1 a_1 + \xi_2 a_2] e^{-\int_t^u (r(v) - \gamma_1(v) - \gamma_2 + \beta) dv} du] \geqslant 0, t \leqslant s \leqslant T.$$

对于任意容许策略 $\pi(s) = (p(s), q_1(s), q_2(s))$，由条件 $\gamma_2 = \beta e^{-Ah}$，$(r(s) - \gamma_1(s) - \gamma_2 + \beta) x^{\pi}(s) + (\bar{\gamma}_1(s) - A\beta) L^{\pi}(s) = (r(s) - \gamma_1(s) - \gamma_2 + \beta)(x^{\pi}(s) + \beta L^{\pi}(s))$，可得

$$d(x^{\pi}(s) + \beta L^{\pi}(s)) = [(r(s) - \gamma_1(s) - \gamma_2 + \beta)(x^{\pi}(s) + \beta L^{\pi}(s))$$

$$+ (r(s) - \gamma_1(s) - \gamma_2 + \beta)(k - \omega)) + (\alpha(s) - r(s)) p(s)$$

$$+ (1 + \eta_1) q_1(s) a_1 + (1 + \eta_2) q_2(s) a_2 + \xi_1 a_1 + \xi_2 a_2] ds$$

$$+ \sigma(s) p(s) dW(s) + p(s) d \sum_{i=1}^{N_0(s)} Y_{0i} - q_1(s) d \sum_{i=1}^{N_1(s) + N(s)} Y_{1i}$$

$$- q_2(s) d \sum_{i=1}^{N_2(s) + N(s)} Y_{2i}.$$

又由于 $\alpha(s) > r(s), p(s) > 0, \eta_1 > 0, \eta_2 > 0, q_1(s) > 0$ 和 $q_2(s) > 0$，易知 $E[(x^{\pi}(T) + \beta L^{\pi}(T))] > E[(x^{\pi^*}(T) + \beta L^{\pi^*}(T))] = x^{\pi^*}(T) + \beta L^{\pi^*}(T) \geqslant 0$，进而可得

$$E[(x^{\pi}(T) + \beta L^{\pi}(T))^2] \geqslant \{^E[x^{\pi}(T) + \beta L^{\pi}(T)]\}^2$$

$$> \{^E[x^{\pi^*}(T) + \beta L^{\pi^*}(T)]\}^2 = E[(x^{\pi^*}(T) + \beta L^{\pi^*}(T))^2],$$

这就意味着 π^* 确实是问题(2.17)的最优策略。

由式(2.33),(2.34)和(2.37),可得

$$J(t, x, l) = \frac{1}{2} E[(x^{\pi^*}(T) + \beta L^{\pi^*}(T))^2]$$

$$= \frac{1}{2} [(x + \beta l) e^{\int_t^T (r(s) - \gamma_1(s) - \gamma_2 + \beta) ds} + \int_t^T [(r(s) - \gamma_1(s) - \gamma_2 + \beta)(k$$

$$- \omega) + \xi_1 a_1 + \xi_2 a_2] e^{\int_s^T (r(v) - \gamma_1(v) - \gamma_2 + \beta) dv} ds]^2$$

$$= \frac{1}{2} \widetilde{H}(t)(x + \beta l)^2 + \widetilde{F}(t)(x + \beta l) + \widetilde{G}(t) = V(t, x, l),$$

即 $J(t, x, l) = V(t, x, l)$。

（ii）如果初始时刻 t 的初始财富 $x + \beta l$ 满足

$$x + \beta l + e^{-\int_t^T (r(u) - \gamma_1(u) - \gamma_2 + \beta) ds} \int_t^T \big[(r(s) - \gamma_1(s) - \gamma_2 + \beta)(k$$

$$- \omega) + \xi_1 a_1 + \xi_2 a_2 \big] e^{\int_s^T (r(u) - \gamma_1(u) - \gamma_2 + \beta) du} ds$$

$$= x + \beta l + \int_t^T \big[(r(s) - \gamma_1(s) - \gamma_2 + \beta)(k - \omega) + \xi_1 a_1$$

$$+ \xi_2 a_2 \big] e^{-\int_t^s (r(u) - \gamma_1(u) - \gamma_2 + \beta) du} ds < 0.$$

对于任意容许策略 π，定义如下新策略：

$$\tilde{\pi}(s) := (\tilde{p}(s), \tilde{q}_1(s), \tilde{q}_2(s)) = \begin{cases} \pi, & t \leqslant s < T \wedge \tau_\pi, \\ (0,0,0), & T \wedge \tau_\pi \leqslant s < T, \end{cases}$$

其中

$$\tau_\pi = \inf\{ s \geqslant t : x^\pi(s) + \beta L^\pi(s) + e^{-\int_s^T (r(v) - \gamma_1(v) - \gamma_2 + \beta) dv} \int_s^T \big[(r(v) - \gamma_1(v)$$

$$- \gamma_2 + \beta)(k - \omega) + \xi_1 a_1 + \xi_2 a_2 \big] e^{\int_u^T (r(v) - \gamma_1(v) - \gamma_2 + \beta) dv} du > 0 \}.$$

根据（i）部分的分析以及 $\tilde{\pi}$ 的定义，我们得到

$$E[(x^\pi(T) + \beta L^\pi(T))^2 \mid x^\pi(t) = x, L^\pi(t) = l] \geqslant E[(x^{\tilde{\pi}}(T) + \beta L^{\tilde{\pi}}(T))^2$$

$$\mid x^{\tilde{\pi}}(t) = x, L^{\tilde{\pi}}(t) = l].$$

因此，我们可以将优化问题限制在 $\tilde{\pi}$ 这类策略上，并且满足 $\tilde{\pi} = (0,0,0), T$ $\wedge \tau_{\tilde{\pi}} \leqslant s < T$，其中

$$\tau_\pi = \inf\{ s \geqslant t : x^\pi(s) + \beta L^{\tilde{\pi}}(s) + e^{-\int_s^T (r(v) - \gamma_1(v) - \gamma_2 + \beta) dv} \int_s^T \big[(r(v) - \gamma_1(v)$$

$$- \gamma_2 + \beta)(k - \omega) + \xi_1 a_1 + \xi_2 a_2 \big] e^{\int_u^T (r(v) - \gamma_1(v) - \gamma_2 + \beta) dv} du > 0 \}.$$

令 $\tilde{\Pi} \subset \Pi$ 表示所有这样的策略组成的集合。对于 $\tilde{\pi} \in \tilde{\Pi}$，应用具有延迟的 Itô 公式[见 Øksendal 和 Sulem（2001）]，得到

$$V(T \wedge \tau_{\tilde{\pi}}, x^{\tilde{\pi}}(T \wedge \tau_{\tilde{\pi}}), L^{\tilde{\pi}}(T \wedge \tau_{\tilde{\pi}})) = V(t,x,l) + \int_t^{T \wedge \tau_{\tilde{\pi}}} \{ V_s(s, x^{\tilde{\pi}}(s), L^{\tilde{\pi}}(s))$$

$$+ V_x(s, x^{\tilde{\pi}}(s), L^{\tilde{\pi}}(s)) \big[(r(s) - \gamma_1(s) - \gamma_2) x^{\tilde{\pi}}(s) + (r(s) - \gamma_1(s)$$

$$- \gamma_2)(k - \omega) + \bar{\gamma}_1(s) L^{\tilde{\pi}}(s) + \gamma_2 M^{\tilde{\pi}}(s) + (\alpha(s) - r(s)) \tilde{p}(s)$$

$$+ (1 + \eta_1) a_1 \tilde{q}_1(s) + (1 + \eta_2) a_2 \tilde{q}_2(s) + \xi_1 a_1 + \xi_2 a_2 \big] + \big[x$$

$$+ (k - \omega) - A L^{\tilde{\pi}}(s) - M^{\tilde{\pi}}(s) e^{-Ah} \big] V_l(s, x^{\tilde{\pi}}(s), L^{\tilde{\pi}}(s))$$

$$+ \frac{1}{2} V_{xx}(s, x^{\tilde{\pi}}(s), L^{\tilde{\pi}}(s)) \sigma^2(s) p^2(s) \} ds + \int_t^{T \wedge \tau_{\tilde{\pi}}} \sigma(s) \tilde{p}(s) dW(s)$$

$$+ \int_t^{T \wedge \tau_{\tilde{\pi}}} \int_0^{\infty} [V(s, x^{\tilde{\pi}}(s-) + \tilde{p}(s) y_0, L^{\tilde{\pi}}(s)) - V(s, x^{\tilde{\pi}}(s-), L^{\tilde{\pi}}(s))] N_0(ds, dy_0)$$

$$+ \int_t^{T \wedge \tau_{\tilde{\pi}}} \int_0^{\infty} [V(s, x^{\tilde{\pi}}(s-) - \tilde{q}_1(s) y_1, L^{\tilde{\pi}}(s)) - V(s, x^{\tilde{\pi}}(s-), L^{\tilde{\pi}}(s))] N_1(ds, dy_1)$$

$$+ \int_t^{T \wedge \tau_{\tilde{\pi}}} \int_0^{\infty} [V(s, x^{\tilde{\pi}}(s-) - \tilde{q}_2(s) y_2, L^{\tilde{\pi}}(s)) - V(s, x^{\tilde{\pi}}(s-), L^{\tilde{\pi}}(s))] N_2(ds, dy_2)$$

$$+ \int_t^{T \wedge \tau_{\tilde{\pi}}} \int_0^{\infty} \int_0^{\infty} [V(s, x^{\tilde{\pi}}(s-) - \tilde{q}_1(s) y_1 - \tilde{q}_2(s) y_2, L^{\tilde{\pi}}(s)) - V(s, x^{\tilde{\pi}}(s-),$$
$$L^{\tilde{\pi}}(s))] N(ds, dy_1, dy_2),$$

其中 $N_0(dt, dy_0), N_1(dt, dy_1), N_2(dt, dy_2)$ 和 $N(dt, dy_1, dy_2)$ 是泊松随机测度。

令

$$M_0(dt, dy_0) := N_0(dt, dy_0) - \lambda_0 dt F_{Y_0} d(y_0),$$

$$M_1(dt, dy_1) := N_1(dt, dy_1) - \lambda_1 dt F_{Y_1} d(y_1),$$

$$M_2(dt, dy_2) := N_2(dt, dy_2) - \lambda_2 dt F_{Y_2} d(y_2),$$

$$M(dt, dy_1, y_2) := N(dt, dy_1, dy_2) - \lambda dt F_{Y_1} d(y_1) F_{Y_2} d(y_2),$$

则上述公式可以重写为

$$V(T \wedge \tau_{\tilde{\pi}}, x^{\tilde{\pi}}(T \wedge \tau_{\tilde{\pi}}), L^{\tilde{\pi}}(T \wedge \tau_{\tilde{\pi}})) = V(t, x, l) + \int_t^{T \wedge \tau_{\tilde{\pi}}} \{ V_s(s, x^{\tilde{\pi}}(s), L^{\tilde{\pi}}(s))$$

$$+ V_x(s, x^{\tilde{\pi}}(s), L^{\tilde{\pi}}(s)) [(r(s) - \gamma_1(s) - \gamma_2) x^{\tilde{\pi}}(s) + (r(s) - \gamma_1(s) - \gamma_2)(k - \omega)$$

$$+ \bar{\gamma}_1(s) L^{\tilde{\pi}}(s) + \gamma_2 M^{\tilde{\pi}}(s) + (\alpha(s) - r(s)) \tilde{p}(s) + (1 + \eta_1) a_1 \tilde{q}_1(s)$$

$$+ (1 + \eta_2) a_2 \tilde{q}_2(s) + \xi_1 a_1 + \xi_2 a_2] + [x + (k - \omega) - A L^{\tilde{\pi}}(s)$$

$$- M^{\tilde{\pi}}(s) e^{-Ah}] V_l(s, x^{\tilde{\pi}}(s), L^{\tilde{\pi}}(s)) + \frac{1}{2} V_{xx}(s, x^{\tilde{\pi}}(s), L^{\tilde{\pi}}(s)) \sigma^2(s) p^2(s) \} ds$$

$$+ \int_t^{T \wedge \tau_{\tilde{\pi}}} \sigma(s) \tilde{p}(s) dW(s) + \int_t^{T \wedge \tau_{\tilde{\pi}}} \int_0^{\infty} [V(s, x^{\tilde{\pi}}(s-) + \tilde{p}(s) y_0, L^{\tilde{\pi}}(s))$$

$$- V(s, x^{\tilde{\pi}}(s-), L^{\tilde{\pi}}(s))] M_0(ds, dy_0) + \int_t^{T \wedge \tau_{\tilde{\pi}}} \int_0^{\infty} [V(s, x^{\tilde{\pi}}(s-)$$

$$- \tilde{q}_1(s) y_1, L^{\tilde{\pi}}(s)) - V(s, x^{\tilde{\pi}}(s-), L^{\tilde{\pi}}(s))] M_1(ds, dy_1)$$

$$+ \int_t^{T \wedge \tau_{\tilde{\pi}}} \int_0^{\infty} [V(s, x^{\tilde{\pi}}(s-) - \tilde{q}_2(s) y_2, L^{\tilde{\pi}}(s)) - V(s, x^{\tilde{\pi}}(s-),$$
$$L^{\tilde{\pi}}(s))] M_2(ds, dy_2)$$

$$+ \int_t^{T \wedge \tau_{\tilde{\pi}}} \int_0^{\infty} \int_0^{\infty} [V(s, x^{\tilde{\pi}}(s-) - \tilde{q}_1(s) y_1 - \tilde{q}_2(s) y_2, L^{\tilde{\pi}}(s)) - V(s, x^{\tilde{\pi}}(s-),$$

$$L^{\tilde{\pi}}(s))]M(ds,dy_1,dy_2)$$

$$+ \lambda_0 \int_t^{T\wedge\tau_{\tilde{\pi}}} \int_0^\infty [V(s,x^{\tilde{\pi}}(s-)+\tilde{p}(s)y_0,L^{\tilde{\pi}}(s)) - V(s,x^{\tilde{\pi}}(s-),L^{\tilde{\pi}}(s))]F_{Y_0}d(y_0)ds$$

$$+ \lambda_1 \int_t^{T\wedge\tau_{\tilde{\pi}}} \int_0^\infty [V(s,x^{\tilde{\pi}}(s-)-\tilde{q}_1(s)y_1,L^{\tilde{\pi}}(s)) - V(s,x^{\tilde{\pi}}(s-),L^{\tilde{\pi}}(s))]F_{Y_1}d(y_1)ds$$

$$+ \lambda_2 \int_t^{T\wedge\tau_{\tilde{\pi}}} \int_0^\infty [V(s,x^{\tilde{\pi}}(s-)-\tilde{q}_2(s)y_2,L^{\tilde{\pi}}(s)) - V(s,x^{\tilde{\pi}}(s-),L^{\tilde{\pi}}(s))]F_{Y_2}d(y_2)ds$$

$$+ \lambda \int_t^{T\wedge\tau_{\tilde{\pi}}} \int_0^\infty [V(s,x^{\tilde{\pi}}(s-)-\tilde{q}_1(s)y_1-\tilde{q}_2(s)y_2,L^{\tilde{\pi}}(s)) - V(s,x^{\tilde{\pi}}(s-),$$

$$L^{\tilde{\pi}}(s))]F_{Y_1}d(y_1)F_{Y_2}d(y_2)ds.$$

由于 $V(t,x,l)$ 满足 HJB 方程(2.21),因此可得

$$V(T\wedge\tau_{\tilde{\pi}},x^{\tilde{\pi}}(T\wedge\tau_{\tilde{\pi}}),L^{\tilde{\pi}}(T\wedge\tau_{\tilde{\pi}})) \geqslant V(t,x,l) + \int_t^{T\wedge\tau_{\tilde{\pi}}} \sigma(s)\tilde{p}(s)dW(s)$$

$$+ \int_t^{T\wedge\tau_{\tilde{\pi}}} \int_0^\infty [V(s,x^{\tilde{\pi}}(s-)+\tilde{p}(s)y_0,L^{\tilde{\pi}}(s)) - V(s,x^{\tilde{\pi}}(s-),L^{\tilde{\pi}}(s))]M_0(ds,dy_0)$$

$$+ \int_t^{T\wedge\tau_{\tilde{\pi}}} \int_0^\infty [V(s,x^{\tilde{\pi}}(s-)-\tilde{q}_1(s)y_1,L^{\tilde{\pi}}(s)) - V(s,x^{\tilde{\pi}}(s-),L^{\tilde{\pi}}(s))]M_1(ds,dy_1)$$

$$+ \int_t^{T\wedge\tau_{\tilde{\pi}}} \int_0^\infty [V(s,x^{\tilde{\pi}}(s-)-\tilde{q}_2(s)y_2,L^{\tilde{\pi}}(s)) - V(s,x^{\tilde{\pi}}(s-),L^{\tilde{\pi}}(s))]M_2(ds,dy_2)$$

$$+ \int_t^{T\wedge\tau_{\tilde{\pi}}} \int_0^\infty \int_0^\infty [V(s,x^{\tilde{\pi}}(s-)-\tilde{q}_1(s)y_1-\tilde{q}_2(s)y_2,L^{\tilde{\pi}}(s))$$

$$- V(s,x^{\tilde{\pi}}(s-),L^{\tilde{\pi}}(s))]M(ds,dy_1,dy_2). \tag{2.38}$$

当 $\tilde{\pi} = \pi^*$ 时,上述不等式等号成立。此外,易见

$$\int_t^{T\wedge\tau_{\tilde{\pi}}} \sigma(s)\tilde{p}(s)dW(s), \int_t^{T\wedge\tau_{\tilde{\pi}}} \int_0^\infty [V(s,x^{\tilde{\pi}}(s-)+\tilde{p}(s)y_0,L^{\tilde{\pi}}(s)) - V(s,x^{\tilde{\pi}}(s-),$$

$$L^{\tilde{\pi}}(s))]M_0(ds,dy_0),$$

$$\int_t^{T\wedge\tau_{\tilde{\pi}}} \int_0^\infty [V(s,x^{\tilde{\pi}}(s-)-\tilde{q}_1(s)y_1,L^{\tilde{\pi}}(s)) - V(s,x^{\tilde{\pi}}(s-),L^{\tilde{\pi}}(s))]M_1(ds,dy_1),$$

$$\int_t^{T\wedge\tau_{\tilde{\pi}}} \int_0^\infty [V(s,x^{\tilde{\pi}}(s-)-\tilde{q}_2(s)y_2,L^{\tilde{\pi}}(s)) - V(s,x^{\tilde{\pi}}(s-),L^{\tilde{\pi}}(s))]M_2(ds,dy_2),$$

$$\int_t^{T\wedge\tau_{\tilde{\pi}}} \int_0^\infty \int_0^\infty [V(s,x^{\tilde{\pi}}(s-)-\tilde{q}_1(s)y_1-\tilde{q}_2(s)y_2,L^{\tilde{\pi}}(s)) - V(s,x^{\tilde{\pi}}(s-),$$

$$L^{\tilde{\pi}}(s))]M(ds,dy_1,dy_2)$$

都是鞅。对不等式(2.38)两侧取期望,可得

$$E[V(T\wedge\tau_{\tilde{\pi}},x^{\tilde{\pi}}(T\wedge\tau_{\tilde{\pi}}),L^{\tilde{\pi}}(T\wedge\tau_{\tilde{\pi}}))]$$

$$= E[V(T\wedge\tau_{\tilde{\pi}},x^{\tilde{\pi}}(T\wedge\tau_{\tilde{\pi}}),L^{\tilde{\pi}}(T\wedge\tau_{\tilde{\pi}}))1_{T<\tau_{\tilde{\pi}}}]$$

$$+ E[V(T \wedge \tau_{\tilde{\pi}}, x^{\tilde{\pi}}(T \wedge \tau_{\tilde{\pi}}), L^{\tilde{\pi}}(T \wedge \tau_{\tilde{\pi}}))1_{T \geq \tau_{\tilde{\pi}}}]$$

$$= \frac{1}{2}E[(x^{\tilde{\pi}}(T) + \beta L^{\tilde{\pi}}(T))1_{T < \tau_{\tilde{\pi}}}]$$

$$+ E[V(T \wedge \tau_{\tilde{\pi}}, x^{\tilde{\pi}}(T \wedge \tau_{\tilde{\pi}}), L^{\tilde{\pi}}(T \wedge \tau_{\tilde{\pi}}))1_{T \geq \tau_{\tilde{\pi}}}] \geq V(t,x,l).$$

注意 $E[V(T \wedge \tau_{\tilde{\pi}}, x^{\tilde{\pi}}(T \wedge \tau_{\tilde{\pi}}), L^{\tilde{\pi}}(T \wedge \tau_{\tilde{\pi}}))1_{T \geq \tau_{\tilde{\pi}}}] = 0$, 因此

$$\frac{1}{2}E[(x^{\tilde{\pi}}(T) + \beta L^{\tilde{\pi}}(T))^2 1_{T < \tau_{\tilde{\pi}}}] \geq V(t,x,l).$$

从而,有

$$\frac{1}{2}E[(x^{\tilde{\pi}}(T) + \beta L^{\tilde{\pi}}(T))^2]$$

$$= \frac{1}{2}E[(x^{\tilde{\pi}}(T) + \beta L^{\tilde{\pi}}(T))^2 1_{T < \tau_{\tilde{\pi}}}] + \frac{1}{2}E[(x^{\tilde{\pi}}(T) + \beta L^{\tilde{\pi}}(T))^2 1_{T \geq \tau_{\tilde{\pi}}}],$$

即 $J(t,x,l) \geq V(t,x,l)$。当 $\tilde{\pi} = \pi^*$ 时,等式 $J(t,x,l) = V(t,x,l)$ 成立。

根据注 2.1,如果 $A = h = \beta = \gamma_1(t) = \gamma_2 = 0$,则模型退化为不考虑有界记忆的情形。由定理 2.3,有以下推论。

推论 2.5 对于情形 2,函数

$$V(t,x) = \begin{cases} \frac{1}{2}e^{\int_t^T(2K-2P(s))ds}[xe^{\int_t^T r(s)ds} + \int_t^T [r(s)(k-\omega) + \xi_1 a_1 \\ + \xi_2 a_2]e^{\int_s^T r(u)du}ds]^2, x + e^{-\int_t^T r(s)ds}\int_t^T [r(s)(k-\omega) \\ + \xi_1 a_1 + \xi_2 a_2]e^{\int_s^T r(u)du}ds < 0, \\ \frac{1}{2}e^{\int_t^T(2K-2P(s))ds}[xe^{\int_t^T r(s)ds} + \int_t^T [r(s)(k-\omega) + \xi_1 a_1 \\ + \xi_2 a_2]e^{\int_s^T r(u)du}ds]^2, x + e^{-\int_t^T r(s)ds}\int_t^T [r(s)(k-\omega) \\ + \xi_1 a_1 + \xi_2 a_2]e^{\int_s^T r(u)du}ds \geq 0 \end{cases} \tag{2.39}$$

是 HJB 方程(2.21)不存在有界记忆情形下的粘性解,其中 K 和 $P(t)$ 在定理 2.3 给出。方程(2.21)左侧部分的最小值点是 $\pi^*(t,x) = (p^*(t,x), q_1^*(t, x), q_2^*(t,x))$,其中

$$p^*(t,x) = \begin{cases} -n_0(t)\Big[x + e^{-\int_t^T r(s)ds}\int_t^T[r(s)(k-\omega)+\xi_1 a_1 \\ + \xi_2 a_2]e^{\int_s^T r(u)du}ds\Big], x + e^{-\int_t^T r(s)ds}\int_t^T[r(s)(k-\omega) \\ +\xi_1 a_1 + \xi_2 a_2]e^{\int_s^T r(u)du}ds < 0. \\ 0, x + e^{-\int_t^T r(s)ds}\int_t^T[r(s)(k-\omega)+\xi_1 a_1 + \xi_2 a_2]e^{\int_s^T r(u)du}ds \geqslant 0 \end{cases}$$

$$(2.40)$$

以及

$$q_i^*(t,x) = \begin{cases} -n_i\Big[x + e^{-\int_t^T r(s)ds}\int_t^T[r(s)(k-\omega)+\xi_1 a_1 \\ + \xi_2 a_2]e^{\int_s^T r(u)du}ds\Big], x + e^{-\int_t^T r(s)ds}\int_t^T[r(s)(k-\omega) \\ +\xi_1 a_1 + \xi_2 a_2]e^{\int_s^T r(u)du}ds < 0, \\ 0, x + e^{-\int_t^T r(s)ds}\int_t^T[r(s)(k-\omega)+\xi_1 a_1 + \xi_2 a_2]e^{\int_s^T r(u)du}ds \geqslant 0, \end{cases}$$

$$(2.41)$$

其中 $i = 1,2$。

注 2.4 （i）在定理 2.3 中，最优策略以及对应的值函数看起来独立于参数 A 和 h，但是根据注 2.1，A 和 h 会通过 $\gamma_1(t)$ 和 γ_2 间接影响最优策略和值函数。

（ii）从推论 2.5，如果我们进一步不考虑风险资产的价格跳，那么此时的最优投资和再保险策略以及最优值函数与 Bi 等(2016)的结果是一致。

2.4 有效策略和有效前沿

在这一小节,我们将通过上一小节所获得的结果,推导问题(2.13)对应的有效策略和有效前沿。在具体分析之前,首先给出一个合理的假设:

$$k \geqslant (X_0 + \beta L(0))e^{\int_0^T (r(s)-\gamma_1(s)-\gamma_2+\beta)ds} + (\xi_1 a_1 \\ + \xi_2 a_2)\int_0^T e^{-\int_s^T(r(u)-\gamma_1(u)-\gamma_2+\beta)du}ds],$$

$$(2.42)$$

即投资者期望的终端财富 k 不能少于式(2.42)右侧部分。根据式(2.11)和式(2.19),它是保险公司把初始财富全部投资于无风险资产所能获得的终端财富,即它是当 $p(\cdot)=0$, $q_1(\cdot)=0$ 和 $q_2(\cdot)=0$ 时,方程(2.11)的解。由于对于某个固定的 $\omega \in \mathbb{R}$,

$$E\left[\frac{1}{2}(x^\pi(T)+\beta L^\pi(T))^2\right]=E\left[\frac{1}{2}(X^\pi(T)-(k-\omega)+\beta L^\pi(T))^2\right]$$

$$=E\left[\frac{1}{2}(X^\pi(T)+\beta L^\pi(T)-k)^2\right]+\omega\left[E(X^\pi(T)+\beta L^\pi(T))-k\right]+\frac{1}{2}\omega^2,$$

因此,我们有

$$\min_{\pi\in\Pi}\left\{E\left[\frac{1}{2}(X^\pi(T)+\beta L^\pi(T)-k)^2\right]+\omega\left[E(X^\pi(T)+\beta L^\pi(T))-k\right]\right\}$$

$$=\min_{\pi\in\Pi}\left\{E\left[\frac{1}{2}(x^\pi(T)+\beta L^\pi(T))^2\right]\right\}-\frac{1}{2}\omega^2=V(0,x^\pi(0),L^\pi(0))-\frac{1}{2}\omega^2.$$

从而,最优值函数由下式给出

$$\min_{\pi\in\Pi}\left\{E\left[(X^\pi(T)+\beta L^\pi(T)-k)^2\right]+2\omega\left[E(X^\pi(T)+\beta L^\pi(T))-k\right]\right\}$$

$$=2V(0,x^\pi(0),L^\pi(0))-\omega^2$$

$$=\begin{cases}
e^{\int_0^T(2K-2P(s))ds}\left[(X_0+\beta L(0)-(k-\omega))e^{\int_0^T(r(s)-\gamma_1(s)-\gamma_2+\beta)ds}\right.\\
\left.+\int_0^T[(r(s)-\gamma_1(s)-\gamma_2+\beta)(k-\omega)+\xi_1a_1+\xi_2a_2]e^{\int_s^T(r(v)-\gamma_1(v)-\gamma_2+\beta)dv}ds\right]^2\\
-\omega^2, X_0+\beta L(0)-(k-\omega)e^{-\int_0^T(r(s)-\gamma_1(s)-\gamma_2+\beta)ds}+(\xi_1a_1\\
+\xi_2a_2)\int_0^T e^{-\int_0^s(r(u)-\gamma_1(u)-\gamma_2+\beta)du}ds<0,\\[2mm]
e^{\int_0^T(2K-2P(s))ds}\left[(X_0+\beta L(0)-(k-\omega))e^{\int_0^T(r(s)-\gamma_1(s)-\gamma_2+\beta)ds}\right.\\
\left.+\int_0^T[(r(s)-\gamma_1(s)-\gamma_2+\beta)(k-\omega)+\xi_1a_1+\xi_2a_2]e^{\int_s^T(r(v)-\gamma_1(v)-\gamma_2+\beta)dv}ds\right]^2\\
-\omega^2, X_0+\beta L(0)-(k-\omega)e^{-\int_0^T(r(s)-\gamma_1(s)-\gamma_2+\beta)ds}+(\xi_1a_1\\
+\xi_2a_2)\int_0^T e^{-\int_0^s(r(u)-\gamma_1(u)-\gamma_2+\beta)du}ds\geqslant 0.
\end{cases}$$

$$(2.43)$$

需要注意的是,最优值函数依赖 ω,我们用 $Q(\omega)$ 来表示。由(2.43)和(2.42),最优值函数 $Q(\omega)$ 在最大值点 ω^* 达到最大值 $Q(\omega^*)$,且 $Q(\omega^*)$

和 ω^* 分别由以下两式给出：

$$Q(\omega^*) = \frac{[(X_0 + \beta L(0))e^{\int_0^T(r(s)-\gamma_1(s)-\gamma_2+\beta)ds} + \Upsilon - k]^2}{e^{\int_0^T(2K-2P(s))ds} - 1},$$

$$\omega^* = \frac{(X_0 + \beta L(0))e^{\int_0^T(r(s)-\gamma_1(s)-\gamma_2+\beta)ds} + \Upsilon}{e^{\int_0^T(2K-2P(s))ds} - 1},$$

其中 $\Upsilon = (\xi_1 a_1 + \xi_2 a_2)\int_0^T e^{\int_s^T(r(u)-\gamma_1(u)-\gamma_2+\beta)du}ds$。 因此，有下面定理。

定理 2.6 问题(2.13)与期望终端财富 $E[X(T)+\beta L(T)] = k$ 对应的有效策略 $\pi^*(t) = (p^*(t,X(t),L(t)),q_1^*(t,X(t),L(t)),q_2^*(t,X(t),L(t)))$ 如下：

$$p^*(t,X(t),L(t)) = \begin{cases} -n_0(t)\big[X(t)+\beta L(t)-(k-\omega^*)e^{-\int_t^T(r(s)-\gamma_1(s)-\gamma_2+\beta)ds} \\ + (\xi_1 a_1 + \xi_2 a_2)\int_t^T e^{-\int_t^s(r(u)-\gamma_1(u)-\gamma_2+\beta)du}ds\big],X(t) \\ + \beta L(t) - (k-\omega^*)e^{-\int_t^T(r(s)-\gamma_1(s)-\gamma_2+\beta)ds} + (\xi_1 a_1 \\ + \xi_2 a_2)\int_t^T e^{-\int_t^s(r(u)-\gamma_1(u)-\gamma_2+\beta)du}ds < 0, \\ 0,X(t)+\beta L(t)-(k-\omega^*)e^{-\int_t^T(r(s)-\gamma_1(s)-\gamma_2+\beta)ds} \\ + (\xi_1 a_1 + \xi_2 a_2)\int_t^T e^{-\int_t^s(r(u)-\gamma_1(u)-\gamma_2+\beta)du}ds \geq 0, \end{cases}$$

$$(2.44)$$

$$q_i^*(t,X(t),L(t)) = \begin{cases} -n_i\big[X(t)+\beta L(t)-(k-\omega^*)e^{-\int_t^T(r(s)-\gamma_1(s)-\gamma_2+\beta)ds} \\ + (\xi_1 a_1 + \xi_2 a_2)\int_t^T e^{-\int_t^s(r(u)-\gamma_1(u)-\gamma_2+\beta)du}ds\big],X(t) \\ + \beta L(t) - (k-\omega^*)e^{-\int_t^T(r(s)-\gamma_1(s)-\gamma_2+\beta)ds} \\ + (\xi_1 a_1 + \xi_2 a_2)\int_t^T e^{-\int_t^s(r(u)-\gamma_1(u)-\gamma_2+\beta)du}ds < 0, \\ 0,X(t)+\beta L(t)-(k-\omega^*)e^{-\int_t^T(r(s)-\gamma_1(s)-\gamma_2+\beta)ds} \\ + (\xi_1 a_1 + \xi_2 a_2)\int_t^T e^{-\int_t^s(r(u)-\gamma_1(u)-\gamma_2+\beta)du}ds \geq 0, \end{cases}$$

$$(2.45)$$

其中 $i = 1,2$。此外,有效前沿 $(\mathrm{Var}[X^{\pi^*}(T) + \beta L^{\pi^*}(T)], E[X^{\pi^*}(T) + \beta L^{\pi^*}(T)])$ 由下式给出

$$\mathrm{Var}[X^{\pi^*}(T) + \beta L^{\pi^*}(T)] = [(X_0 + \beta L(0))e^{\int \delta(r(s) - \gamma_1(s) - \gamma_2 + \beta)ds} + (\xi_1 a_1$$
$$+ \xi_2 a_2)\int_0^T e^{\int_s^T (r(u) - \gamma_1(u) - \gamma_2 + \beta)du}ds - E[X^{\pi^*}(T) + \beta L^{\pi^*}(T)]]^2 [e^{\int \delta(2P(s) - 2K)ds} - 1]^{-1}.$$

这里的期望终端财富 $E[X(T) + \beta L(T)]$ 满足下式

$$E[X^{\pi^*}(T) + \beta L^{\pi^*}(T)] \geqslant (X_0 + \beta L(0))e^{\int \delta(r(s) - \gamma_1(s) - \gamma_2 + \beta)ds}$$
$$+ (\xi_1 a_1 + \xi_2 a_2)\int_0^T e^{\int_s^T (r(u) - \gamma_1(u) - \gamma_2 + \beta)du}ds. \qquad (2.46)$$

注 2.5 (i) 由式(2.44)和式(2.45)知,只有当 t 时刻的财富 $X(t) + \beta L(t)$ 足够大时,即

$$X(t) + \beta L(t) \geqslant (k - \omega^*)e^{-\int_t^T (r(s) - \gamma_1(s) - \gamma_2 + \beta)ds} + (\xi_1 a_1 + \xi_2 a_2)\int_t^T e^{-\int_t^s (r(u) - \gamma_1(u) - \gamma_2 + \beta)du}ds,$$

那么保险公司会将所有资产投资于无风险资产上。这与经济直感是一致的,如果保险公司持有足够大的初始财富,那么要达到给定的收益值,同时最小化风险的方法就是保险公司既不进行风险投资,也不经营保险业务。

(ii) 令 $\sigma[X^{\pi^*}(T) + \beta L^{\pi^*}(T)]$ 表示终端财富的标准差,由式(2.46)可以获得具有延迟的均值-标准差有效前沿

$$E[X^{\pi^*}(T) + \beta L^{\pi^*}(T)] = \sigma[X^{\pi^*}(T) + \beta L^{\pi^*}(T)]\sqrt{e^{\int \delta(2P(s) - 2K)ds} - 1} +$$
$$(X_0 + \beta L(0))e^{\int \delta(r(s) - \gamma_1(s) - \gamma_2 + \beta)ds} + (\xi_1 a_1 + \xi_2 a_2)\int_0^T e^{\int_s^T (r(u) - \gamma_1(u) - \gamma_2 + \beta)du}ds,$$

其中均值-标准差有效前沿 $(\sigma[X^{\pi^*}(T) + \beta L^{\pi^*}(T)], E[X^{\pi^*}(T) + \beta L^{\pi^*}(T)])$ 仍是一条直线,这与经典均值-标准差组合理论是一致的。

(iii) 如果不考虑有界记忆,上式的有效前沿退化为

$$\mathrm{Var}[X^{\pi^*}(T)] = \frac{[X_0 e^{\int \delta r(s)ds} + (\xi_1 a_1 + \xi_2 a_2)\int_0^T e^{\int_s^T r(u)dr}ds - E[X^{\pi^*}(T)]]^2}{e^{\int \delta(2P(s) - 2K)ds} - 1},$$

它的均值-标准差有效前沿为

$$E[X^{\pi^*}(T)] = \sigma[X^{\pi^*}(T)] \sqrt{e^{\int \delta(2P(s)-2K)ds} - 1} + X_0 e^{\int \delta r(s)ds} + (\xi_1 a_1 +$$

$$\xi_2 a_2) \int_0^T e^{\int_s^T r(u)du} ds.$$

2.5 数值算例

本节通过数值算例分析模型参数对结果的影响。

令 $r(t) \equiv r, \alpha(t) \equiv \alpha$ 以及 $\sigma(t) \equiv \sigma$。根据本章模型设定,模型基本参数选取如表 2.1 所示。经计算表 2.1 给出的参数满足情形 2 的条件。我们通过只变动一个参数而保持其他参数不变来分析该参数变化对式(2.46)中的有效前沿的影响,见图 2.1~图 2.8。

表 2.1 模型基本参数

λ_0	λ_1	λ_2	λ	μ_{01}	μ_{11}	μ_{21}	μ_{02}	μ_{12}	μ_{22}	θ_1
1.5	3	4	1	0.1	0.1	0.2	0.2	0.2	0.2	0.2
θ_2	η_1	η_2	r	α	σ	A	h	β	X_0	T
0.2	0.3	0.3	0.06	0.12	0.18	1	1	0.05	20	3

从图 2.1 可以看到,有效前沿随 A 的增加而右移,即当期望终端财富水平 $E[X(T)+\beta L(T)]$ 给定时,终端财富的方差 $\mathrm{Var}[X(T)+\beta L(T)]$ 随 A 的增加而增加。由平均延迟财富 $\bar{L}(t)$ 的定义知,当 A 越大时,越早时间的财富在财富组合 $X(T)+\beta L(T)$ 中所占的权重越小,此时的保险公司就越关注当前财富的水平,表现出尤为重视短期利益的特征。图 2.1 的结果意味着,保险公司为了运营平稳以及整体风险更小,应该将眼光放得长远些,应该更加关注长期绩效。图 2.2 描述了 h 变化对有效前沿的影响。可以看到,当期望终端财富水平 $E[X(T)+\beta L(T)]$ 给定时,终端财富的方差 $\mathrm{Var}[X(T)+\beta L(T)]$ 随 h 的增加而减小。根据 $L(t)$ 的定义, h 越大,越早时间的财富在财富组合 $X(T)+\beta L(T)$ 的构造中所占的比例越大,越多的信息被考虑,有利于保险公司更理性地决策。因此, h 越大, $\mathrm{Var}[X(T)+\beta L(T)]$ 越小。

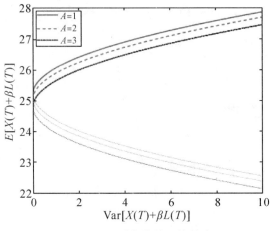

图 2.1 A 对有效前沿的影响

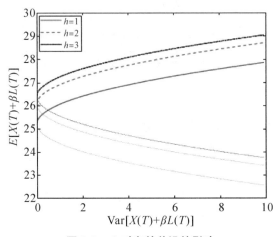

图 2.2 h 对有效前沿的影响

图 2.3 显示有效前沿随着 β 的增加而右移。也就是说,给定相同的期望终端财富水平,β 越大,终端财富的方差越小。由于 β 越大,$L(T)$ 在终端财富组合 $X(T) + \beta L(T)$ 中所占的比重就越大,这意味着保险公司会基于更长一段时期的信息做决策,因此所面临的风险也就越小。图 2.4 描绘了共同冲击参数 λ 对于有效前沿的影响。当终端财富的期望被给定时,终端财富的方差随 λ 增加而增加。因为 λ 增加,意味着两类保险业务的平均索赔量都增加,例如新型冠状病毒感染疫情往往导致多类保险业务索赔量增加,因此,保险公司的整体风险会增加,即 $\mathrm{Var}[X(T) + \beta L(T)]$ 增加。

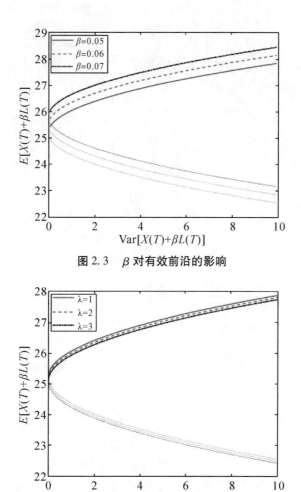

图 2.3 β 对有效前沿的影响

图 2.4 λ 对有效前沿的影响

图 2.5 描述了参数 λ_1 对有效前沿的影响。可以看到,给定终端财富的期望值,终端财富的方差随 λ_1 增加而增加。因为 λ_1 增加,第一类保险业务的平均索赔量就会增加,保险公司的整体风险就会增加。从图 2.6 可以看到,有效前沿随 λ_2 的增加而右移,即给定终端财富期望值,终端财富的方差随 λ_2 的增加而增加。与图 2.5 同理,λ_2 增加,会导致第二类保险业务的平均索赔量增加。将图 2.5 和图 2.6 与图 2.4 比较,可以发现 λ 对有效前沿的影响比 λ_1 和 λ_2 都大,这说明共同冲击因素对保险组合的影响是不可忽视的,保险公司在决策时,必须重视共同冲击因素的影响。

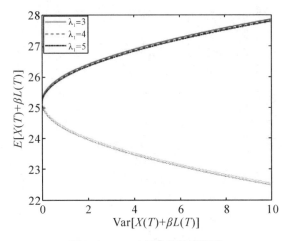

图 2.5 λ_1 对有效前沿的影响

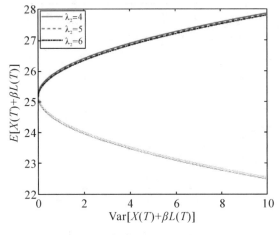

图 2.6 λ_2 对有效前沿的影响

图 2.7 呈现了风险资产价格跳参数 λ_0 对有效前沿的影响。可以看到,给定终端财富方差, λ_0 越大,终端财富的期望越大。因为 λ_0 越大,风险资产的潜在回报就越大,因此保险公司的终端财富的期望越大。从图 2.8 可以看到,有效前沿随着 σ 的增加而右移,即给定终端财富期望, σ 越大,终端财富方差越大。因为 σ 越大,风险资产的风险就越大,为了达到预定的目标,保险公司的风险就越大。

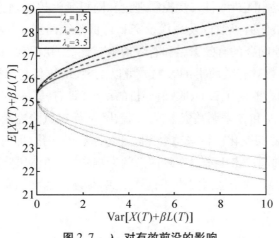

图 2.7　λ_0 对有效前沿的影响

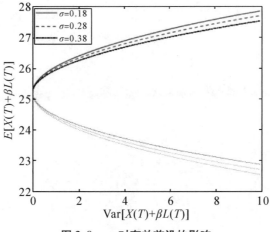

图 2.8　σ 对有效前沿的影响

2.6　本章小结

本章基于有界记忆和共同冲击模型框架在跳扩散金融市场和卖空限制下研究了均值-方差投资和再保险决策问题。我们首先假设金融市场由一个无风险资产和一个风险资产组成,其中风险资产价格服从跳扩散过程,用存在共同冲击的二维复合泊松过程描述保险公司的盈余过程。然后,通过引入资本流入/流出函数,得到由随机延迟微分方程描述的财富动态。在此基础上,我们应用随机线性二次控制理论和随机延迟控制理论,在粘性解的框架下,得到最优值函数以及最优投资和再保险策略。应用拉格朗日对偶方法,得到了原问题的有效策略和有效前沿。最后,我们利用一个数值算例分析了相关参数对有效前沿的影响。可以发现,历史信息对保险公司的决策有重要影响。根据注 2.1 和数值分析的结果,我们可以通过调整刻画有界记忆的参数 A、h 和 β 来调整资本流入/流出,从而将风险控制在一定的目标范围内;由于 λ 的变化会带来整个保险业务组合的变化,即对两类保险业务的冲击,因此共同冲击因素对有效前沿的影响较大;整体风险随着风险资产价格跳跃参数 λ_0 的增加而减小,随着波动率参数 σ 的增加而增加。

3 Heston 模型和违约风险下的投资和再保险策略

3.1 引言

上一章我们在有界记忆和共同冲击框架下研究了跳扩散金融市场和卖空限制下的投资和再保险决策问题。同样地,本章依然在有界记忆和共同冲击框架下考虑投资和再保险问题,为了更符合实际,本章将随机波动率和违约风险纳入考虑范围,以最大化均值-方差效用为目标研究保险公司的投资和再保险问题。不过由于这样的随机优化问题是时间不一致的,不能直接应用动态规划原理求解。于是 Björk 和 Murgoci(2010)基于纳什子博弈精炼均衡的思想,建立了博弈论框架中的随机控制理论,应用该理论推导出广义 HJB 方程,进而通过解该方程获得了最优时间一致策略和均衡值函数。Zeng 和 Li(2011)、Zeng 等(2013)等将博弈论框架中的随机控制理论应用到投资和再保险问题中,获得了最优时间一致的投资和再保险策略。考虑到资产价格与波动率可能是相关的,Li 等(2012)在 Heston 随机波动率模型下推导了最优时间一致的投资和再保险策略及均衡值函数。另外,在今天的金融市场上,高收益公司债券对投资者的吸引力越来越大。与股票和无违约债券相比,公司债券为投资者提供了不同的风险回报,而且往往因其高收益而受到追捧。公司债券违约虽然罕见,但确实发生了,例如 2008 年次贷危机中发生的大规模的违约。因此,存在可违约债券的最优投资组合问题已成为一个重要的研究领域。Bielecki 和 Jang(2006)考虑了投资者将财富投资于信用风险资产、无违约银行账户和股票以最大化指数效用为目标的投资组合问题。Li 等(2017)在常方差弹性(CEV)模型和违约风险下考虑了

DC 型养老金管理问题,并获得了最优时间一致的可违约债券和风险资产的投资数量。Zhang 和 Chen(2018)则在违约风险下研究了投资和比例再保险问题,并获得了最优时间一致的投资和再保险策略。

基于上述讨论,本章将 Heston 随机波动率和违约风险纳入有界记忆与共同冲击框架中。综合应用博弈论框架中的随机控制理论和随机延迟控制理论,获得了对违约债券、风险资产和两类相依再保险的时间一致的最优决策以及对应的均衡值函数。通过一个数值算例,我们分析了模型参数对最优时间一致策略的影响。

3.2 模型设定

假设存在完备的信息流概率空间 $(\Omega, \mathcal{F}, \{\mathcal{F}_t\}_{t \in [0,T]}, \mathbb{P})$,即 $\{\mathcal{F}_t\}_{t \in [0,T]}$ 是右连续的且 $\mathbb{P}$ 是完备的,$\{\mathcal{F}_t\}_{t \in [0,T]}$ 表示直到 t 时刻保险公司获得的所有信息,$[0,T]$ 是固定且有限的业务运营期。假设本章所有随机过程都适应该概率空间,并且存在一个与现实概率测度 $\mathbb{P}$ 等价的风险中性概率测度 $\mathbb{Q}$。

3.2.1 金融市场

假设金融市场由一个无风险资产、一个风险资产和一个可违约债券组成。无风险资产的价格 $B(t)$ 服从如下动态:
$$dB(t) = rB(t)dt, B(0) = b_0,$$
其中 $r(> 0)$ 是一个常数,表示无风险利率。风险资产价格 $S(t)$ 服从如下过程:
$$\begin{cases} dS(t) = S(t)\left[(r + \delta v(t))dt + \sqrt{v(t)}dW_1(t)\right], S(0) = s_0, \\ dv(t) = \kappa(\alpha - v(t))dt + \sigma\sqrt{v(t)}dW_2(t), v(0) = v_0, \end{cases} \tag{3.1}$$
其中 δ, κ, α 和 σ 都是正常数。$W_1(t)$ 和 $W_2(t)$ 是标准的布朗运动,它们的相关系数是 $E[W_1(t)W_2(t)] = \rho t, \rho \in [-1,1]$。另外,假设 $2\kappa\alpha \geqslant \sigma^2$ 以确保 $v(t) \geqslant 0$。

与无风险资产和风险资产不同,它们的价格过程在现实概率测度 $\mathbb{P}$ 下直接给出。可违约债券的价格在风险中性概率测度 $\mathbb{Q}$ 下给出,然后转换到现

实概率测度 $\mathbb{P}$ 中。遵循 Bielecki 和 Jang（2006），我们先给出违约过程的定义。

定义 3.1 令 τ 是一个非负随机变量，表示公司债违约的时间。一个在随机时间 τ 发生离散跳的非降右连续过程称为违约过程，用 $Z(t) = 1_{|\tau \leqslant t}$ 表示，其中 1 是示性函数，如果发生跳，则取值 1，否则，取值 0。

如同 Jarrow 和 Turnbull（1995）、Madan 和 Unal（1998）、Driessen（2005），违约时间 τ 可以用泊松过程的首达时间来刻画；k 表示跳过程的强度，它测度了违约的到达率。在以上概念的基础上，我们定义一个鞅违约过程。

定义 3.2 鞅违约过程由下式给出，$K(t) := Z(t) - \int_0^t (1 - Z(u-)) k du$，其微分形式是 $dK(t) = dZ(t) - k(1 - Z(t-)) dt$。

接下来，我们在风险中性概率测度 $\mathbb{Q}$ 下考虑可违约债券的定价过程。类似 Bielecki 和 Jang（2006），假设存在一个面值为 1，到期日为 $\bar{T}$ 的零息债券。假设违约发生时，投资者在违约前收回可违约债券市值的一小部分，违约后可违约债券的市值降为零。令 ζ 表示损失率，$1 - \zeta$ 则表示违约恢复率。另外，我们用 $k^{\mathbb{Q}}$ 表示风险中性概率测度 $\mathbb{Q}$ 下的违约泊松过程的强度，那么 $\vartheta = k^{\mathbb{Q}} \zeta$ 表示风险中性信用利差，因此风险中性概率测度 $\mathbb{Q}$ 下的可违约债券的价格过程如下

$$p(t, \bar{T}) = 1_{\tau > t} e^{-(r+\vartheta)(\bar{T}-t)} + 1_{\tau \leqslant t} (1 - \zeta) e^{-(t+\vartheta)(\bar{T}-t)} e^{r(t-\tau)}, \qquad (3.2)$$

其中，$p(t, \bar{T})$ 是一种虚拟的债券，而不是实际交易的债券。正如 Bielecki 和 Jang（2006）、Driessen（2005）所提到的，虚拟债券允许我们考虑可违约债券预期收益的跳跃风险溢价。对上式用 Itô 公式，可得

$$dp(t, \bar{T}) = rp(t, \bar{T}) dt - \zeta e^{-(r+\vartheta)(\bar{T}-t)} dK^{\mathbb{Q}}(t), \qquad (3.3)$$

其中，$K^{\mathbb{Q}}(t)$ 是概率测度 $\mathbb{Q}$ 下的补偿跳过程。根据 Girsanov 定理［见 Kusuoka（1999）］，存在一个可料过程 Δ 将过程（3.3）转换到现实概率测度 $\mathbb{P}$ 下，如下所示：

$$dp(t, \bar{T}) = p(t-, \bar{T}) [rdt + (1 - Z(t)) \vartheta (1 - \Delta) dt - (1 - Z(t-)) \zeta dK^{\mathbb{P}}], \qquad (3.4)$$

其中，$\Delta = \dfrac{k^{\mathbb{P}}}{k^{\mathbb{Q}}}$，而 $K^{\mathbb{P}} = Z(t) - k^{\mathbb{Q}} \int_0^t (1 - Z(u-)) \Delta du$ 是概率测度 $\mathbb{P}$ 下的鞅。

从 Duffie 和 Singleton（2012）知，现实概率测度 $\mathbb{P}$ 下的违约概率是小于风险中性概率测度 $\mathbb{Q}$ 下的违约概率的，即 $\Delta \leqslant 1$。根据 Yu（2002），方程（3.4）包含

两部分:一部分是无风险资产的收益,另一部分是违约前风险中性信用利差与实际信用利差之间的差。

3.2.2 盈余过程

假设保险公司持有一个由两项不同保险业务组成的保险组合,如医疗保险和死亡保险,如同上一章,保险公司的盈余过程 $U(t)$ 服从存在共同冲击的二维复合泊松过程:

$$dU(t) = cdt - q_1(t)dC_1(t) - q_2(t)dC_2(t),$$

其中 c 是费率,由式(2.7)给出。$C_1(t)$ 和 $C_2(t)$ 分别是两类业务的索赔过程,见式(2.4)。$q_1(t)$ 和 $q_2(t)$ 分别是两类再保险业务的留存比例。关于盈余过程中的具体参数需要满足的假设条件以及其他变量的经济解释同第2.2.2 小节。

3.2.3 财富动态

令 $X(t)$ 表示保险公司在 t 时刻的财富,$p_1(t)$ 和 $p_2(t)$ 分别表示投资于风险资产和可违约债券的财富数量,那么 $X(t) - p_1(t) - p_2(t)$ 是投资于无风险资产的数量。引入历史绩效的影响,采用与第 2 章类似的推导,可得如下财富动态:

$$
\begin{aligned}
dX^\pi(t) &= \left(X^\pi(t) - p_1(t) - p_2(t)\right)\frac{dB(t)}{B(t)} + p_1(t)\frac{dS(t)}{S(t)} + p_2(t)\frac{dp(t,\overline{T})}{p(t-,\overline{T})} \\
&\quad + dU(t) - f(t, X(t) - \overline{L}(t), X(t) - M(t))dt \\
&= \big[(r - \gamma_1 - \gamma_2)X^\pi(t) + \overline{\gamma}_1 L^\pi(t) + \gamma_2 M^\pi(t) + \delta p_1(t)v(t) + \\
&\quad p_2(t)(1 - Z(t))\vartheta(1 - \Delta) + (1 + \eta_1)a_1 q_1(t) + (1 + \eta_2)a_2 q_2(t) \\
&\quad + \xi_1 a_1 + \xi_2 a_2\big]dt + p_1(t)\sqrt{v(t)}\,dW_1(t) \\
&\quad - p_2(t)(1 - Z(t-))\zeta dM^{\mathbb{P}}(t) \\
&\quad - q_1(t)d\sum_{i=1}^{N_1(t)+N(t)} Y_{1i} - q_2(t)d\sum_{i=1}^{N_2(t)+N(t)} Y_{2i}, \quad\quad (3.5)
\end{aligned}
$$

其中,

$$dL^\pi(t) = (X^\pi(t) - AL^\pi(t) - e^{-Ah}M^\pi(t))dt,$$

$\gamma_1 \geqslant 0$ 和 $\gamma_2 \geqslant 0$ 是常数,$\overline{\gamma}_1 = \dfrac{\gamma_1}{\displaystyle\int_{-h}^{0} e^{Au}du}$。关于刻画记忆特征的参数 $\gamma_1, \overline{\gamma}_1, \gamma_2$

以及变量 $L(t),\overline{L}(t),M(t)$ 的解释与第 2.2.3 节相同。

注 3.1 注意到在式 (2.10) 中, $\overline{\gamma}_1(t)$ 和 $\gamma_1(t)$ 是 $[0,T]$ 上确定的一致有界函数;在式 (3.5) 中,为了便于计算,我们将其退化为了常数 $\overline{\gamma}_1$ 和 γ_1。

定义 3.3[容许策略] 对于任意给定的 $t \in [0,T]$,一个投资和再保险策略 $\pi(t) = (p_1(t),p_2(t),q_1(t),q_2(t))$ 被称为是容许的,如果它满足

(i) $\pi(t)$ 是 $\{\mathcal{F}_t\}_{t\in[0,T]}$-循序可测的;

(ii) 对于 $\forall u \in [t,T], E\left[\int_t^T (\,|p_1(u)|^4 + |p_2(u)|^4 + |q_1(u)|^4 + |q_2(u)|^4)\,du\right] < +\infty, q_1(u) \geq 0$ 和 $q_2(u) \geq 0$;

(iii) $\forall(x,l,v,z) \in \mathbb{R} \times \mathbb{R} \times \mathbb{R} \times \{0,1\}$,给定 $X^\pi(t) = x, L^\pi(t) = l$, $v(t) = v$ 和 $Z(t) = z$,随机延迟微分方程 (3.5) 有唯一的强解;

(iv) $\forall t \in [0,T], \forall \iota \in [1,\infty), \forall(t,x,l,v,z) \in [0,T] \times \mathbb{R} \times \mathbb{R} \times \mathbb{R} \times \{0,1\}, E_{t,x,l,v,z}[\sup|X^\pi(t)|^\iota] < +\infty$,这里的 $E_{t,x,l,v,z}[\cdot]$ 是给定 $X^\pi(t) = x$, $L^\pi(t) = l, v(t) = v$ 和 $Z(t) = z$ 的条件期望。令 Π 表示所有容许策略组成的集合。

另外,如同 Bielecki 和 Jang(2006) 提到的,我们假设 $T < \overline{T}$,这里的 $\overline{T}$ 是可违约债券的到期日。令 z 表示初始违约状态,那么只有 $z = 1$ 和 $z = 0$ 两种状态,分别对应着违约后情形 $(\tau \leq t)$ 和违约前情形 $(\tau > t)$。

3.3 优化问题与广义 HJB 方程

3.3.1 优化问题

与第 2 章同理,保险公司既会关注终端财富 $X^\pi(T)$ 又会重视历史绩效 $\overline{L}^\pi(T)$,因此,我们考虑如下形式的优化问题:

$$J(t,x,l,v,z,m;\pi^*) = \sup_{\pi \in \Pi}\left\{E_{t,x,l,v,z,m}[X^\pi(T) + \overline{\beta}\overline{L}^\pi(T)]\right.$$

$$\left. - \frac{\omega}{2}\mathrm{Var}_{t,x,l,v,z,m}[X^\pi(T) + \overline{\beta}\overline{L}^\pi(T)]\right\}, \quad (3.6)$$

其中 ω 是风险回避系数,参数 $\overline{\beta}(\in[0,1])$ 是常数, $E_{t,x,l,v,z,m}[\cdot]$ 和 $\mathrm{Var}_{t,x,l,v,z,m}[\cdot]$ 分别是基于 $X^\pi(t) = x, L^\pi(t) = l, v(t) = v, Z(t) = z$ 和 $M^\pi(t) = m$

的条件期望和条件方差。令 $\beta = \dfrac{\bar{\beta}}{\displaystyle\int_{-h}^{0} e^{Au} du}$，则 $X^{\pi}(t) + \bar{\beta} L^{\pi}(t) = X^{\pi}(t) +$

$\beta L^{\pi}(t)$，从而式(3.6)可以重写为

$$J(t,x,l,v,z,m;\pi^{*}) = \sup_{\pi \in \Pi}\{E_{t,x,l,v,z,m}[X^{\pi}(T) + \bar{\beta} L^{\pi}(T)]$$

$$-\frac{\omega}{2}\mathrm{Var}_{t,x,l,v,z,m}[X^{\pi}(T) + \bar{\beta} L^{\pi}(T)]\}, \qquad (3.7)$$

同第 2.3.1 小节一样，为了使值函数 $J(\cdot)$ 只与 (t,x,l,v,z) 有关，即 $J(t,x,l,v,z,m;\pi^{*}) = J(t,x,l,v,z;\pi^{*})$.

我们假设以下条件成立：

$$\gamma_2 = \beta e^{-Ah}, \bar{\gamma}_1 - A\beta = (r - \gamma_1 - \gamma_2 + \beta)\beta.$$

注 3.2 不同于条件(2.19)，在条件(3.8)中 $\gamma_1, \bar{\gamma}_1$ 和 r 是常数。关于条件(3.8)的解释同注 2.1。

3.3.2 广义 HJB 方程

由于在目标泛函(3.7)中存在终端财富期望的非线性函数，因此该优化问题是时间不一致的。为获得时间一致策略，我们首先根据 Björk 和 Murgoci(2010)以及 Björk 等(2017)定义均衡策略如下：

定义 3.4 考虑一个容许策略 π^{*}，它可被视作候选均衡策略。并且对任意给定 $\hat{\pi} \in \Pi$，一个实数 $\varepsilon(>0)$ 以及初始点 $(t,x,l,v,z) \in [0,T] \times \mathbb{R} \times \mathbb{R} \times \mathbb{R} \times \{0,1\}$，定义策略 π_{ε} 如下：

$$\pi_{\varepsilon} = \begin{cases} \hat{\pi}(u,x,l,v,z), (u,x,l,v,z) \in [t,t+\varepsilon) \times \mathbb{R} \times \mathbb{R} \times \mathbb{R} \times \{0,1\}, \\ \pi^{*}(u,x,l,v,z), (u,x,l,v,z) \in [t+\varepsilon,T] \times \mathbb{R} \times \mathbb{R} \times \mathbb{R} \times \{0,1\}. \end{cases}$$

如果

$$\liminf_{\varepsilon \downarrow 0} \frac{J(t,x,l,v,z;\pi^{*}) - J(t,x,l,v,z;\pi_{\varepsilon})}{\varepsilon} \geqslant 0,$$

我们称 π^{*} 是一个均衡策略，并且对应的均衡值函数是

$$J(t,x,l,v,z;\pi^{*}) = E_{t,x,l,v,z}[X^{\pi^{*}}(T) + \beta L^{\pi^{*}}(T)]$$

$$-\frac{\omega}{2}\mathrm{Var}_{t,x,l,v,z}[X^{\pi^{*}}(T) + \beta L^{\pi^{*}}(T)]. \qquad (3.9)$$

由 Björk 和 Murgoci(2010)知，定义 3.4 中的均衡策略是时间一致的。

为了便于给出广义 HJB 系统以及便于验证，我们定义一个无穷小算子。

令 $C^{1,2,1,2}([0,T] \times \mathbb{R} \times \mathbb{R} \times \mathbb{R} \times \{0,1\})$ 表示任意的 $\varphi(t,x,l,v,z)$ 以及它的导数 $\varphi_t(t,x,l,v,z)$，$\varphi_x(,t,x,l,v,z)$，$\varphi_{xx}(t,x,l,v,z)$，$\varphi_{xv}(t,x,l,v,z)$，$\varphi_v(t,x,l,v,z)$，$\varphi_{vv}(t,x,l,v,z)$ 和 $\varphi_l(t,x,l,v,z)$ 都在 $[0,T] \times \mathbb{R} \times \mathbb{R} \times \mathbb{R} \times \{0,1\}$ 上连续的函数组成的函数空间。对于任意函数 $\varphi(t,x,l,v,z) \in C^{1,2,1,2}([0,T] \times \mathbb{R} \times \mathbb{R} \times \mathbb{R} \times \{0,1\})$ 以及给定的策略 $\pi \in \Pi$，无穷小算子定义如下：

$$\mathcal{L}^\pi \varphi(t,x,l,v,z) = \varphi_t + \big[(r - \gamma_1 - \gamma_2)x + \bar{\gamma}_1 l + \gamma_2 m + \delta p_1(t) v +$$
$$(1 + \eta_1)a_1 q_1(t) + (1 + \eta_2)a_2 q_2(t) + \xi_1 a_1 + \xi_2 a_2 + \vartheta p_2(t)(1-z) \big] \varphi_x +$$
$$\frac{1}{2}p_2^2(t)v\varphi_{xx} + (x - Al - e^{-Ah}m)\varphi_l + \kappa(\alpha - v)\varphi_v + \frac{1}{2}\sigma^2 v \varphi_{vv} + p_1(t)\sigma v \rho \varphi_{xv} +$$
$$\lambda_1 E\big[\varphi(t,x - q_1 Z_{1i},l,v,z) - \varphi(t,x,l,v,z) \big] + \lambda_2 E\big[\varphi(t,x - q_2 Z_{2i},l,v) -$$
$$\varphi(t,x,l,v,z) \big] + \lambda E\big[\varphi(t,x - q_1 Z_{1i} - q_2 Z_{2i},l,v,z) - \varphi(t,x,l,v,z) \big] +$$
$$\big[\varphi(t,x - \zeta p_2(t),l,v,z+1) - \varphi(t,x,l,v,z) \big] k^\mathbb{P}(1-z), z \in \{0,1\}.$$
$$(3.10)$$

下面的验证定理在违约后情形 ($z = 1$) 和违约前情形 ($z = 0$) 都为广义 HJB 方程提供了验证。

定理 3.5[验证定理]　对于问题(3.7)，假设存在两个实值函数 $V(t,x,l,v,z)$，$g(t,x,l,v,z) \in C^{1,2,1,2}([0,T] \times \mathbb{R} \times \mathbb{R} \times \mathbb{R} \times \{0,1\})$ 满足如下广义 HJB 方程：

$$\sup_{\pi \in \Pi} \Big\{ \mathcal{L}^\pi V(t,x,l,v,z) - \frac{\omega}{2}\mathcal{L}^\pi g^2(t,x,l,v,z)$$
$$(3.11)$$
$$+ \omega g(t,x,l,v,z) \mathcal{L}^\pi g(t,x,l,v,z) \Big\} = 0,$$
$$\mathcal{L}^{\pi^*} g(t,x,l,v,z) = 0, \qquad (3.12)$$

$$\pi^* = \arg\sup_{\pi \in \Pi} \Big\{ \mathcal{L}^\pi V(t,x,l,v,z) - \frac{\omega}{2}\mathcal{L}^\pi g^2(t,x,l,v,z)$$
$$+ \omega g(t,x,l,v,z) \mathcal{L}^\pi g(t,x,l,v,z) \Big\},$$
$$V(T,x,l,v,z) = x + \beta l, g(T,x,l,v,z) = x + \beta l,$$

则 $E_{t,x,l,v,z}\big[X^{\pi^*}(T) + \beta L^{\pi^*}(T) \big] = g(t,x,l,v,z)$，$J(t,x,l,v,z;\pi^*) = V(t,x,l,v,z)$ 并且 π^* 是均衡策略。

证明：假设函数 $V(t,x,l,v,z)$ 和 $g(t,x,l,v,z)$ 满足定理 3.5 的条件，并且在式(3.13)中的最优策略 π^* 是可达的。接下来的分析中，我们分(i)和(ii)两步完成证明。

(i)我们旨在证明

$$g(t,x,l,v,z) = E_{t,x,l,v,z}[X^{\pi^*}(T) + \beta L^{\pi^*}(T)], V(t,x,l,v,z)$$
$$= J(t,x,l,v,z;\pi^*).$$

根据定理 3.5 中的条件 $\mathcal{L}^{\pi^*} g(t,x,l,v,z) = 0$ 和 $g(T,x,l,v,z) = x + \beta l$，由具有延迟的 Dynkin 公式[见 Øksendal 和 Sulem(2001)]，可得

$$E_{t,x,l,v,z}[g(T,X^{\pi^*}(T),L^{\pi^*}(T),v(T),z)] = g(t,x,l,v,z)$$
$$+ E_{t,x,l,v,z}\left[\int_t^T \mathcal{L}^{\pi^*} g(u,X^{\pi^*}(u),L^{\pi^*}(u),v(u),z)du\right] = g(t,x,l,v,z),$$

其中算子 $\mathcal{L}^{\pi}$ 由式(3.9)定义。从而,有

$$g(t,x,l,v,z) = E_{t,x,l,v,z}[g(T,X^{\pi^*}(T),L^{\pi^*}(T),v(T),z)]$$
$$= E_{t,x,l,v,z}[X^{\pi^*}(T) + \beta L^{\pi^*}(T)].$$

由于在广义 HJB 方程

$$\sup_{\pi \in \Pi}\left\{\mathcal{L}^{\pi} V(t,x,l,v,z) - \frac{\omega}{2}\mathcal{L}^{\pi} g^2(t,x,l,v,z) + \omega g(t,x,l,v,z)\mathcal{L}^{\pi}g(t,x,l,v,z)\right\} = 0$$

中最优策略在 π^* 达到,由定理 3.5 中的条件 $\mathcal{L}^{\pi^*} g(t,x,l,v,z) = 0$ 和 $V(T,x,l,v,z) = x + \beta l g(T,x,l,v,z) = x + \beta l$, 我们可以重写广义 HJB 方程如下:

$$\mathcal{L}^{\pi^*} V(t,x,l,v,z) - \frac{\omega}{2}\mathcal{L}^{\pi^*} g^2(t,x,l,v,z) = 0. \tag{3.14}$$

再由定理 3.5 中的条件 $V(T,x,l,v,z) = x + \beta l$, 并应用带延迟的 Dynkin 公式,得到

$$E_{t,x,l,v,z}[X^{\pi^*}(T) + \beta L^{\pi^*}(T)] = E_{t,x,l,v,z}[V(T,X^{\pi^*}(T),L^{\pi^*}(T),v(T),z)]$$
$$= V(t,x,l,v,z) + \int_t^T \mathcal{L}^{\pi^*} V(u,X^{\pi^*}(u),L^{\pi^*}(u),v(u),z)du.$$

将式(3.14)代入上述方程,可得

$$V(t,x,l,v,z) = E_{t,x,l,v,z}[X^{\pi^*}(T) + \beta L^{\pi^*}(T)]$$
$$- \frac{\omega}{2}\int_t^T \mathcal{L}^{\pi^*} g^2(u,X^{\pi^*}(u),L^{\pi^*}(u),v(u),z)du. \tag{3.15}$$

由终端条件和带延迟的 Dynkin 公式,可得

$$E_{t,x,l,v,z}[(X^{\pi^*}(T) + \beta L^{\pi^*}(T))^2] = E_{t,x,l,v,z}[g^2(T,X^{\pi^*}(T),L^{\pi^*}(T),v(T),z)]$$
$$= g^2(t,x,l,v,z) + \int_t^T \mathcal{L}^{\pi^*} g^2(u,X(u),L(u),v(u),z)du$$
$$= (E_{t,x,l,v,z}[X^{\pi^*}(T) + \beta L^{\pi^*}(T)])^2 + \int_t^T \mathcal{L}^{\pi^*} g^2(u,X(u),L(u),v(u),z)du.$$

从而,我们有

$$\mathrm{Var}_{t,x,l,v,z}[X^{\pi^*}(T) + \beta L^{\pi^*}(T)] = \int_t^T \mathcal{L}^{\pi^*} g^2(u, X(u), L(u), v(u), z) du.$$

(3.16)

将式(3.16)代入式(3.15),我们得到

$$V(t,x,l,v,z) = E_{t,x,l,v,z}[X^{\pi^*}(T) + \beta L^{\pi^*}(T)] - \frac{\omega}{2}\mathrm{Var}_{t,x,l,v,z}[X^{\pi^*}(T) + \beta L^{\pi^*}(T)]$$

$$= J(t,x,l,v,z;\pi^*).$$

(ii) 我们旨在证明 π^* 确实是定义 3.4 中的均衡策略。

注意到

$$J(t,x,l,v,z;\pi) = E_{t,x,l,v,z}[X^{\pi}(T) + \beta L^{\pi}(T)] -$$

$$\frac{\omega}{2}\mathrm{Var}_{t,x,l,v,z}[X^{\pi}(T) + \beta L^{\pi}(T)]$$

以及定义 3.4 中的扰动策略 π_ε,我们可以得到

$$E_{t,x,l,v,z}[J(t+\varepsilon, X^{\hat{\pi}}(t+\varepsilon), L^{\hat{\pi}}(t+\varepsilon), v(t+\varepsilon), z)] - J(t,x,l,v,z;\pi_\varepsilon)$$

$$= E_{t,x,l,v,z}\Big[E_{t+\varepsilon,X^{\hat{\pi}}(t+\varepsilon),L^{\hat{\pi}}(t+\varepsilon),v(t+\varepsilon),z}\Big[(X^{\pi^*}(T) + \beta L^{\pi^*}(T)) - \frac{\omega}{2}(X^{\pi^*}(T) + \beta L^{\pi^*}(T))^2\Big]$$

$$+ \frac{\omega}{2}(E_{t+\varepsilon,X^{\hat{\pi}}(t+\varepsilon),L^{\hat{\pi}}(t+\varepsilon),v(t+\varepsilon),z}[(X^{\pi^*}(T) + \beta L^{\pi^*}(T))])^2\Big]$$

$$- E_{t,x,l,v,z}\Big[(X^{\pi^*}(T) + \beta L^{\pi^*}(T)) - \frac{\omega}{2}(X^{\pi^*}(T) + \beta L^{\pi^*}(T))^2\Big]$$

$$- \frac{\omega}{2}(E_{t,x,l,v,z}[X^{\pi^*}(T) + \beta L^{\pi^*}(T)])^2$$

$$= \frac{\omega}{2}E_{t,x,l,v,z}[(E_{t+\varepsilon,X^{\hat{\pi}}(t+\varepsilon),L^{\hat{\pi}}(t+\varepsilon),v(t+\varepsilon),z}[X^{\pi^*}(T) + \beta L^{\pi^*}(T)])^2]$$

$$- \frac{\omega}{2}(E_{t,x,l,v,z}[E_{t+\varepsilon,X^{\hat{\pi}}(t+\varepsilon),L^{\hat{\pi}}(t+\varepsilon),v(t+\varepsilon),z}[X^{\pi^*}(T) + \beta L^{\pi^*}(T)]])^2$$

$$= \frac{\omega}{2}E_{t,x,l,v,z}[g^2(t+\varepsilon, X^{\hat{\pi}}(t+\varepsilon), L^{\hat{\pi}}(t+\varepsilon), v(t+\varepsilon), z)]$$

$$- \frac{\omega}{2}(E_{t,x,l,v,z}[[g(t+\varepsilon, X^{\hat{\pi}}(t+\varepsilon), L^{\hat{\pi}}(t+\varepsilon), v(t+\varepsilon), z)]])^2.$$

由上述方程,可得

$$J(t,x,l,v,z;\pi_\varepsilon) = E_{t,x,l,v,z}[J(t+\varepsilon, X^{\hat{\pi}}(t+\varepsilon), L^{\hat{\pi}}(t+\varepsilon), v(t+\varepsilon), z;\pi_\varepsilon)]$$

$$-\frac{\omega}{2}E_{t,x,l,v,z}[g^2(t+\varepsilon,X^{\hat{\pi}}(t+\varepsilon),L^{\hat{\pi}}(t+\varepsilon),v(t+\varepsilon),z)]$$

$$+\frac{\omega}{2}(E_{t,x,l,v,z}[g(t+\varepsilon,X^{\hat{\pi}}(t+\varepsilon),L^{\hat{\pi}}(t+\varepsilon),v(t+\varepsilon),z)])^2.$$

将 $V(t,x,l,v,z)$ 和 $g^2(t,x,l,v,z)$ 代入方程,并应用(i)中已证明的结果,我们得到

$$J(t,x,l,v,z;\pi_\varepsilon)=E_{t,x,l,v,z}[V(t+\varepsilon,X^{\hat{\pi}}(t+\varepsilon),L^{\hat{\pi}}(t+\varepsilon),v(t+\varepsilon),z)]$$

$$-\frac{\omega}{2}\{E_{t,x,l,v,z}[g^2(t+\varepsilon,X^{\hat{\pi}}(t+\varepsilon),L^{\hat{\pi}}(t+\varepsilon),v(t+\varepsilon),z)]$$

$$-g^2(t,x,l,v,z)\}$$

$$+\frac{\omega}{2}\{(E_{t,x,l,v,z}[g(t+\varepsilon,X^{\hat{\pi}}(t+\varepsilon),L^{\hat{\pi}}(t+\varepsilon),v(t+\varepsilon),z)])^2$$

$$-g^2(t,x,l,v,z)\}. \tag{3.17}$$

对于任意的 $\pi \in \Pi$,足够小的 $\varepsilon > 0$ 以及 $\Phi \in C^{1,2,1,2}([0,T] \times \mathbb{R} \times \mathbb{R} \times \mathbb{R} \times \{0,1\})$,我们定义以下算子:

$$\mathcal{L}_\varepsilon^\pi \Phi(t,x,l,v,z) = E_{t,x,l,v,z}[\Phi(t+\varepsilon,X^\pi(t+\varepsilon),L^\pi(t+\varepsilon),v(t+\varepsilon),z)]$$

$$-\Phi(t,x,l,v,z). \tag{3.18}$$

并且对于任意的 $\varepsilon > 0$,有

$$\lim_{\varepsilon \downarrow 0} = \frac{\mathcal{L}_\varepsilon^\pi \Phi(t,x,l,v,z)}{\varepsilon} = \mathcal{L}^\pi \Phi(t,x,l,v,z). \tag{3.19}$$

由方程(3.18),方程(3.17)可以被重写为

$$J(t,x,l,v,z;\pi_\varepsilon) = V(t,x,l,v,z)$$

$$+\mathcal{L}_\varepsilon^{\hat{\pi}}V(t,x,l,v,z) - \frac{\omega}{2}\mathcal{L}_\varepsilon^{\hat{\pi}}g^2(t,x,l,v,z)$$

$$+\frac{\omega}{2}\{(E_{t,x,l,v,z}[g(t+\varepsilon,X^{\hat{\pi}}(t+\varepsilon),L^{\hat{\pi}}(t+\varepsilon),v(t+\varepsilon),z)])^2$$

$$\tag{3.20}$$

$$-g^2(t,x,l,v,z)\}.$$

由带延迟的 Dynkin 公式,可得

$$E_{t,x,l,v,z}[g(t+\varepsilon,X^{\hat{\pi}}(t+\varepsilon),L^{\hat{\pi}}(t+\varepsilon),v(t+\varepsilon),z)] = g(t,x,l,v,z)$$

$$+E_{t,x,l,v,z}\left[\int_t^{t+\varepsilon}\mathcal{L}^{\hat{\pi}}g(u,X^{\hat{\pi}}(u),L^{\hat{\pi}}(u),v(u),z)du\right],$$

从而,有

$$\left\{ E_{t,x,l,v,z}^{} \left[g(t+\varepsilon, X^{\hat{\pi}}(t+\varepsilon), L^{\hat{\pi}}(t+\varepsilon), v(t+\varepsilon), z) \right] \right\}^2 - g^2(t,x,l,v,z)$$

$$= 2g(t,x,l,v,z) E_{t,x,l,v,z} \left[\int_t^{t+\varepsilon} \mathcal{L}^{\hat{\pi}} g(u, X^{\hat{\pi}}(u), L^{\hat{\pi}}(u), v(u), z) du \right]$$

$$+ \left\{ E_{t,x,l,v,z} \left[\int_t^{t+\varepsilon} \mathcal{L}^{\hat{\pi}} g(u, X^{\hat{\pi}}(u), L^{\hat{\pi}}(u), v(u), z) du \right] \right\}^2 .$$

$$(3.21)$$

将式(3.21)代入式(3.20),得到

$$J(t,x,l,v,z;\pi_\varepsilon) = V(t,x,l,v,z) + \mathcal{L}_\varepsilon^{\hat{\pi}} V(t,x,l,v,z) - \frac{\omega}{2} \mathcal{L}_\varepsilon^{\hat{\pi}} g^2(t,x,l,v,z)$$

$$+ \omega g(t,x,l,v,z) E_{t,x,l,v,z} \left[\int_t^{t+\varepsilon} \mathcal{L}^{\hat{\pi}} g(u, X^{\hat{\pi}}(u), L^{\hat{\pi}}(u), v(u), z) \right]$$

$$+ \frac{\omega}{2} \left\{ E_{t,x,l,v,z} \left[\int_t^{t+\varepsilon} \mathcal{L}^{\hat{\pi}} g(u, X^{\hat{\pi}}(u), L^{\hat{\pi}}(u), v(u), z) du \right] \right\}^2 .$$

$$(3.22)$$

从广义 HJB 方程(3.11),我们得到

$$\mathcal{L}^{\hat{\pi}} V(t,x,l,v,z) - \frac{\omega}{2} \mathcal{L}^{\hat{\pi}} g^2(t,x,l,v,z) + \omega g(t,x,l,v,z) \mathcal{L}^{\hat{\pi}} g(t,x,l,v,z) \leqslant 0.$$

结合方程(3.19),有

$$\mathcal{L}_\varepsilon^{\hat{\pi}} V(t,x,l,v,z) - \frac{\omega}{2} \mathcal{L}_\varepsilon^{\hat{\pi}} g^2(t,x,l,v,z) + \omega g(t,x,l,v,z)$$

$$\times E_{t,x,l,v,z} \left[\int_t^{t+\varepsilon} \mathcal{L}^{\hat{\pi}} g(u, X^{\hat{\pi}}(u), L^{\hat{\pi}}(u), v(u), z) du \right] \leqslant o(\varepsilon).$$

$$(3.23)$$

再将式(3.23)代入式(3.22),可得

$$J(t,x,l,v,z;\pi_\varepsilon) \leqslant V(t,x,l,v,z) +$$

$$\frac{\omega}{2} \left\{ E_{t,x,l,v,z} \left[\int_t^{t+\varepsilon} \mathcal{L}^{\hat{\pi}} g(u, X^{\hat{\pi}}(u), L^{\hat{\pi}}(u), v(u), z) du \right] \right\}^2 + o(\varepsilon)$$

$$= J(t,x,l,v,z;\pi^*)$$

$$+ \frac{\omega}{2} \left\{ E_{t,x,l,v,z} \left[\int_t^{t+\varepsilon} \mathcal{L}^{\hat{\pi}} g(u, X^{\hat{\pi}}(u), L^{\hat{\pi}}(u), v(u), z) du \right] \right\}^2 + o(\varepsilon).$$

由上述方程,可得

$$\liminf_{\varepsilon \downarrow 0} \frac{J(t,x,l,v,z;\pi^*) - J(t,x,l,v,z;\pi_\varepsilon)}{\varepsilon} \geqslant 0,$$

即 π^* 确实是定义 3.4 中的均衡策略。 □

3.4 最优时间一致策略

本节旨在推导问题(3.7)的最优时间一致策略。对于违约后情形($z=1$)，我们有 $p(t,\overline{T})=0$，进而 $p_2(t)=0,t\in[\tau,T]$。因此，根据算子(3.10)，式(3.11)和式(3.12)可以被重写为

$$
\sup_{\pi\in\Pi}\Big\{V_t+\big[(r-\gamma_1-\gamma_2)x+\overline{\gamma}_1 l+\gamma_2 m+\delta p_1 v+(1+\eta_1)a_1 q_1+(1+\eta_2)a_2 q_2
$$

$$
+\xi_1 a_1+\xi_2 a_2\big]V_x+(x-Al-e^{-Ah}m)V_l+\kappa(\alpha-v)V_v+\frac{1}{2}p_1^2 v(V_{xx}-\omega g_x^2)
$$

$$
+\frac{1}{2}\sigma^2 v(V_{vv}-\omega g_v^2)+p_1\sigma v\rho(V_{xv}-\omega g_v g_x)+\lambda_1\big[E[V(t,x-q_1 Y_{1i},l,v,1)
$$

$$
-V(t,x,l,v,1)]-\frac{\omega}{2}E[g^2(t,x-q_1 Y_{1i},l,v,1)-g^2(t,x,l,v,1)]
$$

$$
+\omega g E[g(t,x-q_1 Y_{1i},l,v,1)-g(t,x,l,v,1)]\big]+\lambda_2\big[E[V(t,x-q_2 Y_{2i},l,v,1)
$$

$$
-V(t,x,l,v,1)]-\frac{\omega}{2}E[g^2(t,x-q_2 Y_{2i},l,v,1)-g^2(t,x,l,v,1)]
$$

$$
+\omega g E[g(t,x-q_2 Y_{2i},l,v,1)-g(t,x,l,v,1)]\big]+\lambda\big[E[V(t,x-q_1 Y_{1i}
$$

$$
-q_2 Y_{2i},l,v,1)-V(t,x,l,v,1)]-\frac{\omega}{2}E[g^2(t,x-q_1 Y_{1i}-q_2 Y_{2i},l,v,1)
$$

$$
-g^2(t,x,l,v,1)]+\omega g E[g(t,x-q_1 Y_{1i}-q_2 Y_{2i},l,v,1)-g(t,x,l,v,1)]\big]\Big\}=0,
$$

$$
(3.24)
$$

$$
g_t+\big[(r-\gamma_1-\gamma_2)x+\overline{\gamma}_1 l+\gamma_2 m+\delta p_1^* v+(1+\eta_1)a_1 q_1^*+(1+\eta_2)a_2 q_2^*
$$

$$
+\xi_1 a_1+\xi_2 a_2\big]g_x+(x-Al-e^{-Ah}m)g_l+\kappa(\alpha-v)g_v+\frac{1}{2}p_1^{*2}vg_{xx}
$$

$$
+\frac{1}{2}\sigma^2 vg_{vv}+p_1^*\sigma v\rho g_{xv}+\lambda_1 E[g(t,x-q_1^* Y_{1i},l,v,1)-g(t,x,l,v,1)]
$$
$$
(3.25)
$$

$$
+\lambda_2 E[g(t,x-q_2^* Y_{2i},l,v,1)-g(t,x,l,v,1)]+\lambda E[g(t,x-q_1^* Y_{1i}
$$

$$
-q_2^* Y_{2i},l,v,1)-g(t,x,l,v,1)]=0,
$$

其中终值条件是 $V(T,x,l,v,1)=x+\beta l$ 和 $g(T,x,l,v,1)=x+\beta l$。对于违约前情形 ($z=0$)，根据算子(3.10)，可得

$$\sup_{\pi \in \Pi} \{ V_t + [(r-\gamma_1-\gamma_2)x + \bar{\gamma}_1 l + \gamma_2 m + \delta p_1 v + (1+\eta_1)a_1 q_1 + (1+\eta_2)a_2 q_2$$

$$+ \xi_1 a_1 + \xi_2 a_2 + \vartheta p_2] V_x + (x-Al-e^{-Ah}m)V_l + \kappa(\alpha-v)V_v + \frac{1}{2}p_1^2 v(V_{xx}$$

$$- \omega g_x^2) + \frac{1}{2}\sigma^2 v(V_{vv}-\omega g_v^2) + p_1 \sigma v \rho(V_{xv}-\omega g_v g_x)$$

$$+ \lambda_1 [E[V(t,x-q_1 Y_{1i},l,v,0)-V(t,x,l,v,0)] - \frac{\omega}{2}E[g^2(t,x-q_1 Y_{1i},l,v,0)$$

$$- g^2(t,x,l,v,0)] + \omega g E[g(t,x-q_1 Y_{1i},l,v,0)-g(t,x,l,v,0)]]$$

$$+ \lambda_2 [E[V(t,x-q_2 Y_{2i},l,v,0)-V(t,x,l,v,0)] - \frac{\omega}{2}E[g^2(t,x-q_2 Y_{2i},l,v,0)$$

$$- g^2(t,x,l,v,0)] + \omega g E[g(t,x-q_2 Y_{2i},l,v,0)-g(t,x,l,v,0)]]$$

$$+ \lambda [E[V(t,x-q_1 Y_{1i}-q_2 Y_{2i},l,v,0)-V(t,x,l,v,0)]$$

$$- \frac{\omega}{2}E[g^2(t,x-q_1 Y_{1i}-q_2 Y_{2i},l,v,0)-g^2(t,x,l,v,0)]$$

$$+ \omega g E[g(t,x-q_1 Y_{1i}-q_2 Y_{2i},l,v,0)-g(t,x,l,v,0)]] + [V(t,x-\zeta p_2,l,v,1)$$

$$- V(t,x,l,v,0)]k^{\mathbb{P}} - \frac{\omega}{2}[g(t,x-\zeta p_2,l,v,1)-g(t,x,l,v,0)]^2 k^{\mathbb{P}} \} = 0,$$

$$(3.26)$$

$$g_t + [(r-\gamma_1-\gamma_2)x + \bar{\gamma}_1 l + \gamma_2 m + \delta p_1^* v + (1+\eta_1)a_1 q_1^* + (1+\eta_2)a_2 q_2^*$$

$$+ \xi_1 a_1 + \xi_2 a_2 + \vartheta p_2^*(t)]g_x + (x-Al-e^{-Ah}m)g_l + \kappa(\alpha-v)g_v + \frac{1}{2}p_1^{*2}v g_{xx}$$

$$+ \frac{1}{2}\sigma^2 v g_{vv} + p_1^* \sigma v \rho g_{xv} + \lambda_1 E[g(t,x-q_1^* Y_{1i},l,v,0)-g(t,x,l,v,0)] \quad (3.27)$$

$$+ \lambda_2 E[g(t,x-q_2^* Y_{2i},l,v,0)-g(t,x,l,v,0)]$$

$$+ \lambda E[g(t,x-q_1^* Y_{1i}-q_2^* Y_{2i},l,v,0)-g(t,x,l,v,0)]$$

$$+ [g(t,x-\zeta p_2^*(t),l,v,1)-g(t,x,l,v,0)]k^{\mathbb{P}} = 0,$$

其中终值条件是 $V(T,x,l,v,0) = x + \beta l$ 和 $g(T,x,l,v,0) = x + \beta l$。

由于购买再保险后留存比例 $q_1(\cdot) \geq 0$ 和 $q_2(\cdot) \geq 0$，因此，我们需要分三种情形讨论，具体分类同第 2 章。

下面的定理给出了问题(3.7)在情形 2 下的最优时间一致策略。

定理 3.6 对于问题(3.7),在情形 2 下的最优时间一致策略如下:

$$p_1^*(t) = \begin{cases} \dfrac{\delta}{\omega}e^{-(r-\gamma_1-\gamma_2+\beta)(T-t)} - \dfrac{\delta^2\sigma\rho}{\omega(\kappa+\delta\sigma\rho)}\big[1 - e^{-(\kappa+\delta\sigma\rho)(T-t)}\big] \\ \times e^{-(r-\gamma_1-\gamma_2+\beta)(T-t)}, \kappa+\delta\sigma\rho = 0, \\ \dfrac{\delta}{\omega}e^{-(r-\gamma_1-\gamma_2+\beta)(T-t)} - \dfrac{\delta^2\sigma\rho}{\omega}(T-t)e^{-(r-\gamma_1-\gamma_2+\beta)(T-t)}, \\ \kappa+\delta\sigma\rho = 0, \end{cases} \tag{3.28}$$

$$p_2^*(t) = \left[\frac{\vartheta}{\omega\zeta^2 k^{\mathbb{P}}} + \frac{1}{\omega\zeta}(R(t) - R_0(t)) - \frac{1}{\omega\zeta}\right]e^{-(r-\gamma_1-\gamma_2+\beta)(T-t)}\,1_{\tau>t}, \tag{3.29}$$

$$q_1^*(t) = \frac{n_1}{\omega}e^{-(r-\gamma_1-\gamma_2+\beta)(T-t)}, \tag{3.30}$$

$$q_2^*(t) = \frac{n_2}{\omega}e^{-(r-\gamma_1-\gamma_2+\beta)(T-t)}, \tag{3.31}$$

其中 $n_1 = \dfrac{a_1\eta_1 b_2^2 - a_2\eta_2\lambda\mu_{11}\mu_{21}}{b_1^2 b_2^2 - \lambda^2\mu_{11}^2\mu_{21}^2}$ 和 $n_2 = \dfrac{a_2\eta_2 b_1^2 - a_1\eta_1\lambda\mu_{11}\mu_{21}}{b_1^2 b_2^2 - \lambda^2\mu_{11}^2\mu_{21}^2}$。

对应的均衡值函数是

$$V(t,x,l,v,z) = \begin{cases} e^{(r-\gamma_1-\gamma_2+\beta)(T-t)}(x+\beta l) + \dfrac{F(t)}{\omega}v + \dfrac{G(t)}{\omega}, z = 1, \\ e^{(r-\gamma_1-\gamma_2+\beta)(T-t)}(x+\beta l) + \dfrac{F_0(t)}{\omega}v + \dfrac{G_0(t)}{\omega}, z = 0. \end{cases} \tag{3.32}$$

另外,对应于最优时间一致策略的终端财富的期望和方差分别是

$$E_{t,x,l,v,z}\big[X^{\pi^*}(T) + \beta L^{\pi^*}(T)\big] = \begin{cases} e^{(r-\gamma_1-\gamma_2+\beta)(T-t)}(x+\beta l) + \dfrac{Q(t)}{\omega}v \\ \quad + \dfrac{R(t)}{\omega}, z = 1, \\ e^{(r-\gamma_1-\gamma_2+\beta)(T-t)}(x+\beta l) + \dfrac{Q_0(t)}{\omega}v \\ \quad + \dfrac{R_0(t)}{\omega}, z = 0, \end{cases} \tag{3.33}$$

$$\mathrm{Var}_{t,x,l,v,z}[X^{\pi^*}(T) + \beta L^{\pi^*}(T)] = \begin{cases} \dfrac{2}{\omega^2}[(Q(t) - F(t))v + (R(t) \\ \quad - G(t))], z = 1, \\ \dfrac{2}{\omega^2}[(Q_0(t) - F_0(t))v + (R_0(t) \\ \quad - G_0(t))], z = 0, \end{cases}$$

$$(3.34)$$

上面的 $Q(t)$，$F(t)$，$R(t)$ 和 $G(t)$ 由式(3.41)~式(3.44)给出，$Q_0(t)$，$F_0(t)$，$R_0(t)$ 和 $G_0(t)$ 由式(3.51)~式(3.54)给出。

证明：对于违约后情形($z=1$)，由 V 和 g 的终值条件，我们假设 V 和 g 的函数形式如下：

$$V(t,x,l,v,1) = H(t)(x + \beta l) + \frac{F(t)}{\omega}v + \frac{G(t)}{\omega} \qquad (3.35)$$

$$g(t,x,l,v,1) = P(t)(x + \beta l) + \frac{Q(t)}{\omega}v + \frac{R(t)}{\omega} \qquad (3.36)$$

其中 $H(T) = P(T) = 1$ 和 $F(T) = G(T) = Q(T) = R(T) = 0$。

对 V 和 g 关于 t,x,l 和 v 求导，可得

$$V_t = H'(t)(x + \beta l) + \frac{F'(t)}{\omega}v + \frac{G'(t)}{\omega}, V_x = H(t), V_l = \beta H(t) = \beta V_x,$$

$$V_v = \frac{F(t)}{\omega}, V_{vv} = V_{xx} = V_{xv} = 0, g_t = P'(t)(x + \beta l) + \frac{Q'(t)}{\omega}v + \frac{R'(t)}{\omega},$$

$$g_x = P(t), g_l = \beta P(t) = \beta g_x, g_v = \frac{Q(t)}{\omega}, g_{vv} = g_{xx} = g_{xv} = 0.$$

经计算，还有

$$E[V(t,x-q_1 Y_{1i},l,v,1) - V(t,x,l,v,1)] = -\mu_{11}q_1 H(t),$$

$$E[V(t,x-q_2 Y_{2i},l,v,1) - V(t,x,l,v,1)] = -\mu_{21}q_2 H(t),$$

$$E[V(t,x-q_1 Y_{1i}-q_2 Y_{2i},l,v,1) - V(t,x,l,v,1)] = -\mu_{11}q_1 H(t) - \mu_{21}q_2 H(t).$$

$$E[g^2(t,x-q_1Y_{1i},l,v,1)-g^2(t,x,l,v,1)]=\mu_{12}q_1^2P^2(t)$$

$$-2\mu_{11}q_1P(t)\left[P(t)(x+\beta l)+\frac{Q(t)}{\omega}v+\frac{R(t)}{\omega}\right],$$

$$E[g^2(t,x-q_2Y_i,l,v,1)-g^2(t,x,l,v,1)]=\mu_{22}q_2^2P^2(t)$$

$$-2\mu_{21}q_2P(t)\left[P(t)(x+\beta l)+\frac{Q(t)}{\omega}v+\frac{R(t)}{\omega}\right],$$

$$E[g^2(t,x-q_1(t)Y_i-q_2(t)Y_i,l,v,1)-g^2(t,x,l,v,1)]=(\mu_{12}q_1^2$$

$$+\mu_{22}q_2^2)P^2(t)+2\mu_{11}\mu_{21}q_1q_2P^2(t)-2(\mu_{11}q_1+\mu_{21}q_2)P(t)\left[P(t)(x\right.$$

$$\left.+\beta l)+\frac{Q(t)}{\omega}v+\frac{R(t)}{\omega}\right],$$

$$E[g(t,x-q_1Y_i,l,v,1)-g(t,x,l,v,1)]=-\mu_{11}q_1P(t),$$

$$E[g(t,x-q_2Y_i,l,v,1)-g(t,x,l,v,1)]=-\mu_{21}q_2P(t),$$

$$E[g(t,x-q_1Y_i-q_2Y_i,l,v,1)-g(t,x,l,v,1)]=-\mu_{11}q_1P(t)-\mu_{21}q_2P(t).$$

将上述结果代入式(3.24)和式(3.25),我们得到

$$\sup_{\pi\in\Pi}\left\{H'(t)(x+\beta l)+\frac{F'(t)}{\omega}v+\frac{G'(t)}{\omega}+\Gamma(p_1,q_1,q_2)H(t)+\kappa(\alpha-v)\frac{F(t)}{\omega}\right.$$

$$-\frac{\omega}{2}p_1^2vP^2(t)-\frac{\sigma^2v}{2\omega}Q^2(t)-p_1\sigma v\rho Q(t)P(t)-\frac{\omega}{2}(b_1^2q_1^2+b_2^2q_2^2)P^2(t)$$

$$\left.-\omega\lambda\mu_{11}\mu_{21}q_1q_2P^2(t)\right\}=0,$$

$$\tag{3.37}$$

$$P'(t)(x+\beta l)+\frac{Q'(t)}{\omega}v+\frac{R'(t)}{\omega}+\Gamma(p_1^*,q_1^*,q_2^*)P(t)$$

$$\tag{3.38}$$

$$+\kappa(\alpha-v)\frac{Q(t)}{\omega}=0$$

其中以上两式满足终值条件 $H(T)=P(T)=1,F(T)=G(T)=Q(T)=R(T)=0$,并且

$$\Gamma(p_1,q_1,q_2)=(r-\gamma_1-\gamma_2+\beta)x+(\bar{\gamma}_1-A\beta)l+(\gamma_2-\beta e^{-Ah})m$$

$$+\delta pv+a_1\eta_1q_1+a_2\eta_2q_2+\xi_1a_1+\xi_2a_2.$$

由条件 $\gamma_2=\beta e^{-Ah}$,可得

$$\Gamma(p_1,q_1,q_2)=(r-\gamma_1-\gamma_2+\beta)x+(\bar{\gamma}_1-A\beta)l+\delta pv$$

$$+a_1\eta_1q_1+a_2\eta_2q_2+\xi_1a_1+\xi_2a_2.$$

令

$$\tilde{h}(p_1,q_1,q_2) = \Gamma(p_1,q_1,q_2)H(t) + \kappa(\alpha-v)\frac{F(t)}{\omega} - \frac{\omega}{2}p_1^2 v P^2(t) - \frac{\sigma^2 v}{2\omega}Q^2(t)$$

$$-p_1\sigma v\rho Q(t)P(t) - \frac{\omega}{2}(b_1^2 q_1^2 + b_2^2 q_2^2)P^2(t) - \omega\lambda\mu_{11}\mu_{21}q_1 q_2 P^2(t).$$

对 $\tilde{h}(p_1,q_1,q_2)$ 关于 p_1, q_1 和 q_2 求导,可得

$$\frac{\partial \tilde{h}}{\partial p_1} = \delta v H(t) - \omega p_1 v P^2(t) - \sigma v\rho P(t)Q(t),$$

$$\frac{\partial \tilde{h}}{\partial q_1} = a_1\eta_1 H(t) - \omega P^2(t)b_1^2 q_1 - \omega\lambda\mu_{11}\mu_{21}q_2 P^2(t),$$

$$\frac{\partial \tilde{h}}{\partial q_2} = a_2\eta_2 H(t) - \omega P^2(t)b_2^2 q_2 - \omega\lambda\mu_{11}\mu_{21}q_1 P^2(t),$$

$$\frac{\partial^2 \tilde{h}}{\partial p_1^2} = -\omega v P^2(t), \frac{\partial^2 \tilde{h}}{\partial p_1\partial q_1} = \frac{\partial^2 \tilde{h}}{\partial p\partial q_2} = 0, \frac{\partial^2 \tilde{h}}{\partial q_1^2} = -\omega P^2(t)b_1^2,$$

$$\frac{\partial^2 \tilde{h}}{\partial q_2^2} = -\omega P^2(t)b_2^2, \frac{\partial^2 \tilde{h}}{\partial q_1\partial q_2} = -\omega\lambda\mu_{11}\mu_{21}P^2(t),$$

由上式可得如下 **Hessian** 矩阵

$$\textbf{Hessian} = \begin{pmatrix} \dfrac{\partial^2 \tilde{h}}{\partial p_1^2} & \dfrac{\partial^2 \tilde{h}}{\partial p_1\partial q_1} & \dfrac{\partial^2 \tilde{h}}{\partial p_1\partial q_2} \\[2mm] \dfrac{\partial^2 \tilde{h}}{\partial p_1\partial q_1} & \dfrac{\partial^2 \tilde{h}}{\partial q_1^2} & \dfrac{\partial^2 \tilde{h}}{\partial q_1\partial q_2} \\[2mm] \dfrac{\partial^2 \tilde{h}}{\partial p_1\partial q_2} & \dfrac{\partial^2 \tilde{h}}{\partial q_1\partial q_2} & \dfrac{\partial^2 \tilde{h}}{\partial q_2^2} \end{pmatrix} = -\omega P^2(t)\textbf{B}$$

其中

$$\textbf{B} = \begin{pmatrix} v & 0 & 0 \\ 0 & b_1^2 & \lambda\mu_{11}\mu_{21} \\ 0 & \lambda\mu_{11}\mu_{21} & b_2^2 \end{pmatrix}$$

易知矩阵 **B** 是正定的,并注意到 $P(t) > 0$ [见式(3.39)],因此 Hessian 矩阵是负定的,即 $(\hat{p}_1,\hat{q}_1,\hat{q}_2)$ 是函数 $\tilde{h}(p_1,q_1,q_2)$ 的最值点,并且满足下面方程:

$$\delta v H(t) - \omega p_1 v P^2(t) - \sigma v \rho P(t) Q(t) = 0,$$

$$a_1 \eta_1 H(t) - \omega P^2(t) b_1^2 q_1 - \omega \lambda \mu_{11} \mu_{21} q_2 P^2(t) = 0,$$

$$a_2 \eta_2 H(t) - \omega P^2(t) b_2^2 q_2 - \omega \lambda \mu_{11} \mu_{21} q_1 P^2(t) = 0.$$

解上述方程,得

$$
\begin{cases}
\hat{p}_1(t) = \dfrac{\delta H(t) - \sigma \rho Q(t) P(t)}{\omega P^2(t)}, \\[2mm]
\hat{q}_1(t) = n_1 \dfrac{H(t)}{\omega P^2(t)}, \\[2mm]
\hat{q}_2(t) = n_2 \dfrac{H(t)}{\omega P^2(t)},
\end{cases}
\tag{3.39}
$$

其中

$$n_1 = \frac{a_1 \eta_1 b_2^2 - a_2 \eta_2 \lambda \mu_{11} \mu_{21}}{b_1^2 b_2^2 - \lambda^2 \mu_{11}^2 \mu_{21}^2}, \quad n_2 = \frac{a_2 \eta_2 b_1^2 - a_1 \eta_1 \lambda \mu_{11} \mu_{21}}{b_1^2 b_2^2 - \lambda^2 \mu_{11}^2 \mu_{21}^2}.$$

将 $(\hat{p}_1, \hat{q}_1, \hat{q}_2)$ 代入式 (3.37) 和式 (3.38),得到

$$H'(t)(x + \beta l) + \frac{F'(t)}{\omega} v + \frac{G'(t)}{\omega} + \left[(r - \gamma_1 - \gamma_2 + \beta) x + (\bar{\gamma}_1 - A\beta) l \right.$$

$$+ \xi_1 a_1 + \xi_2 a_2] H(t) + \left[\frac{1}{2} \delta^2 v + a_1 \eta_1 n_1 + a_2 \eta_2 n_2 - \frac{1}{2} (b_1^2 n_1^2 + b_2^2 n_2^2) \right.$$

$$- \lambda \mu_{11} \mu_{21} n_1 n_2 \Big] \frac{H^2(t)}{\omega P^2(t)} + \kappa(\alpha - v) \frac{F(t)}{\omega} - \frac{\sigma^2 v}{2\omega} Q^2(t)(1 - \rho^2)$$

$$- \frac{\delta \sigma \rho v H(t) Q(t)}{\omega P(t)} = 0,$$

$$P'(t)(x + \beta l) + \frac{Q'(t)}{\omega} v + \frac{R'(t)}{\omega} + \left[(r - \gamma_1 - \gamma_2 + \beta) x + (\bar{\gamma}_1 - A\beta) l \right.$$

$$+ \xi_1 a_1 + \xi_2 a_2] P(t) + (\delta^2 v + a_1 \eta_1 n_1 + a_2 \eta_2 n_2) \frac{H(t)}{\omega P(t)} + \kappa(\alpha - v) \frac{Q(t)}{\omega}$$

$$- \delta v \sigma \rho \frac{Q(t)}{\omega} = 0.$$

由条件

$$\bar{\gamma}_1 - A\beta = (r - \gamma_1 - \gamma_2 + \beta)\beta,$$

可得

$$(r - \gamma_1 - \gamma_2 + \beta)x + (\overline{\gamma}_1 - A\beta)l = (r - \gamma_1 - \gamma_2 + \beta)(x + \beta l),$$

因此上面的两个方程可重写为

$$\left[H'(t) + (r - \gamma_1 - \gamma_2 + \beta) \right](x + \beta l) + \frac{F'(t)}{\omega}v + \frac{G'(t)}{\omega} + (\xi_1 a_1 + \xi_2 a_2)H(t)$$

$$+ \left[\frac{1}{2}\delta^2 v + a_1\eta_1 n_1 + a_2\eta_2 n_2 - \frac{1}{2}(b_1^2 n_1^2 + b_2^2 n_2^2) - \lambda\mu_{11}\mu_{21}n_1 n_2 \right]\frac{H^2(t)}{\omega P^2(t)}$$

$$+ \kappa(\alpha - v)\frac{F(t)}{\omega} - \frac{\sigma^2 v}{2\omega}Q^2(t)(1 - \rho^2) - \frac{\delta\sigma\rho v H(t)Q(t)}{\omega P(t)} = 0,$$

$$\left[P'(t) + (r - \gamma_1 - \gamma_2 + \beta) \right](x + \beta l) + \frac{Q'(t)}{\omega}v + \frac{R'(t)}{\omega} + (\xi_1 a_1 + \xi_2 a_2)P(t)$$

$$+ (\delta^2 v + a_1\eta_1 n_1 + a_2\eta_2 n_2)\frac{H(t)}{\omega P(t)} + \kappa(\alpha - v)\frac{Q(t)}{\omega} - \delta v \sigma\rho \frac{Q(t)}{\omega} = 0.$$

通过分离变量,得到以下微分方程:

$$H'(t) + (r - \gamma_1 - \gamma_2 + \beta)H(t) = 0, H(T) = 1,$$

$$P'(t) + (r - \gamma_1 - \gamma_2 + \beta)P(t) = 0, P(T) = 1,$$

$$Q'(t) - (\kappa + \delta\sigma\rho)Q(t) + \delta^2 = 0, Q(T) = 0,$$

$$F'(t) - \kappa F(t) - \frac{\sigma^2}{2}Q^2(t)(1 - \rho^2) - \delta\sigma\rho Q(t) + \frac{\delta^2}{2} = 0, F(T) = 0,$$

$$R'(t) + \omega(\xi_1 a_1 + \xi_2 a_2)P(t) + \kappa\alpha Q(t) + (a_1\eta_1 n_1 + a_2\eta_2 n_2) = 0, R(T) = 0,$$

$$G'(t) + \omega(\xi_1 a_1 + \xi_2 a_2)H(t) + \kappa\alpha F(t) + (a_1\eta_1 n_1 + a_2\eta_2 n_2$$

$$- \frac{1}{2}(b_1^2 n_1^2 + b_2^2 n_2^2) - \lambda\mu_{11}\mu_{21}n_1 n_2) = 0, G(T) = 0.$$

解上述方程,可得

$$H(t) = P(t) = e^{(r - \gamma_1 - \gamma_2 + \beta)(T - t)}, \tag{3.40}$$

$$Q(t) = \begin{cases} \dfrac{\delta^2}{\kappa + \delta\sigma\rho}\left[1 - e^{(\kappa + \delta\sigma\rho)(t - T)} \right], \kappa + \delta\sigma\rho = 0, \\ \delta^2(T - t), \kappa + \delta\sigma\rho = 0, \end{cases} \tag{3.41}$$

$$F(t) = e^{\kappa t}\int_t^T e^{-\kappa u}\left[-\frac{\sigma^2}{2}Q^2(u)(1 - \rho^2) - \delta\sigma\rho Q(u) + \frac{\delta^2}{2} \right]du, \tag{3.42}$$

$$R(t) = \frac{\omega(\xi_1 a_1 + \xi_2 a_2)}{r - \gamma_1 - \gamma_2 + \beta}\left[e^{(r - \gamma_1 - \gamma_2 + \beta)(T - t)} - 1 \right] + (a_1\eta_1 n_1 + a_2\eta_2 n_2)(T - t)$$

$$+ \kappa\alpha\int_t^T Q(s)ds, \tag{3.43}$$

$$G(t) = \frac{\omega(\xi_1 a_1 + \xi_2 a_2)}{r - \gamma_1 - \gamma_2 + \beta} \left[e^{(r - \gamma_1 - \gamma_2 + \beta)(T-t)} - 1 \right] + (a_1 \eta_1 n_1 + a_2 \eta_2 n_2$$
$$- \frac{1}{2}(b_1^2 n_1^2 + b_2^2 n_2^2) - \lambda \mu_{11} \mu_{21} n_1 n_2)(T - t) + \kappa \alpha \int_t^T F(s)\,ds.$$

$$(3.44)$$

类似地,对于违约前情形 $(z = 0)$,我们假设函数 V 和 g 具有如下形式:

$$V(t,x,l,v,0) = H_0(t)(x + \beta l) + \frac{F_0(t)}{\omega}v + \frac{G_0(t)}{\omega}, \qquad (3.45)$$

$$g(t,x,l,v,0) = P_0(t)(x + \beta l) + \frac{Q_0(t)}{\omega}v + \frac{R_0(t)}{\omega}, \qquad (3.46)$$

其中终值条件是 $V(T,x,l,v,0) = x + \beta l$ 和 $g(T,x,l,v,0) = x + \beta l$。

对函数 V 和 g 关于 t, x, l 和 v 求导,得到

$$V_t = H'_0(t)(x + \beta l) + \frac{F'_0(t)}{\omega}v + \frac{G'_0(t)}{\omega}, V_x = H_0(t), V_l = \beta H_0(t) = \beta V_x,$$

$$V_v = \frac{F_0(t)}{\omega}, V_{vv} = V_{xx} = V_{xv} = 0, g_t = P'_0(t)(x + \beta l) + \frac{Q'_0(t)}{\omega}v + \frac{R'_0(t)}{\omega},$$

$$g_x = P_0(t), g_l = \beta P_0(t) = \beta g_x, g_v = \frac{Q_0(t)}{\omega}, g_{vv} = g_{xx} = g_{xv} = 0,$$

经计算,还有

$$E[V(t, x - q_1 Y_{1i}, l, v, 0) - V(t, x, l, v, 0)] = -\mu_{11} q_1 H_0(t),$$

$$E[V(t, x - q_2 Y_{2i}, l, v, 0) - V(t, x, l, v, 0)] = -\mu_{21} q_2 H_0(t),$$

$$E[V(t, x - q_1 Y_{1i} - q_2 Y_{2i}, l, v, 0) - V(t, x, l, v, 0)] = -\mu_{11} q_1 H_0(t) - \mu_{21} q_2 H_0(t),$$

$$E[g^2(t, x - q_1 Y_{1i}, l, v, 0) - g^2(t, x, l, v, 0)] = \mu_{12} q_1^2 P_0^2(t)$$

$$- 2\mu_{11} q_1 P_0(t) \left[P_0(t)(x + \beta l) + \frac{Q_0(t)}{\omega}v + \frac{R_0(t)}{\omega} \right],$$

$$E[g^2(t, x - q_2 Y_i, l, v, 0) - g^2(t, x, l, v, 0)] = \mu_{22} q_2^2 P_0^2(t)$$

$$- 2\mu_{21} q_2 P_0(t) \left[P_0(t)(x + \beta l) + \frac{Q_0(t)}{\omega}v + \frac{R_0(t)}{\omega} \right],$$

$$E[g^2(t, x - q_1(t) Y_i - q_2(t) Y_i, l, v, 0) - g^2(t, x, l, v, 0)] = (\mu_{12} q_1^2$$

$$+ \mu_{22} q_2^2) P_0^2(t) + 2\mu_{11} \mu_{21} q_1 q_2 P_0^2(t) - 2(\mu_{11} q_1 + \mu_{21} q_2) P_0(t) \left[P_0(t)(x \right.$$

$$\left. + \beta l) + \frac{Q_0(t)}{\omega}v + \frac{R_0(t)}{\omega} \right],$$

$$E[g(t,x-q_1Y_i,l,v,0)-g(t,x,l,v,0)]=-\mu_{11}q_1P_0(t),$$

$$E[g(t,x-q_2Y_i,l,v,0)-g(t,x,l,v,0)]=-\mu_{21}q_2P_0(t),$$

$$E[g(t,x-q_1Y_i-q_2Y_i,l,v,0)-g(t,x,l,v,0)]=-\mu_{11}q_1P_0(t)-\mu_{21}q_2P_0(t),$$

$$V(t,x-\zeta p_2,l,v,1)-V(t,x,l,v,0)=H(t)(x+\beta l-\zeta p_2)-H_0(t)(x+\beta l)$$

$$+\frac{v}{\omega}(F(t)-F_0(t))+\frac{G(t)-G_0(t)}{\omega},$$

$$g(t,x-\zeta p_2,l,v,1)-g(t,x,l,v,0)=P(t)(x+\beta l-\zeta p_2)-P_0(t)(x+\beta l)$$

$$+\frac{v}{\omega}(Q(t)-Q_0(t))+\frac{R(t)-R_0(t)}{\omega}.$$

将上述结果代入式(3.26)和式(3.27),并注意条件 $\gamma_2=\beta e^{-Ah}$,可得

$$\sup_{\pi\in\Pi}\Big\{H'_0(t)(x+\beta l)+\frac{F'_0(t)}{\omega}v+\frac{G'_0(t)}{\omega}+\Gamma(p_1,p_2,q_1,q_2)H_0(t)$$

$$+\kappa(\alpha-v)\frac{F_0(t)}{\omega}-\frac{\omega}{2}p_1^2vP_0^2(t)-\frac{\sigma^2v}{2\omega}Q_0^2(t)-p_1\sigma v\rho Q_0(t)P_0(t)$$

$$-\frac{\omega}{2}(b_1^2q_1^2+b_2^2q_2^2)P_0^2(t)-\omega\lambda\mu_{11}\mu_{21}q_1q_2P_0^2(t)+[H(t)(x+\beta l$$

$$-\zeta p_2)-H_0(t)(x+\beta l)+\frac{v}{\omega}(F(t)-F_0(t))+\frac{G(t)-G_0(t)}{\omega}]k^{\mathbb{P}}$$

$$-\frac{\omega}{2}[P(t)(x+\beta l-\zeta p_2)-P_0(t)(x+\beta l)+\frac{v}{\omega}(Q(t)-Q_0(t))$$

$$+\frac{R(t)-R_0(t)}{\omega}]^2k^{\mathbb{P}}\Big\}=0,$$

$$(3.47)$$

$$P'_0(t)(x+\beta l)+\frac{Q'_0(t)}{\omega}v+\frac{R'_0(t)}{\omega}+\Gamma(p_1^*,p_2^*,q_1^*,q_2^*)P_0(t)$$

$$+\kappa(\alpha-v)\frac{Q_0(t)}{\omega}+P(t)(x+\beta l-\zeta p_2)-P_0(t)(x+\beta l) \qquad (3.48)$$

$$+\frac{v}{\omega}(Q(t)-Q_0(t))+\frac{R(t)-R_0(t)}{\omega}=0,$$

其中上面方程的终值条件满足 $H_0(T)=P_0(T)=1$ 和 $F_0(T)=G_0(T)=Q_0(T)=R_0(T)=0$,并且

$$\Gamma(p_1,p_2,q_1,q_2) = (r - \gamma_1 - \gamma_2 + \beta)x + (\overline{\gamma}_1 - A\beta)l + \delta p_1 v$$
$$+ a_1\eta_1 q_1 + a_2\eta_2 q_2 + \xi_1 a_1 + \xi_2 a_2 + \vartheta p_2.$$

令

$$\tilde{h}_0(p_1,p_2,q_1,q_2) = \Gamma(p_1,p_2,q_1,q_2)H_0(t) + \kappa(\alpha - v)\frac{F_0(t)}{\omega} - \frac{\omega}{2}p_1^2 v P_0^2(t)$$

$$- \frac{\sigma^2 v}{2\omega}Q_0^2(t) - p_1\sigma v\rho Q_0(t)P_0(t) - \frac{\omega}{2}(b_1^2 q_1^2 + b_2^2 q_2^2)P_0^2(t)$$

$$- \omega\lambda\mu_{11}\mu_{21}q_1 q_2 P_0^2(t) + [H(t)(x + \beta l - \zeta p_2) - H_0(t)(x + \beta l)$$

$$+ \frac{v}{\omega}(F(t) - F_0(t)) + \frac{G(t) - G_0(t)}{\omega}]k^{\mathbb{P}} - \frac{\omega}{2ig}[P(t)(x + \beta l - \zeta p_2)$$

$$- P_0(t)(x + \beta l) + \frac{v}{\omega}(Q(t) - Q_0(t)) + \frac{R(t) - R_0(t)}{\omega}]^2 k^{\mathbb{P}}.$$

对函数 $\tilde{h}_0(p_1,p_2,q_1,q_2)$ 关于 p_1, p_2, q_1 和 q_2 求导,可得

$$\frac{\partial \tilde{h}_0}{\partial p_1} = \delta v H_0(t) - \omega p_1 v P_0^2(t) - \sigma v\rho P_0(t)Q_0(t),$$

$$\frac{\partial \tilde{h}_0}{\partial p_2} = \vartheta H_0(t) - \zeta H(t)k^{\mathbb{P}} + \omega\zeta P(t)k^{\mathbb{P}}[P(t)(x + \beta l - \zeta p_2)$$

$$- P_0(t)(x + \beta l) + \frac{v}{\omega}(Q(t) - Q_0(t)) + \frac{R(t) - R_0(t)}{\omega}],$$

$$\frac{\partial \tilde{h}_0}{\partial q_1} = a_1\eta_1 H_0(t) - \omega P_0^2(t)b_1^2 q_1 - \omega\lambda\mu_{11}\mu_{21}q_2 P_0^2(t),$$

$$\frac{\partial \tilde{h}_0}{\partial q_2} = a_2\eta_2 H_0(t) - \omega P_0^2(t)b_2^2 q_2 - \omega\lambda\mu_{11}\mu_{21}q_1 P_0^2(t),$$

$$\frac{\partial^2 \tilde{h}_0}{\partial p_1^2} = -\omega v P_0^2(t), \frac{\partial^2 \tilde{h}_0}{\partial p_2^2} = -\omega\zeta^2 P^2(t)k^{\mathbb{P}},$$

$$\frac{\partial^2 \tilde{h}_0}{\partial p_1 \partial p_2} = \frac{\partial^2 \tilde{h}_0}{\partial p_1 \partial q_1} = \frac{\partial^2 \tilde{h}_0}{\partial p_1 \partial q_2} = \frac{\partial^2 \tilde{h}_0}{\partial p_2 \partial q_1} = \frac{\partial^2 \tilde{h}_0}{\partial p_2 \partial q_2} = 0,$$

$$\frac{\partial^2 \tilde{h}_0}{\partial q_1^2} = -\omega P_0^2(t)b_1^2, \frac{\partial^2 \tilde{h}_0}{\partial q_2^2} = -\omega P_0^2(t)b_2^2, \frac{\partial^2 \tilde{h}_0}{\partial q_1 \partial q_2} = -\omega\lambda\mu_{11}\mu_{21}P_0^2(t),$$

由上式，可得如下 **Hessian** 矩阵

$$
\textbf{Hessian} = \begin{pmatrix} \dfrac{\partial^2 \tilde{h}}{\partial p_1^2} & \dfrac{\partial^2 \tilde{h}}{\partial p_1 \partial p_2} & \dfrac{\partial^2 \tilde{h}}{\partial p_1 \partial q_1} & \dfrac{\partial^2 \tilde{h}}{\partial p_1 \partial q_2} \\[3mm] \dfrac{\partial^2 \tilde{h}}{\partial p_2 \partial p_1} & \dfrac{\partial^2 \tilde{h}}{\partial p_2^2} & \dfrac{\partial^2 \tilde{h}}{\partial p_2 \partial q_1} & \dfrac{\partial^2 \tilde{h}}{\partial p_2 \partial q_2} \\[3mm] \dfrac{\partial^2 \tilde{h}}{\partial q_1 \partial p_1} & \dfrac{\partial^2 \tilde{h}}{\partial q_1 \partial p_2} & \dfrac{\partial^2 \tilde{h}}{\partial q_1^2} & \dfrac{\partial^2 \tilde{h}}{\partial q_1 \partial q_2} \\[3mm] \dfrac{\partial^2 \tilde{h}}{\partial q_2 \partial p_1} & \dfrac{\partial^2 \tilde{h}}{\partial q_2 \partial p_2} & \dfrac{\partial^2 \tilde{h}}{\partial q_2 \partial q_1} & \dfrac{\partial^2 \tilde{h}}{\partial q_2^2} \end{pmatrix} = -\,\omega P_0^2(t)\,\textbf{B}_0,
$$

其中

$$
\textbf{B}_0 = \begin{pmatrix} v & 0 & 0 & 0 \\ 0 & \zeta^2 k^{\mathbb{P}} & 0 & 0 \\ 0 & 0 & b_1^2 & \lambda \mu_{11} \mu_{21} \\ 0 & 0 & \lambda \mu_{11} \mu_{21} & b_2^2 \end{pmatrix}.
$$

易知矩阵 $\textbf{B}_0$ 是正定的，并且注意到 $P_0(t) = P(t) > 0$ [见式(3.40)和式(3.50)]，因此 **Hessian** 矩阵是负定的，从而 $(\hat{p}_1, \hat{p}_2, \hat{q}_1, \hat{q}_2)$ 是函数 $\tilde{h}(p_1, p_2, q_1, q_2)$ 的最大值点，并且满足下面微分方程：

$$
\delta v H_0(t) - \omega p_1 v P_0^2(t) - \sigma v \rho P_0(t) Q_0(t) = 0,
$$

$$
\vartheta H_0(t) - \zeta H(t) k^{\mathbb{P}} + \omega \zeta P(t) k^{\mathbb{P}} \big[P(t)(x + \beta l - \zeta p_2)
$$

$$
- P_0(t)(x + \beta l) + \frac{v}{\omega}(Q(t) - Q_0(t)) + \frac{R(t) - R_0(t)}{\omega} \big] = 0,
$$

$$
a_1 \eta_1 H_0(t) - \omega P_0^2(t) b_1^2 q_1 - \omega \lambda \mu_{11} \mu_{21} q_2 P_0^2(t) = 0,
$$

$$
a_2 \eta_2 H_0(t) - \omega P_0^2(t) b_2^2 q_2 - \omega \lambda \mu_{11} \mu_{21} q_1 P_0^2(t) = 0.
$$

解上述方程，可得

$$
\begin{cases}
\hat{p}_1(t) = \dfrac{\delta H_0(t) - \sigma\rho Q_0(t)P_0(t)}{\omega P_0^2(t)}, \\[3mm]
\hat{p}_2(t) = \dfrac{\vartheta H_0(t)}{\omega\zeta^2 P^2(t)k^{\mathbb{P}}} - \dfrac{H(t)}{\omega\zeta P^2(t)} + \dfrac{x+\beta l}{\zeta} - \dfrac{P_0(t)(x+\beta l)}{\zeta P(t)} \\[3mm]
\quad + \dfrac{v(Q(t)-Q_0(t))}{\omega\zeta P(t)} + \dfrac{R(t)-R_0(t)}{\omega\zeta P(t)}, \\[3mm]
\hat{q}_1(t) = n_1\dfrac{H_0(t)}{\omega P_0^2(t)}, \\[3mm]
\hat{q}_2(t) = n_2\dfrac{H_0(t)}{\omega P_0^2(t)}.
\end{cases}
\tag{3.49}
$$

将上述结果代入式 (3.47) 和 (3.48)，并注意到条件 $(r-\gamma_1-\gamma_2+\beta)x + (\overline{\gamma_1}-A\beta)l = (r-\gamma_1-\gamma_2+\beta)(x+\beta l)$，可得

$$
H'_0(t)(x+\beta l) + \frac{F'_0(t)}{\omega}v + \frac{G'_0(t)}{\omega} + \big[(r-\gamma_1-\gamma_2+\beta)(x+\beta l) + \xi_1 a_1
$$

$$
+ \xi_2 a_2\big]H_0(t) + \Big[\frac{1}{2}\delta^2 v + a_1\eta_1 n_1 + a_2\eta_2 n_2 - \frac{1}{2}(b_1^2 n_1^2 + b_2^2 n_2^2)
$$

$$
- \lambda\mu_{11}\mu_{21}n_1 n_2\Big]\frac{H_0^2(t)}{\omega P_0^2(t)} + \kappa(\alpha-v)\frac{F_0(t)}{\omega} - \frac{\sigma^2 v}{2\omega}Q_0^2(t)(1-\rho^2)
$$

$$
- \frac{\delta\sigma\rho v H_0(t)Q_0(t)}{\omega P_0(t)} + \Big(\frac{\vartheta H_0(t)}{\zeta} - H_0(t)k^{\mathbb{P}} + \frac{H(t)P_0(t)k^{\mathbb{P}}}{P(t)}
$$

$$
- \frac{\vartheta H_0(t)P_0(t)}{P(t)\zeta}\Big)(x+\beta l) + v\Big(\frac{(F(t)-F_0(t))k^{\mathbb{P}}}{\omega} + \frac{H(t)(Q_0(t)-Q(t))k^{\mathbb{P}}}{P(t)\omega}
$$

$$
+ \frac{\vartheta H_0(t)(Q(t)-Q_0(t))}{P(t)\zeta\omega}\Big) + \frac{(G(t)-G_0(t)k^{\mathbb{P}})}{\omega} + \frac{H(t)(R_0(t)-R(t))k^{\mathbb{P}}}{P(t)\omega}
$$

$$
+ \frac{\vartheta H_0(t)(R(t)-R_0(t))}{P(t)\zeta\omega} + \frac{H^2(t)k^{\mathbb{P}}}{2P^2(t)\omega} - \frac{\vartheta H(t)H_0(t)}{P^2(t)\zeta\omega} + \frac{\vartheta^2 H_0^2(t)}{2\omega\zeta^2 P^2(t)k^{\mathbb{P}}} = 0,
$$

$$P_0{}'(t)(x+\beta l)+\frac{Q_0{}'(t)}{\omega}v+\frac{R_0{}'(t)}{\omega}+\big[\,(r-\gamma_1-\gamma_2+\beta)(x+\beta l)+\xi_1 a_1$$

$$+\xi_2 a_2\big]P_0(t)+(\delta^2 v+a_1\eta_1 n_1+a_2\eta_2 n_2)\frac{H_0(t)}{\omega P_0(t)}+\kappa(\alpha-v)\frac{Q_0(t)}{\omega}$$

$$-\delta v\sigma\rho\,\frac{Q_0(t)}{\omega}+\left(\frac{\vartheta P_0(t)}{\zeta}-\frac{\vartheta P_0^2(t)}{P(t)\zeta}\right)(x+\beta l)+\frac{\vartheta P_0(t)(Q(t)-Q_0(t))}{P(t)\zeta\omega}v$$

$$+\frac{H(t)k^{\mathbb{P}}}{P(t)\omega}-\frac{\vartheta H_0(t)}{P(t)\zeta\omega}-\frac{\vartheta H(t)P_0(t)}{P^2(t)\zeta\omega}+\frac{\vartheta^2 H_0(t)P_0(t)}{P^2(t)\zeta^2\omega k^{\mathbb{P}}}$$

$$+\frac{\vartheta P_0(t)(R(t)-R_0(t))}{P(t)\zeta\omega}=0.$$

通过分离变量,我们得到以下微分方程:

$$H_0{}'(t)+\left(r-\gamma_1-\gamma_2+\beta+\frac{\vartheta}{\zeta}-k^{\mathbb{P}}\right)H_0(t)-\left(\frac{\vartheta H_0(t)}{P(t)\zeta}-k^{\mathbb{P}}\right)P_0(t)=0,$$

$$H_0(T)=1,$$

$$P_0{}'(t)+(r-\gamma_1-\gamma_2+\beta+\frac{\vartheta}{\zeta})P_0(t)-\frac{\vartheta P_0^2(t)}{P(t)\zeta}=0, P_0(T)=1,$$

$$Q_0{}'(t)-\left(\kappa+\delta\sigma\rho+\frac{\vartheta P_0(t)}{P(t)\zeta}\right)Q_0(t)+\frac{\vartheta P_0(t)Q(t)}{P(t)\zeta}+\delta^2\frac{H_0(t)}{P_0(t)}=0,$$

$$Q_0(T)=0,$$

$$F_0{}'(t)-(\kappa+k^{\mathbb{P}})F_0(t)-\frac{\sigma^2}{2}Q_0^2(t)(1-\rho^2)-\frac{\delta\sigma\rho H_0(t)Q_0(t)}{P_0(t)}+\frac{\delta^2 H_0^2(t)}{2P_0^2(t)}$$

$$+F(t)k^{\mathbb{P}}+\left(\frac{\vartheta H_0(t)}{P(t)\zeta}-k^{\mathbb{P}}\right)(Q(t)-Q_0(t))=0, F_0(T)=0,$$

$$R_0{}'(t)+\omega(\xi_1 a_1+\xi_2 a_2)P_0(t)+\kappa\alpha Q_0(t)+(a_1\eta_1 n_1+a_2\eta_2 n_2)\frac{H_0(t)}{P_0(t)}$$

$$-\frac{\vartheta H_0(t)}{P(t)\zeta}-\frac{\vartheta H(t)P_0(t)}{P^2(t)\zeta}+\frac{\vartheta^2 H_0(t)P_0(t)}{P^2(t)\zeta^2 k^{\mathbb{P}}}+\frac{\vartheta P_0(t)(R(t)-R_0(t))}{P(t)\zeta}$$

$$+\frac{H(t)k^{\mathbb{P}}}{p(t)}=0, R_0(T)=0,$$

$$G_0{}'(t)-k^{\mathbb{P}}G_0(t)+k^{\mathbb{P}}G(t)+\omega(\xi_1 a_1+\xi_2 a_2)H_0(t)+\kappa\alpha F_0(t)$$

$$+(a_1\eta_1 n_1+a_2\eta_2 n_2-\frac{1}{2}(b_1^2 n_1^2+b_2^2 n_2^2)-\lambda\mu_{11}\mu_{21}n_1 n_2)\frac{H_0^2(t)}{P_0^2(t)}$$

$$+ \left(\frac{\vartheta H_0(t)}{P(t)\zeta} - \frac{H(t)}{P(t)} k^{\mathbb{P}} \right) (R(t) - R_0(t)) + \frac{H^2(t) k^{\mathbb{P}}}{2P^2(t)} - \frac{\vartheta H(t) H_0(t)}{P^2(t)\zeta}$$

$$+ \frac{\vartheta^2 H_0^2(t)}{2\zeta^2 P^2(t) k^{\mathbb{P}}} = 0, G_0(T) = 0.$$

解上述方程,得到

$$H_0(t) = P_0(t) = e^{(r-\gamma_1-\gamma_2+\beta)(T-t)}, \tag{3.50}$$

$$Q_0(t) = \begin{cases} \dfrac{\delta^2}{\kappa + \delta\sigma\rho} [1 - e^{(t-T)(\kappa+\delta\sigma\rho)}], \kappa + \delta\sigma\rho = 0, \\ (T-t)\delta^2, \kappa + \delta\sigma\rho = 0, \end{cases} \tag{3.51}$$

$$F_0(t) = e^{(\kappa+k^{\mathbb{P}})t} \int_t^T e^{-(\kappa+k^{\mathbb{P}})u} \Big[-\frac{\sigma^2}{2} Q_0^2(u)(1-\rho^2)$$

$$- \delta\sigma\rho Q_0(u) + \frac{\delta^2}{2} + F(u)k^{\mathbb{P}} \Big] du, \tag{3.52}$$

$$R_0(t) = e^{\frac{\vartheta}{\zeta}t} \int_t^T e^{-\frac{\vartheta}{\zeta}u} \Big[\frac{\vartheta}{\zeta} R(u) + \omega(\xi_1 a_1 + \xi_2 a_2) P_0(u)$$

$$+ \kappa\alpha Q_0(u) + a_1\eta_1 n_1 + a_2\eta_2 n_2 + \frac{\vartheta^2}{\zeta^2 k^{\mathbb{P}}} - \frac{2\vartheta}{\zeta} + k^{\mathbb{P}} \Big] du, \tag{3.53}$$

$$G_0(t) = e^{k^{\mathbb{P}}t} \int_t^T e^{-k^{\mathbb{P}}u} \Big[k^{\mathbb{P}} G(u) + \omega(\xi_1 a_1 + \xi_2 a_2) H_0(u)$$

$$+ \kappa\alpha F_0(u) + a_1\eta_1 n_1 + a_2\eta_2 n_2 - \frac{1}{2} b_1^2 n_1^2 - \frac{1}{2} b_2^2 n_2^2 - \lambda\mu_{11}\mu_{21} n_1 n_2$$

$$+ \left(\frac{\vartheta}{\zeta} - k^{\mathbb{P}} \right) (R(u) - R_0(u)) + \frac{\vartheta^2}{2k^{\mathbb{P}}\zeta} - \frac{\vartheta}{\zeta} + \frac{k^{\mathbb{P}}}{2} \Big] du. \tag{3.54}$$

由式(3.35)和式(3.36),式(3.40)至式(3.46)和式(3.50)至式(3.54)可得最优时间一致策略、对应的均衡值函数和相应的期望与方差。定理 3.6 证毕。 □

注 3.3 (i)从定理 3.6 还可以看出,Heston 随机波动率模型下考虑有界记忆和共同冲击的最优时间一致投资策略可以分为两部分:第一部分是 $\frac{\delta}{\omega} e^{-(r-\gamma_1-\gamma_2+\beta)(T-t)}$,它主要与风险资产的回报率有关;第二部分是修正因子 $-\frac{\delta^2\sigma\rho}{\omega(\kappa+\delta\sigma\rho)} [1 - e^{-(\kappa+\delta\sigma\rho)(T-t)}] e^{-(r-\gamma_1-\gamma_2+\beta)(T-t)}$,它主要描述了 Heston 模型

下随机波动所产生的影响。

(ⅱ)根据式(3.9),我们有

$$\text{Var}_{t,x,l,v,z}[X^{\pi^*}(T)+\beta L^{\pi^*}(T)] = \frac{2}{\omega}(E_{t,x,l,v,z}[X^{\pi^*}(T)+\beta L^{\pi^*}(T)]$$
$$- J(t,x,l,v,z;\pi^*)).$$

$$(3.55)$$

从式(3.34),可得

$$\frac{1}{\omega}=\begin{cases}\sqrt{\dfrac{\text{Var}_{t,x,l,v,z}[X^{\pi^*}(T)+\beta L^{\pi^*}(T)]}{2[(Q(t)-F(t))v+(R(t)-G(t))]}},z=1,\\[4mm]\sqrt{\dfrac{\text{Var}_{t,x,l,v,z}[X^{\pi^*}(T)+\beta L^{\pi^*}(T)]}{2[(Q_0(t)-F_0(t))v+(R_0(t)-G_0(t))]}},z=0.\end{cases}$$

$$(3.56)$$

结合(3.33),我们得到

$$E_{t,x,l,v,z}[X^{\pi^*}(T)+\beta L^{\pi^*}(T)]$$

$$=\begin{cases}e^{(r-\gamma_1-\gamma_2+\beta)(T-t)}(x+\beta l)\\[2mm]\quad+\sqrt{\dfrac{\text{Var}_{t,x,l,v,z}[X^{\pi^*}(T)+\beta L^{\pi^*}(T)](Q(t)v+R(t))^2}{2[(Q(t)-F(t))v+(R(t)-G(t))]}},z=1,\\[4mm]e^{(r-\gamma_1-\gamma_2+\beta)(T-t)}(x+\beta l)\\[2mm]\quad+\sqrt{\dfrac{\text{Var}_{t,x,l,v,z}[X^{\pi^*}(T)+\beta L^{\pi^*}(T)](Q_0(t)v+R_0(t))^2}{2[(Q_0(t)-F_0(t))v+(R_0(t)-G_0(t))]}},z=0.\end{cases}$$

$$(3.57)$$

式(3.57)是 Heston 模型下初始状态为 (t,x,l,v,z) 的存在有界记忆和共同冲击以及考虑了违约风险的均衡有效前沿。

如果不考虑违约风险,由定理 3.6,我们可以得到无违约风险的最优时间一致投资和再保险策略以及对应的均衡值函数。

推论 3.7 对于问题(3.7),在情形 2 下,如果进一步不考虑违约风险,那么最优时间一致策略如下:

$$p_1^*(t)=\begin{cases}\dfrac{\delta}{\omega}e^{-(r-\gamma_1-\gamma_2+\beta)(T-t)}-\dfrac{\delta^2\sigma\rho}{\omega(\kappa+\delta\sigma\rho)}[1-e^{-(\kappa+\delta\sigma\rho)(T-t)}]e^{-(r-\gamma_1-\gamma_2+\beta)(T-t)},\\[2mm]\kappa+\delta\sigma\rho=0,\\[2mm]\dfrac{\delta}{\omega}e^{-(r-\gamma_1-\gamma_2+\beta)(T-t)}-\dfrac{\delta^2\sigma\rho}{\omega}(T-t)e^{-(r-\gamma_1-\gamma_2+\beta)(T-t)},\kappa+\delta\sigma\rho=0,\end{cases}$$

$$q_1^*(t) = \frac{n_1}{\omega} e^{-(r-\gamma_1-\gamma_2+\beta)(T-t)},$$

$$q_2^*(t) = \frac{n_2}{\omega} e^{-(r-\gamma_1-\gamma_2+\beta)(T-t)},$$

对应的均衡值函数是

$$V(t,x,l,v) = e^{(r-\gamma_1-\gamma_2+\beta)(T-t)}(x+\beta l) + \frac{F(t)}{\omega}v + \frac{G(t)}{\omega},$$

上式中的 $F(t)$ 和 $G(t)$ 分别由式(3.42)和式(3.44)给出。

根据注2.1,如果 $A = h = \beta = \gamma_1 = \gamma_2 = 0$,则模型退化为不考虑有界记忆的情形。由定理3.6,有以下推论。

推论3.8 对于问题(3.7),在情形2下,如果进一步不考虑有界记忆,则最优时间一致策略如下:

$$p_1^*(t) = \begin{cases} \dfrac{\delta}{\omega} e^{-r(T-t)} - \dfrac{\delta^2\sigma\rho}{\omega(\kappa+\delta\sigma\rho)}[1-e^{-(\kappa+\delta\sigma\rho)(T-t)}]e^{-r(T-t)}, & \kappa+\delta\sigma\rho = 0, \\[3mm] \dfrac{\delta}{\omega} e^{-r(T-t)} - \dfrac{\delta^2\sigma\rho}{\omega}(T-t)e^{-r(T-t)}, & \kappa+\delta\sigma\rho = 0, \end{cases}$$

$$= \begin{cases} \dfrac{\kappa+\delta\rho\sigma e^{(\delta\rho\sigma+\kappa)(t-T)}}{\omega(\delta\rho\sigma+\kappa)}\delta e^{r(t-T)}, & \kappa+\delta\sigma\rho = 0, \\[3mm] \dfrac{\delta}{\omega}[1+\delta\sigma\rho(t-T)]e^{r(t-T)}, & \kappa+\delta\sigma\rho = 0, \end{cases}$$

$$p_2^*(t) = \left[\frac{\vartheta}{\omega\zeta^2 k^{\mathbb{P}}} + \frac{1}{\omega\zeta}(\tilde{R}(t)-\tilde{R}_0(t)) - \frac{1}{\omega\zeta}\right]e^{-r(T-t)}1_{\tau>t},$$

$$q_1^*(t) = \frac{n_1}{\omega}e^{-r(T-t)}, \quad q_2^*(t) = \frac{n_2}{\omega}e^{-r(T-t)}.$$

对应的均衡值函数是

$$V(t,x,v,z) = \begin{cases} e^{r(T-t)}x + \dfrac{F(t)}{\omega}v + \dfrac{\tilde{G}(t)}{\omega}, & z = 1, \\[3mm] e^{r(T-t)}x + \dfrac{F_0(t)}{\omega}v + \dfrac{\tilde{G}_0(t)}{\omega}, & z = 0, \end{cases}$$

上式中

$$\tilde{R}(t) = \frac{\omega(\xi_1 a_1 + \xi_2 a_2)}{r}[e^{r(T-t)}-1] + (a_1\eta_1 n_1 + a_2\eta_2 n_2)(T-t) + \kappa\alpha$$

$$\int_t^T Q(u)\,du,$$

$$\widetilde{R}_0(t) = e^{\frac{\vartheta}{\zeta}}\int_t^T e^{-\frac{\vartheta}{\zeta}}\big[\frac{\vartheta}{\zeta}\widetilde{R}(u) + \omega(\xi_1 a_1 + \xi_2 a_2)e^{r(T-u)} + \kappa\alpha Q_0(u)$$

$$+ a_1\eta_1 n_1 + a_2\eta_2 n_2 + \frac{\vartheta^2}{\zeta^2 k^{\mathbb{P}}} - \frac{2\vartheta}{\zeta} + k^{\mathbb{P}}\big]du,$$

$$\widetilde{G}(t) = \frac{\omega(\xi_1 a_1 + \xi_2 a_2)}{r}\big[e^{r(T-t)} - 1\big] + \big(a_1\eta_1 n_1 + a_2\eta_2 n_2 - \frac{1}{2}b_1^2 n_1^2$$

$$- \frac{1}{2}b_2^2 n_2^2 - \lambda\mu_{11}\mu_{21}n_1 n_2\big)(T-t) + \kappa\alpha\int_t^T F(u)\,du,$$

$$\widetilde{G}_0(t) = e^{k^{\mathbb{P}}t}\int_t^T e^{-k^{\mathbb{P}}u}\big[k^{\mathbb{P}}\widetilde{G}(u) + \omega(\xi_1 a_1 + \xi_2 a_2)e^{r(T-u)} + \kappa\alpha F_0(u)$$

$$+ a_1\eta_1 n_1 + a_2\eta_2 n_2 - \frac{1}{2}b_1^2 n_1^2 - \frac{1}{2}b_2^2 n_2^2 - \lambda\mu_{11}\mu_{21}$$

$$+ \Big(\frac{\vartheta}{\zeta} - k^{\mathbb{P}}\Big)(\widetilde{R}(t) - \widetilde{R}_0(t)) + \frac{\vartheta^2}{2k^{\mathbb{P}}\zeta} - \frac{\vartheta}{\zeta} + \frac{k^{\mathbb{P}}}{2}\big]du.$$

注 3.4　由推论 3.7 和推论 3.8,可以得到不考虑有界记忆且不具有违约风险的最优时间一致策略

$$p_1^*(t) = \begin{cases} \dfrac{\kappa + \delta\rho\sigma e^{(\delta\rho\sigma+\kappa)(t-T)}}{\omega(\delta\rho\sigma + \kappa)}\delta e^{r(t-T)}, & \kappa + \delta\sigma\rho = 0, \\[3mm] \dfrac{\delta}{\omega}\big[1 + \delta\sigma\rho(t-T)\big]e^{r(t-T)}, & \kappa + \delta\sigma\rho = 0, \end{cases} \tag{3.58}$$

$$q_1^*(t) = \frac{a_1\eta_1 b_2^2 - a_2\eta_2\lambda\mu_{11}\mu_{21}}{b_1^2 b_2^2 - \lambda^2\mu_{11}^2\mu_{21}^2}\frac{1}{\omega}e^{-r(T-t)}, \tag{3.59}$$

$$q_2^*(t) = \frac{a_2\eta_2 b_1^2 - a_1\eta_1\lambda\mu_{11}\mu_{21}}{b_1^2 b_2^2 - \lambda^2\mu_{11}^2\mu_{21}^2}\frac{1}{\omega}e^{-r(T-t)}. \tag{3.60}$$

如果进一步不考虑风险共同冲击因素,即 $\lambda = 0$,那么再保险策略为 $q_1^*(t) = \dfrac{\mu_{11}\eta_1}{\mu_{12}\omega}e^{r(t-T)}$ 和 $q_2^*(t) = \dfrac{\mu_{21}\eta_2}{\mu_{22}\omega}e^{r(t-T)}$。 比较发现,我们的投资策略式 (3.58) 与 Li 等(2012)的结果一致,而再保险策略由于保费原理的不同而略有差异。

3.5 数值算例

本节通过数值算例来说明我们的结果。根据本章模型设定,模型基本参数选取如表 3.1 所示,经计算表 3.1 给出的参数满足情形 2 的条件。我们通过只变动一个参数而保持其他参数不变来分析该参数变化对定理 3.6 中的最优时间一致策略的影响,见图 3.1~图 3.25。

表 3.1   模型基本参数

λ	λ_1	λ_2	μ_{11}	μ_{21}	μ_{12}	μ_{22}	θ_1	θ_2	η_1	η_2	r
2	3	4	0.1	0.1	0.2	0.2	0.2	0.2	0.4	0.4	0.02
σ	A	h	β	δ	ρ	κ	ω	T	ϑ	$k^{\mathbb{P}}$	ζ
0.8	0.2	1	0.2	1.5	0.2	2	0.3	3	0.01	0.005	0.5

图 3.1 描述了参数 A 对风险资产的最优时间一致投资策略的影响。结果显示,风险资产的最优时间一致投资策略随 A 的增加而减少。由平均延迟财富 $\bar{L}(t)$ 的定义,A 越大,前期财富在平均延迟财富构建中所占的比例越小。换言之,A 越大,保险公司越关注接近当前时间的财富,这是一种短视行为。在实践中,投资者的短视往往会增加风险。因此,当选择较大的 A 时,保险公司会减少风险资产的投资。图 3.2 显示了参数 h 对最优时间一致投资策略的影响。容易看出,风险资产投资额随 h 的增加而增加。直观地,随 h 的增加,平均化所取的时间范围变得更宽,平均延迟财富也更稳定。也就是说,当保险公司选择较大的 h 时,保险公司决策所基于的信息空间就越大,此时的决策更加理性,保险公司的风险控制能力也越强,因此风险资产投资额将会增加。图 3.3 显示了参数 β 对风险资产的最优时间一致投资策略的影响。显然,β 值越大,风险资产投资数量越多。事实上,β 对最优时间一致策略的影响机制与 h 类似。根据终端财富组合 $X(T) + \beta L(T)$ 的定义,β 值越大,平均延迟财富在终端财富组合构成中的权重越大。在实践中,这是投资者较为理性的表现。当保险公司选择较大的 β 时,保险公司的风险控制能

力也会较强,为了获得更多的利润,保险公司会增加风险资产投资。图 3.4 描述了 ω 对风险资产的最优时间一致投资策略的影响。ω 是风险厌恶系数,ω 越大,意味着投资者越厌恶风险。因此,随 ω 的增加,保险公司会减少风险资产的投资数量。

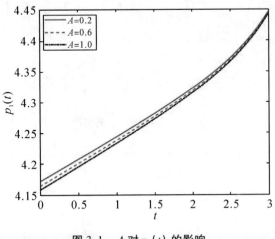

图 3.1 A 对 $p_1(t)$ 的影响

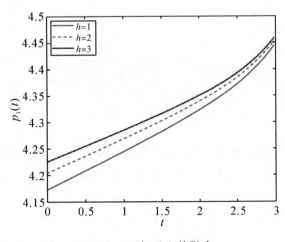

图 3.2 h 对 $p_1(t)$ 的影响

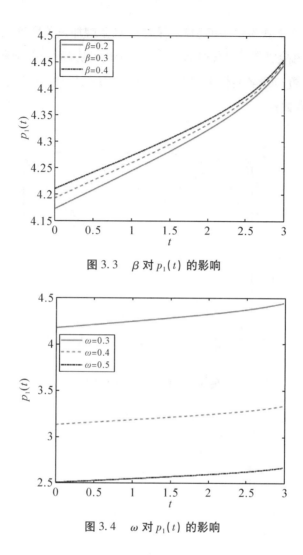

图 3.3　β 对 $p_1(t)$ 的影响

图 3.4　ω 对 $p_1(t)$ 的影响

　　图 3.5 描述了在 $\rho > 0$ 和 $\rho < 0$ 两种不同情况下，参数 σ 对风险资产的最优时间一致投资策略的两种不同影响。结果显示，当 $\rho > 0$ 时，风险资产投资数量随 σ 增加而减少；当 $\rho < 0$ 时，风险资产投资数量随 σ 增加而增加。这是因为当 $\rho > 0$ 时，σ 越大，风险资产的潜在波动率越大，因此，保险公司减少风险资产的投资；相反，当 $\rho < 0$ 时，由于风险资产的价格与波动性呈负相关关系，因此，随着 σ 增加，风险资产的预期价格会增加，因此，保险公司增加风险资产投资。图 3.6 显示了在 $\rho > 0$ 和 $\rho < 0$ 两种不同情况下，参数 κ 对风险资产投资数量的两种不同影响。从图中可以看到，当 $\rho > 0$ 时，风

险资产投资数量随 κ 增加而增加;当 $\rho < 0$ 时,风险资产投资数量随 κ 增加而减少。原因是,当 $\rho > 0$ 时,风险资产的价格和波动的不确定性也会以同样的方式变化。κ 反映了 $v(t)$ 趋向 α 的速率,一个较大的 κ 意味着风险资产的波动趋于平稳,因此,保险公司加大对风险资产的投资。当 $\rho < 0$ 时,$v(t)$ 与 $S(t)$ 波动的不确定性以相反的方向变化。随着 κ 增加,$v(t)$ 趋于稳定,由于 $v(t)$ 与 $S(t)$ 之间呈负相关关系,因此,风险资产价格下降的可能性增加,保险公司减少对风险资产的投资。

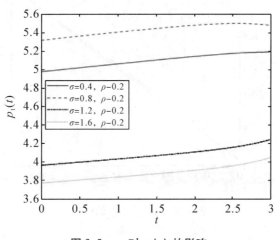

图 3.5　σ 对 $p_1(t)$ 的影响

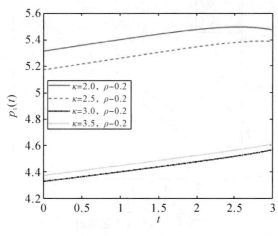

图 3.6　κ 对 $p_1(t)$ 的影响

图 3.7~图 3.10 分别描述了参数 A,h,β 和 ω 对可违约债券的最优时间一致投资策略的影响。从图中可以看到,可违约债券的投资数量随 A 的增加而减少,随 h 的增加而增加,随 β 的增加而增加,随 ω 的增加而减少。A,h,β 和 ω 对可违约债券投资的影响与对风险资产投资的影响是一致的,其经济解释也是类似的。

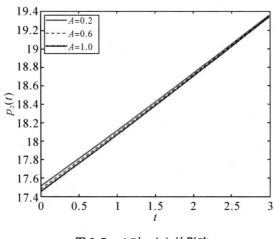

图 3.7 A 对 $p_2(t)$ 的影响

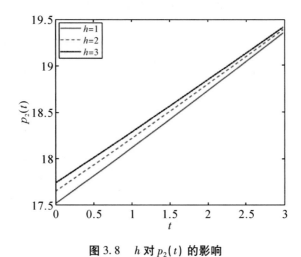

图 3.8 h 对 $p_2(t)$ 的影响

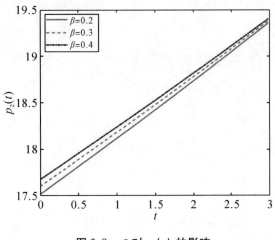

图 3.9 β 对 $p_2(t)$ 的影响

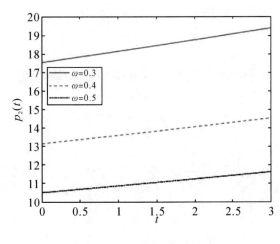

图 3.10 ω 对 $p_2(t)$ 的影响

图 3.11~图 3.13 分别描述了参数 ϑ,ζ 和 $k^{\mathbb{P}}$ 对可违约债券的最优时间一致投资策略的影响。从图 3.11 和图 3.12 可以看到,可违约债券的投资数量随着信用利差 ϑ 增加而增加,随着损失率 ζ 的增加而减少,因为较低的信用利差或较高的损失率会导致更大的潜在损失。图 3.13 显示,可违约债券的投资数量随着违约强度 $k^{\mathbb{P}}$ 的增强而增加,这是因为违约强度越大,违约风险就越高,因此保险公司自然会减少对可违约债券的投资。

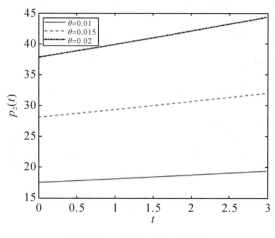

图 3.11 ϑ 对 $p_2(t)$ 的影响

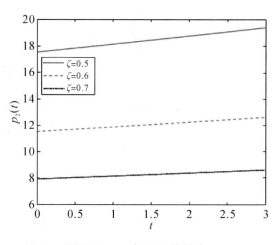

图 3.12 ζ 对 $p_2(t)$ 的影响

基于有界记忆与共同冲击的投资和再保险策略研究

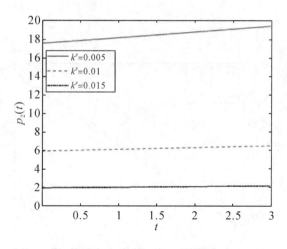

图 3.13　$k^{\mathbb{P}}$ 对 $p_2(t)$ 的影响

图 3.14~图 3.21 分别描述了参数 A, h, β 和 ω 对最优时间一致再保险策略的影响。从图 3.14 和图 3.15 可以看到,随着 A 的增加,保险业务的留存水平 $q_1(t)$ ($q_2(t)$) 随之降低。正如我们解释为什么风险投资数量 $p_1(t)$ 随 A 降低一样,当选择较大的 A 时,保险公司更关注当前时间的绩效或者接近当前时间的绩效,相对而言,保险公司的风险控制能力较弱,因此保险公司会购买更多的再保险,留存水平 $q_1(t)$ ($q_2(t)$) 降低。图 3.16 和图 3.17 显示,保险业务留存水平 $q_1(t)$ ($q_2(t)$)随着 h 的增加而增加。从图 3.18 和图 3.19 可以看到,保险业务留存水平 $q_1(t)$ ($q_2(t)$)随着 β 的增加而增加。h 和 β 对留存水平 $q_1(t)$ ($q_2(t)$)的影响机制与 h 和 β 对 $p_1(t)$ 和 $p_2(t)$ 是一样的。从图 3.20 和图 3.21 可以看到,ω 越大,留存水平 $q_1(t)$ ($q_2(t)$)越低。因为 ω 越大,保险公司越厌恶风险,所以会购买更多的再保险,留存水平 $q_1(t)$ ($q_2(t)$)自然降低了。

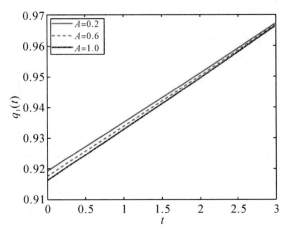

图 3. 14 A 对 $q_1(t)$ 的影响

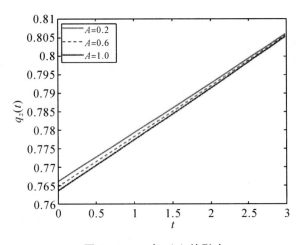

图 3. 15 A 对 $q_2(t)$ 的影响

基于有界记忆与共同冲击的投资和再保险策略研究

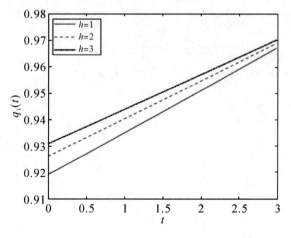

图 3.16　h 对 $q_1(t)$ 的影响

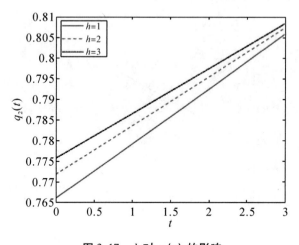

图 3.17　h 对 $q_2(t)$ 的影响

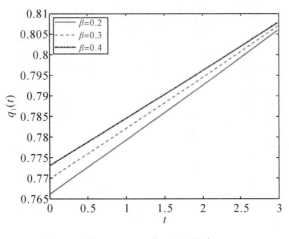

图 3.18 β 对 $q_1(t)$ 影响

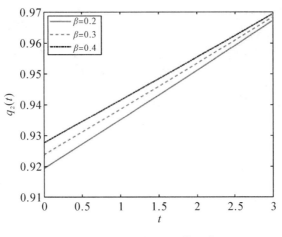

图 3.19 β 对 $q_2(t)$ 的影响

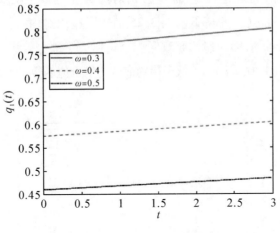

图 3.20 ω 对 $q_1(t)$ 的影响

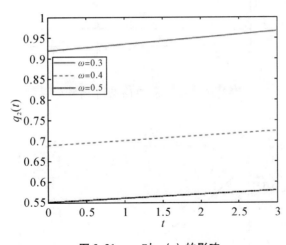

图 3.21 ω 对 $q_2(t)$ 的影响

图 3.22~3.24 分别描述了参数 λ_1, λ_2 和 λ 对最优时间一致再保险策略的影响。图 3.22 显示，λ_1 越大，$q_1(t)$ 越小，$q_2(t)$ 越大。这是因为 λ_1 越大，第一类保险业务的平均索赔数量越大，那么保险公司就会对第一类业务购买更多的再保险，$q_1(t)$ 降低；相对地，第二类保险业务在盈利上可能更具相对优势，因此留存水平 $q_2(t)$ 会略有上升。从图 3.23 可以看到，λ_2 越大，$q_2(t)$ 越大，$q_1(t)$ 越小。经济解释类似前述。图 3.24 显示，随着 λ 的增加，两类业务的留存水平 $q_1(t)$ 和 $q_2(t)$ 都降低。因为 λ 越大，两类业务的平均

索赔量都在增加,为规避风险,保险公司对两类业务都会购买更多的再保险,因此 $q_1(t)$ 和 $q_2(t)$ 都降低。图 3.25 描述了违约对均衡值函数的影响。从图 3.25 可以看到,因为违约导致保险公司损失了部分效用,因此,违约后的均衡价值函数 $V(0,x,l,v,1)$ 低于违约前的均衡价值函数 $V(0,x,l,v,1)$。

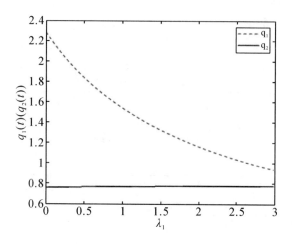

图 3.22　λ_1 对 $q_1(t)$ $(q_2(t))$ 的影响

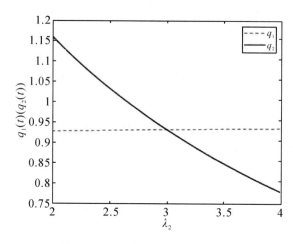

图 3.23　λ_2 对 $q_1(t)$ $(q_2(t))$ 的影响

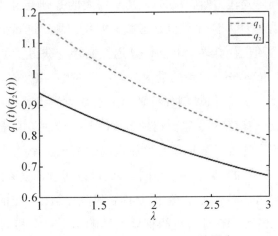

图 3.24 λ 对 $q_1(t)(q_2(t))$ 的影响

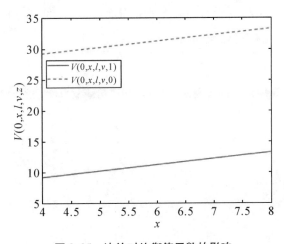

图 3.25 违约对均衡值函数的影响

3.6 本章小结

本章在有界记忆和共同冲击框架下研究了风险资产价格过程服从 Heston 随机波动率模型和存在可违约债券的投资和再保险问题。首先,保险公司将初始财富投资于由一个无风险资产、一个可违约债券和一个风险资产组成的金融市场,并且保险公司的盈余过程由存在共同冲击因素的二维复合泊松过程来描述。然后,在引入历史绩效的基础上,我们得到保险公司的财富演化动态,其由一个随机延迟微分方程刻画。进而,我们综合应用博弈论框架中的随机控制理论和随机延迟控制理论获得了可违约债券、风险资产和两类相依业务再保险的最优时间一致策略,以及对应的均衡值函数。最后,我们用一个数值算例分析了模型参数对最优时间一致策略的影响。可以发现,历史信息对保险公司的最优时间一致决策有重要影响,可违约债券和风险资产的投资数量以及再保险的购买比例都受其影响,且其影响与经济现实是一致的,与上一章相同,我们可以通过调整刻画有界记忆的参数 A, h 和 β 来调整资本流入/流出,从而将风险控制在一定的目标范围内;共同冲击因素对两类相依业务的再保险的影响与上一章相同;考虑了有界记忆的均衡有效前沿与经典的均值-方差组合理论的有效前沿具有类似的表达形式;此外,违约风险对保险公司的影响是显著的,违约后的均衡价值函数低于违约前的均衡价值函数。

4 状态相依风险回避下的投资和再保险策略

4.1 引言

在上一章中,我们基于有界记忆和共同冲击在 Heston 随机波动率模型和违约风险下通过最大化常系数风险回避均值-方差偏好获得了最优时间一致策略,然而值得注意的是无论是违约债券还是风险资产的投资数量抑或是两类保险业务的自留水平都独立于当前财富水平,这样的结果与 Zeng 和 Li(2011)、Li 等(2012)、Li 等(2017)、Zhao 等(2017)、Zhang 和 Chen (2018)等是相同的。然而,从经济角度看,最优策略独立于当前财富是不现实的,因为投资者持有的财富越多越偏好风险,即更多的财富会增加保险公司对风险资产的投资量以及提升保险业务的自留水平。因此,为了刻画该经济现实,Björk 等(2014)提出了状态相依风险回避的均值-方差偏好,其目标是最大化如下形式的均值-方差效用:

$$E_{t,x}[X(T)] - \frac{\omega(x)}{2}\mathrm{Var}_{t,x}[X(T)] ,$$

其中,$\omega(x)$ 是状态相依风险回避函数。此后,Zhang 和 Liang(2017)通过最大化状态相依风险回避的均值-方差效用获得了时间一致的最优投资策略,Bi 和 Cai(2019)则在状态相依风险回避的均值-方差效用下研究了投资和再保险问题,并获得了依赖于状态的最优时间一致投资和再保险策略以及对应的均衡值函数。

由于我们是在有界记忆和共同冲击框架下考虑投资和再保险问题,其中引入了历史绩效对保险公司决策的影响,因此我们聚焦的是一段时期的

财富组合 $X(\cdot) + \beta L(\cdot)$，从而状态相依风险回避函数转变为 $\omega(x,l)$，具体的目标泛函则可见式(4.3)和式(4.4)。本章假设保险公司将财富投资于一个无风险资产和一个风险资产,其中风险资产价格过程服从几何布朗运动。而保险公司的盈余过程以二维扩散逼近过程去近似带共同冲击的二维复合泊松模型。通过引入历史绩效,我们得到保险公司的由随机延迟微分方程描述的财富动态。进一步,我们综合应用博弈论框架中的随机控制理论和随机延迟控制理论,获得了相应的广义 HJB 方程。然后通过求解该方程并结合构造指数鞅的方法,我们获得了具有有界记忆且状态相依的最优时间一致投资和再保险策略及均衡值函数,并通过数值算例对结果进行了分析。

4.2 模型设定

假设存在满足通常条件的概率空间 $(\Omega, \mathbb{P}, \{\mathcal{F}_t\}_{t \in [0,T]}, \mathbb{P})$，即 $\{\mathcal{F}_t\}_{t \in [0,T]}$ 是右连续的且概率测度 $\mathbb{P}$ 是完备的,其中 $\{\mathcal{F}_t\}_{t \in [0,T]}$ 代表直到 t 时刻的市场信息总和。并且假设本章涉及的所有随机过程都是概率空间 $(\Omega, \mathbb{P}, \{\mathcal{F}_t\}_{t \in [0,T]}, \mathbb{P})$ 的适应过程。

4.2.1 金融市场

考虑由一个无风险资产和一个风险资产组成的金融市场。其中无风险资产价格 $B(t)$ 满足方程

$$dB(t) = rB(t)dt, B(0) = b_0,$$

其中,$r(>0)$ 是常数,表示无风险利率。风险资产价格 $S(t)$ 服从如下过程:

$$dS(t) = S(t)(\alpha dt + \sigma dW(t)), S(0) = s_0,$$

其中,$\alpha(>r)$ 和 $\sigma(>0)$ 是常数,分别表示风险资产的回报率和波动率,$W(t)$ 是标准的布朗运动。

4.2.2 盈余过程

假设保险公司持有一个保险组合,该组合由存在共同冲击的两项不同的保险业务组成,例如医疗保险和死亡保险,如同前两章,保险公司的盈余过程 $U(t)$ 如下:

$$dU(t) = cdt - q_1(t)dC_1(t) - q_2(t)dC_2(t),$$

其中 c 是费率,由式(2.7)给出。$C_1(t)$ 和 $C_2(t)$ 分别是两类业务的索赔过程,见式(2.4)。$q_1(t)$ 和 $q_2(t)$ 分别是两类再保险业务的留存比例。为了后文便于计算,我们考虑扩散逼近。根据 Grandell(1991),$C_1(t)$ 和 $C_2(t)$ 可以被带漂移的布朗运动 $\hat{C}_1(t)$ 和 $\hat{C}_2(t)$ 逼近:

$$\hat{C}_1(t) = a_1 t - b_1 W_1(t), \quad \hat{C}_2(t) = a_2 t - b_2 W_2(t),$$

其中 a_1, a_2, b_1 和 b_2 由式(2.5)给出。而 $\{W_1(t)\}_{t \in [0,T]}$ 和 $\{W_2(t)\}_{t \in [0,T]}$ 是两个相关的标准布朗运动,其中 $E(W_1(t)W_2(t)) = \rho t$ 且 $\rho = \dfrac{\lambda \mu_{11} \mu_{21}}{b_1 b_2}$。 因此,保险公司盈余过程 $\hat{U}(t)$ 的微分形式如下:

$$
\begin{aligned}
d\hat{U}(t) &= cdt - q_1(t)d\hat{C}_1(t) - q_2(t)d\hat{C}_2(t) \\
&= [a_1 \eta_1 q_1(t) + (\theta_1 - \eta_1)a_1 + a_2 \eta_2 q_2(t) + (\theta_2 - \eta_2)a_2]dt \qquad (4.1) \\
&\quad + \sqrt{b_1^2 q_1^2(t) + b_2^2 q_2^2(t) + 2q_1(t)q_2(t)\lambda \mu_{11} \mu_{21}} \, dW_0(t),
\end{aligned}
$$

其中 $\xi_1 = \theta_1 - \eta_1$ 和 $\xi_2 = \theta_2 - \eta_2$,并且 $W_0(t)$ 是一个标准布朗运动。关于盈余过程中的具体参数需要满足的假设条件以及其他变量的经济解释同第 2.2.2 小节。

4.2.3 财富动态

令 $X(t)$ 表示保险公司在 t 时刻的财富,$p(t)$ 表示 t 时刻风险资产的投资数量,则 $X(t) - p(t)$ 表示 t 时刻无风险资产的投资数量。采用同第 2 章相同的方法引入历史绩效的影响,得到保险公司由随机延迟微分方程描述的财富动态:

$$
\begin{aligned}
dX^\pi(t) &= (X^\pi(t) - p_1(t)) \frac{dB(t)}{B(t)} + p_1(t) \frac{dS(t)}{S(t)} + d\hat{U}(t) \\
&\quad - f(t, X(t) - \bar{L}(t), X(t) - M(t))dt \\
&= [(r - \gamma_1 - \gamma_2)X^\pi(t) + \bar{\gamma}_1 L^\pi(t) + \gamma_2 M^\pi(t) + (\alpha - r)p(t) \qquad (4.2) \\
&\quad + a_1 \eta_1 q_1(t) + a_2 \eta_2 q_2(t) + \xi_1 a_1 + \xi_2 a_2]dt + \sigma p(t)dW(t) \\
&\quad + \sqrt{b_1^2 q_1^2(t) + b_2^2 q_2^2(t) + 2q_1(t)q_2(t)\lambda \mu_{11} \mu_{21}} \, dW_0(t),
\end{aligned}
$$

其中

$$dL^\pi(t) = (X^\pi(t) - AL^\pi(t) - e^{-Ah}M^\pi(t))dt.$$

关于刻画记忆特征的参数 $\gamma_1, \bar{\gamma}_1, \gamma_2$ 以及变量 $L(t), \bar{L}(t), M(t)$ 的解释

与第 2.2.3 节相同。

定义 4.1 [容许策略] 给定 $t \in [0,T]$，一个投资和再保险策略 $\pi(t) = (p(t), q_1(t), q_2(t))$ 称为是容许的，如果它满足：

(i) $\pi(t)$ 是 $\{\mathcal{F}_t\}_{t \in [0,T]}$ 循序可测的；

(ii) 对于 $t \in [0,T], p(t) \geq 0, q_1(t) \geq 0, q_2(t) \geq 0, E\left[\int_0^t p^2(u) du\right] < \infty, E\left[\int_0^t q_1^2(u) du\right] < \infty$ 和 $E\left[\int_0^t q_2^2(u) du\right] < \infty$；

(iii) 随机延迟微分方程(4.2)有唯一的强解。令 Π 表示所有容许策略组成的集合。

4.3 优化问题与广义 HJB 方程

4.3.1 优化问题

为了考虑历史运营绩效，我们研究如下形式的状态相依的均值-方差优化问题：

$$
\begin{aligned}
J(t,x,l,m;\pi) = {} & E_{t,x,l,m}\left[X^\pi(T) + \overline{\beta} \overline{L}^\pi(T)\right] \\
& - \frac{\omega(x,l)}{2} \mathrm{Var}_{t,x,l,m}\left[X^\pi(T) + \overline{\beta} \overline{L}^\pi(T)\right],
\end{aligned} \tag{4.3}
$$

其中风险回避参数 $\omega(\cdot)$ 是 x 和 l 的确定的函数。参数 $\overline{\beta} (\in [0,1])$ 是常数。$E_{t,x,l}[\cdot]$ 和 $\mathrm{Var}_{t,x,l}[\cdot]$ 分别是基于 $X^\pi(t) = x$ 和 $L^\pi(t) = l$ 的条件期望和条件方差。令 $\beta = \dfrac{\overline{\beta}}{\int_{-h}^0 e^{Au} du}$，则 $X^\pi(t) + \overline{\beta} \overline{L}^\pi(t) = X^\pi(t) + \beta L^\pi(t)$。为了使得值函数 $J(\cdot)$ 只依赖 (t,x,l)，即

$$
J(t,x,l,m) = J(t,x,l),
$$

我们假设参数依然满足条件(3.8)。

在 Björk 等(2014)、Zhang 和 Liang(2017)以及 Bi 和 Cai(2019)的工作中，他们研究了状态相依风险回避函数 $\omega(x) = \dfrac{\omega}{x}$ 的形式。关于状态相依风险回避函数选择的合理性见 Björk 等(2014)。由于我们聚焦的是财富组合 $X(\cdot) + \beta L(\cdot)$，因此，我们选择如下形式的状态相依风险回避函数

$$\omega(x,l) = \frac{\omega}{x + \beta l},$$

进一步,问题(4.3)可以被重新描述如下:

$$J(t,x,l;\pi) = E_{t,x,l}\left[(X^{\pi}(T) + \beta L^{\pi}(T)) - \frac{\omega}{2(x + \beta l)} (X^{\pi}(T) + \beta L^{\pi}(T))^{2} \right]$$

$$+ \frac{\omega}{2(x + \beta l)} (E_{t,x,l}[X^{\pi}(T) + \beta L^{\pi}(T)])^{2}$$

$$= E_{t,x,l}[F(x,l,X^{\pi}(T) + \beta L^{\pi}(T))] + G(x,l,E_{t,x,l}[X^{\pi}(T) + \beta L^{\pi}(T)]),$$

$$(4.4)$$

其中, $F(x,l,y + \beta \tilde{l}) = (y + \beta \tilde{l}) - \frac{\omega}{2(x + \beta l)} (y + \beta \tilde{l})^{2}$ 和 $G(x,l,y + \beta \tilde{l}) = \frac{\omega}{2(x + \beta l)} (y + \beta \tilde{l})^{2}$。

4.3.2 广义 HJB 方程

我们旨在寻找问题(4.4)的最优时间一致策略,因此如同第3章,定义均衡策略如下:

定义 4.2 考虑一个容许策略 π^{*},它可被视作一个候选策略。对于任意给定的 $\hat{\pi} \in \Pi$,一个实数 $\varepsilon (> 0)$ 和初始点 $(t,y,l) \in [0,T] \times \mathbb{R} \times \mathbb{R}$,定义策略 π_{ε} 如下:

$$\pi_{\varepsilon} = \begin{cases} \hat{\pi}(u,y,l),(u,y,l) \in [t,t + \varepsilon) \times \mathbb{R} \times \mathbb{R}, \\ \pi^{*}(u,y,l),(u,y,l) \in [t + \varepsilon,T] \times \mathbb{R} \times \mathbb{R}. \end{cases}$$

如果

$$\liminf_{\varepsilon \downarrow 0} \frac{J(t,x,l;\pi^{*}) - J(t,x,l;\pi_{\varepsilon})}{\varepsilon} \geqslant 0,$$

那么 π^{*} 是一个均衡策略,对应的均衡值函数由下式给出

$$J(t,x,l;\pi^{*}) = E_{t,x,l}[X^{\pi^{*}}(T) + \beta L^{\pi^{*}}(T)] - \frac{\omega(x,l)}{2} \mathrm{Var}_{t,x,l}[X^{\pi^{*}}(T) + \beta L^{\pi^{*}}(T)].$$

为便于呈现广义 HJB 系统以及相应的验证定理,我们需要定义一个无穷小算子。令 $C^{1,2,1}([0,T] \times \mathbb{R} \times \mathbb{R})$ 表示任意 $\varphi(t,x,l)$ 以及它的导数 $\varphi_{t}(t,x,l), \varphi_{x}(,t,x,l), \varphi_{xx}(t,x,l)$ 和 $\varphi_{l}(t,x,l)$ 在 $[0,T] \times \mathbb{R} \times \mathbb{R}$ 都连续的函数构成的函数空间。对于任意函数 $\varphi(t,x,l) \in C^{1,2,1}([0,T] \times \mathbb{R} \times \mathbb{R})$

以及给定的策略 $\pi \in \Pi$，无穷小算子定义如下：

$$\mathcal{L}^{\pi}\varphi(t,x,l) = \varphi_t + \left[(r - \gamma_1 - \gamma_2)x + \bar{\gamma}_1 l + \gamma_2 m + (\alpha - r)p + a_1\eta_1 q_1 \right.$$
$$\left. + a_2\eta_2 q_2 + \xi_1 a_1 + \xi_2 a_2 \right]\varphi_x + (x - Al - e^{-Ah}m)\phi_l$$
$$+ \left(\frac{1}{2}\sigma^2 p^2 + \frac{1}{2}b_1^2 q_1^2 + \frac{1}{2}b_2^2 q_2^2 + \lambda\mu_{11}\mu_{21}q_1 q_2 \right)\phi_{xx}. \tag{4.5}$$

定理 4.3 [验证定理]　对于问题 (4.4)，如果存在函数 $V(t,x,l)$, $f(t,x,l,y,\tilde{l})$ 和 $g(t,x,l)$ 满足如下广义 HJB 系统：$\forall (t,x,l) \in [0,T] \times \mathbb{R} \times \mathbb{R}$, $y \in \mathbb{R}$ 和 $\tilde{l} \in \mathbb{R}$，

$$\sup_{\pi \in \Pi}\left\{ \mathcal{L}^{\pi}V(t,x,l) - \mathcal{L}^{\pi}f(t,x,l,x,l) + \mathcal{L}^{\pi}f^{x,l}(t,x,l) \right.$$
$$\left. - \mathcal{L}^{\pi}(G \diamondsuit g)(t,x,l) + \mathcal{L}^{\pi}g(t,x,l) \right\} = 0, t \in [0,T], \tag{4.6}$$

$$\mathcal{L}^{\pi^*}f^{,l}(t,x,l) = 0, t \in [0,T], \tag{4.7}$$

$$\mathcal{L}^{\pi^*}g(t,x,l) = 0, t \in [0,T], \tag{4.8}$$

$$V(T,x,l) = F(x,l,x + \beta l) + G(x,l,x + \beta l),$$

$$f(T,x,l,y,\tilde{l}) = F(y,\tilde{l},x + \beta l),$$

$$g(T,x,l) = x + \beta l,$$

$$\pi^* = \arg\sup_{\pi \in \Pi}\left\{ \mathcal{L}^{\pi}V(t,x,l) - \mathcal{L}^{\pi}f(t,x,l,x,l) + \mathcal{L}^{\pi}f^{x,l}(t,x,l) \right.$$
$$\left. - \mathcal{L}^{\pi}(G \diamondsuit g)(t,x,l) + \mathcal{L}^{\pi}(t,x,l) \right\},$$

则 $J(t,x,l;\pi^*) = V(t,x,l)$，即 $V(t,x,l)$ 是均衡值函数，π^* 是均衡策略，并且

$$\begin{cases} f(t,x,l,y,\tilde{l}) = E_{t,x,l}\left[F(y,\tilde{l},X^{\pi^*}(T) + \beta L^{\pi^*}(T)) \right] \\ = E_{t,x,l}\left[(X^{\pi^*}(T) + \beta L^{\pi^*}(T)) - \dfrac{\omega}{2(y + \beta\tilde{l})}(X^{\pi^*}(T) + \beta L^{\pi^*}(T))^2 \right], \\ g(t,x,l) = E_{t,x,l}\left[X^{\pi^*}(T) + \beta L^{\pi^*}(T) \right], \end{cases}$$
$$\tag{4.9}$$

其中算子 $f^{,l}$, $G \diamondsuit g$ 以及 $\mathcal{L}^{\pi}$ 分别定义如下：

$$\begin{cases} f^{,l}(t,x,l) = f(t,x,l,y,\tilde{l}), \\ G \diamondsuit g(t,x,l) = G(x,l,g(t,x,l)), \\ \mathcal{L}^{\pi}g(t,x,l) = G_g(x,l,g(t,x,l))\, \mathcal{L}^{\pi}g(t,x,l). \end{cases} \tag{4.10}$$

证明：假设函数 $V(t,x,l)$, $f^{,l}(t,x,l)$ 和 $g(t,x,l)$ 满足定理 4.3，并且最优策略 π^* 是可达的。接下来，我们分 (i) 和 (ii) 两部分完成证明。

(i) 我们证明

$$g(t,x,l) = E_{t,x,l}[X^{\pi^*}(T) + \beta L^{\pi^*}(T)],$$

$$f(t,x,l,y,\tilde{l}) = E_{t,x,l}\left[(X^{\pi^*}(T) + \beta L^{\pi^*}(T)) - \frac{\omega}{2(y+\beta\tilde{l})}(X^{\pi^*}(T) + \beta L^{\pi^*}(T))^2\right],$$

$$V(t,x,l) = J(t,x,l;\pi^*).$$

由定理 4.3 中的条件 $\mathcal{L}^{\pi^*}g(t,x,l) = 0$ 和 $g(T,x,l) = x + \beta l$，并应用带延迟的 Dynkin 公式[见 Øksendal 和 Sulem(2001)]，可得

$$E_{t,x,l}[g(T,X^{\pi^*}(T),L^{\pi^*}(T))]$$

$$= g(t,x,l) + E_{t,x,l}\left[\int_t^T \mathcal{L}^{\pi^*}g(u,X^{\pi^*}(u),L^{\pi^*}(u))\,du\right] = g(t,x,l),$$

其中算子 $\mathcal{L}^\pi$ 由式(4.5)定义给出。进而，可得

$$g(t,x,l) = E_{t,x,l}[g(T,X^{\pi^*}(T),L^{\pi^*}(T))] = E_{t,x,l}[X^{\pi^*}(T) + \beta L^{\pi^*}(T)].$$

由定理 4.3 中条件 $\mathcal{L}^{\pi^*}f^{\cdot,l}(y,x,l) = 0$，并应用带延迟的 Dynkin 公式，可得

$$E_{t,x,l}[f(T,X^{\pi^*}(T),L^{\pi^*}(T),y,\tilde{l})] = f(t,x,l,y,\tilde{l})$$

$$+ E_{t,x,l}\left[\int_t^T \mathcal{L}^{\pi^*}f^{\cdot,l}(s,X^{\pi^*}(s),L^{\pi^*}(s))\,ds\right] = f(t,x,l,y,\tilde{l}).$$

考虑到终值条件 $f(T,x,l,y,\tilde{l}) = F(y,\tilde{l},x+\beta l)$，我们有

$$f(t,x,l,y,\tilde{l}) = E_{t,x,l}[f(T,X^{\pi^*}(T),L^{\pi^*}(T),y,\tilde{l})]$$

$$= E_{t,x,l}[F(y,\tilde{l},X^{\pi^*}(T) + \beta L^{\pi^*}(T))]$$

$$= E_{t,x,l}\left[(X^{\pi^*}(T) + \beta L^{\pi^*}(T)) - \frac{\omega}{2(y+\beta\tilde{l})}(X^{\pi^*}(T) + \beta L^{\pi^*}(T))^2\right].$$

由于下面广义 HJB 方程中的最优策略在 π^* 达到，

$$\sup_{\pi\in\Pi}\{\mathcal{L}^\pi V(t,x,l) - \mathcal{L}^\pi f(t,x,l,x,l) + \mathcal{L}^\pi f^{\cdot,l}(t,x,l)$$

$$- \mathcal{L}^\pi(G\diamond g)(t,x,l) + \mathcal{L}^\pi g(t,x,l)\} = 0,$$

同时，注意到条件 $\mathcal{L}^{\pi^*}f^{\cdot,l}(t,x,l) = 0$ 和 $\mathcal{L}^{\pi^*}g(t,x,l) = 0$，我们得到

$$\mathcal{L}^{\pi^*}V(t,x,l) - \mathcal{L}^{\pi^*}f(t,x,l,x,l) - \mathcal{L}^{\pi^*}(G\diamond g)(t,x,l) = 0. \quad (4.11)$$

再次应用带延迟的 Dynkin 公式，可得

$$E_{t,x,l}[f(T,X^{\pi^*}(T),L^{\pi^*}(T),X^{\pi^*}(T),L^{\pi^*}(T))] = f(t,x,l,x,l)$$

$$+ E_{t,x,l}\left[\int_t^T \mathcal{L}^{\pi^*}f(s,X^{\pi^*}(s),L^{\pi^*}(s),X^{\pi^*}(s),L^{\pi^*}(s))\,ds\right],$$

$$(4.12)$$

$$E_{t,x,l}[\,G(X^{\pi^*}(T),L^{\pi^*}(T),g(T,X^{\pi^*}(T),L^{\pi^*}(T)))\,] = G(x,l,g(x,l))$$
$$+ E_{t,x,l}\Big[\int_t^T \mathcal{L}^{\pi^*}(G\Diamond g)(s,X^{\pi^*}(s),L^{\pi^*}(s))\,ds\Big]\,,$$

$$(4.13)$$

$$E_{t,x,l}[\,V(T,X^{\pi^*}(T),L^{\pi^*}(T))\,] = V(t,x,l)$$
$$+ E_{t,x,l}\Big[\int_t^T \mathcal{L}^{\pi^*}V(s,X^{\pi^*}(s),L^{\pi^*}(s))\,ds\Big]\,.$$

$$(4.14)$$

将式(4.11),式(4.12)和式(4.13)代入式(4.14),结合终值条件:

$$\begin{cases} V(T,X^{\pi^*}(T),L^{\pi^*}(T)) = F(X^{\pi^*}(T),L^{\pi^*}(T),X^{\pi^*}(T)+\beta L^{\pi^*}(T)) \\ +G(X^{\pi^*}(T),L^{\pi^*}(T),X^{\pi^*}(T)+\beta L^{\pi^*}(T))\,, \\ f(T,X^{\pi^*}(T),L^{\pi^*}(T),X^{\pi^*}(T),L^{\pi^*}(T)) = F(X^{\pi^*}(T),L^{\pi^*}(T),X^{\pi^*}(T)+\beta L^{\pi^*}(T))\,, \\ g(T,X^{\pi^*}(T),L^{\pi^*}(T)) = X^{\pi^*}(T)+\beta L^{\pi^*}(T)\,, \end{cases}$$

我们得到:

$$E_{t,x,l}[\,V(T,X^{\pi^*}(T),L^{\pi^*}(T))\,] = V(t,x,l)$$
$$+ E_{t,x,l}\Big[\int_t^T \mathcal{L}^{\pi^*}f(s,X^{\pi^*}(s),L^{\pi^*}(s),X^{\pi^*}(s),L^{\pi^*}(s))\,ds\Big]$$
$$+ E_{t,x,l}\Big[\int_t^T \mathcal{L}^{\pi^*}(G\Diamond g)(s,X^{\pi^*}(s),L^{\pi^*}(s))\,ds\Big]$$
$$= E_{t,x,l}[\,F(X^{\pi^*}(T),L^{\pi^*}(T),X^{\pi^*}(T)+\beta L^{\pi^*}(T))$$
$$+ G(X^{\pi^*}(T),L^{\pi^*}(T),X^{\pi^*}(T)+\beta L^{\pi^*}(T))\,]$$
$$= V(t,x,l) + E_{t,x,l}[\,F(X^{\pi^*}(T),L^{\pi^*}(T),X^{\pi^*}(T)+\beta L^{\pi^*}(T))\,]$$
$$- f(t,x,l,x,l) + E_{t,x,l}[\,G(X^{\pi^*}(T),L^{\pi^*}(T),X^{\pi^*}(T)+\beta L^{\pi^*}(T))\,]$$
$$- G(x,l,g(t,x,l))\,,$$

从而,有

$$V(t,x,l) = f(t,x,l,x,l) + G(x,l,g(t,x,l))$$
$$= E_{t,x,l}[\,F(x,l,X^{\pi^*}(T)+\beta L^{\pi^*}(T))\,] +$$
$$G(x,l,E_{t,x,l}[X^{\pi^*}(T)+\beta L^{\pi^*}(T)])$$
$$= J(t,x,l;\pi^*)\,.$$

（ii）我们证明定义 4.2 中的 π^* 是均衡策略。

对于任意容许策略 $\hat{\pi}$，我们定义 $f^{\hat{\pi}}$ 和 $g^{\hat{\pi}}$ 如下：

$$f^{\hat{\pi}}(t,x,l,y,\tilde{l}) = E_{t,x,l}[y,\tilde{l},X^{\hat{\pi}}(T) + \beta L^{\hat{\pi}}(T)]\ ,$$

$$g^{\hat{\pi}}(t,x,l) = E_{t,x,l}[X^{\hat{\pi}}(T) + \beta L^{\hat{\pi}}(T)]\ ,$$

特别地，我们有 $f = f^{\pi^*}$ 和 $g = g^{\pi^*}$。对于任意 $\varepsilon > 0$ 和任意容许策略 $\hat{\pi} \in \Pi$，构造定义 4.2 中的容许策略 π_{ε}。将 Björk 和 Murgoci（2014）中的引理 3.3 应用到点 t 和 $t + \varepsilon$，得到

$$J(t,x,l;\pi_{\varepsilon}) = E_{t,x,l}[J(t + \varepsilon, X^{\pi_{\varepsilon}}(t + \varepsilon), L^{\pi_{\varepsilon}}(t + \varepsilon);\pi_{\varepsilon})]$$

$$- (E_{t,x,l}[f^{\pi_{\varepsilon}}(t + \varepsilon, X^{\pi_{\varepsilon}}(t + \varepsilon), L^{\pi_{\varepsilon}}(t + \varepsilon), X^{\pi_{\varepsilon}}(t + \varepsilon), L^{\pi_{\varepsilon}}(t + \varepsilon))])$$

$$- E_{t,x,l}[f^{\pi_{\varepsilon}}(t + \varepsilon, X^{\pi_{\varepsilon}}(t + \varepsilon), L^{\pi_{\varepsilon}}(t + \varepsilon), x, l)])$$

$$- (E_{t,x,l}[G(X^{\pi_{\varepsilon}}(t + \varepsilon), L^{\pi_{\varepsilon}}(t + \varepsilon), g^{\pi_{\varepsilon}}(t + \varepsilon, X^{\pi_{\varepsilon}}(t + \varepsilon), L^{\pi_{\varepsilon}}(t + \varepsilon)))]$$

$$- G(x, l, E_{t,x,l}[g^{\pi_{\varepsilon}}(t + \varepsilon, X^{\pi_{\varepsilon}}(t + \varepsilon), L^{\pi_{\varepsilon}}(t + \varepsilon))]).$$

由于在区间 $[t, t + \varepsilon]$ 上 $\pi_{\varepsilon} = \hat{\pi}$。由连续性，我们有 $X^{\pi_{\varepsilon}}(t + \varepsilon) = X^{\hat{\pi}}(t + \varepsilon)$ 和 $L^{\pi_{\varepsilon}}(t + \varepsilon) = L^{\hat{\pi}}(t + \varepsilon)$。又由于在区间 $[t + \varepsilon, T]$ 上 $\pi_{\varepsilon} = \pi^*$，我们有

$$J(t + \varepsilon, X^{\pi_{\varepsilon}}(t + \varepsilon), L^{\pi_{\varepsilon}}(t + \varepsilon);\pi_{\varepsilon}) = V(t + \varepsilon, X^{\hat{\pi}}(t + \varepsilon), L^{\hat{\pi}}(t + \varepsilon)),$$

$$f^{\pi_{\varepsilon}}(t + \varepsilon, X^{\pi_{\varepsilon}}(t + \varepsilon), L^{\pi_{\varepsilon}}(t + \varepsilon), X^{\pi_{\varepsilon}}(t + \varepsilon), L^{\pi_{\varepsilon}}(t + \varepsilon))$$

$$= f(t + \varepsilon, X^{\hat{\pi}}(t + \varepsilon), L^{\hat{\pi}}(t + \varepsilon), X^{\hat{\pi}}(t + \varepsilon), L^{\hat{\pi}}(t + \varepsilon)),$$

$$f^{\pi_{\varepsilon}}(t + \varepsilon, X^{\pi_{\varepsilon}}(t + \varepsilon), L^{\pi_{\varepsilon}}(t + \varepsilon), x, l) = f(t + \varepsilon, X^{\hat{\pi}}(t + \varepsilon), L^{\hat{\pi}}(t + \varepsilon), x, l),$$

$$g^{\pi_{\varepsilon}}(t + \varepsilon, X^{\pi_{\varepsilon}}(t + \varepsilon), L^{\pi_{\varepsilon}}(t + \varepsilon)) = g(t + \varepsilon, X^{\hat{\pi}}(t + \varepsilon), L^{\hat{\pi}}(t + \varepsilon)).$$

因此，我们可以推得

$$J(t,x,l;\pi_{\varepsilon}) = E_{t,x,l}[V(t + \varepsilon, X^{\hat{\pi}}(t + \varepsilon), L^{\hat{\pi}}(t + \varepsilon))]$$

$$- (E_{t,x,l}[f(t + \varepsilon, X^{\hat{\pi}}(t + \varepsilon), L^{\hat{\pi}}(t + \varepsilon), X^{\hat{\pi}}(t + \varepsilon), L^{\hat{\pi}}(t + \varepsilon))]$$

$$- E_{t,x,l}[f(t + \varepsilon, X^{\hat{\pi}}(t + \varepsilon), L^{\hat{\pi}}(t + \varepsilon), x, l)])$$

$$- (E_{t,x,l}[G(X^{\hat{\pi}}(t + \varepsilon), L^{\hat{\pi}}(t + \varepsilon), g(t + \varepsilon, X^{\hat{\pi}}(t + \varepsilon), L^{\hat{\pi}}(t + \varepsilon)))]$$

$$- G(x, l, E_{t,x,l}[g(t + \varepsilon, X^{\hat{\pi}}(t + \varepsilon), L^{\hat{\pi}}(t + \varepsilon))])).$$

另外，由广义 HJB 方程，可得到

$$\mathcal{L}^{\hat{\pi}}V(t,x,l) - \mathcal{L}^{\hat{\pi}}f(t,x,l,x,l) + \mathcal{L}^{\hat{\pi}}f^{x,l}(t,x,l)$$

$$- \mathcal{L}^{\hat{\pi}}(G \diamond g)(t,x,l) + \mathcal{L}^{\hat{\pi}}g(t,x,l) \leqslant 0,$$

从而,有

$$E_{t,x,l}[V(t+\varepsilon,X^{\hat{\pi}}(t+\varepsilon),L^{\hat{\pi}}(t+\varepsilon))] - V(t,x,l)$$

$$-(E_{t,x,l}[f(t+\varepsilon,X^{\hat{\pi}}(t+\varepsilon),L^{\hat{\pi}}(t+\varepsilon),X^{\hat{\pi}}(t+\varepsilon),L^{\hat{\pi}}(t+\varepsilon))] - f(t,x,l,x,l))$$

$$+E_{t,x,l}[f(t+\varepsilon,X^{\hat{\pi}}(t+\varepsilon),L^{\hat{\pi}}(t+\varepsilon),x,l)] - f(t,x,l,x,l)$$

$$-E_{t,x,l}[G(X^{\hat{\pi}}(t+\varepsilon),L^{\hat{\pi}}(t+\varepsilon),g(t+\varepsilon,X^{\hat{\pi}}(t+\varepsilon),L^{\hat{\pi}}(t+\varepsilon)))]$$

$$+G(x,l,g(t,x,l))+G(x,l,E_{t,x,l}[g(t+\varepsilon,X^{\pi_\varepsilon}(t+\varepsilon),L^{\pi_\varepsilon}(t+\varepsilon))])$$

$$-G(x,l,g(t,x,l)) \leqslant o(\varepsilon).$$

化简,可得:

$$V(t,x,l) \geqslant E_{t,x,l}[V(t+\varepsilon,X^{\hat{\pi}}(t+\varepsilon),L^{\hat{\pi}}(t+\varepsilon))]$$

$$- (E_{t,x,l}[f(t+\varepsilon,X^{\hat{\pi}}(t+\varepsilon),L^{\hat{\pi}}(t+\varepsilon),X^{\hat{\pi}}(t+\varepsilon),L^{\hat{\pi}}(t+\varepsilon))]$$

$$+ E_{t,x,l}[f(t+\varepsilon,X^{\hat{\pi}}(t+\varepsilon),L^{\hat{\pi}}(t+\varepsilon),x,l)])$$

$$- (E_{t,x,l}[G(X^{\hat{\pi}}(t+\varepsilon),L^{\hat{\pi}}(t+\varepsilon),g(t+\varepsilon,X^{\hat{\pi}}(t+\varepsilon),L^{\pi_\varepsilon}(t+\varepsilon)))]$$

$$+ G(x,l,E_{t,x,l}[g(t+\varepsilon,X^{\hat{\pi}}(t+\varepsilon),L^{\hat{\pi}}(t+\varepsilon))])) + o(\varepsilon)$$

$$= J(t,x,l;\pi_\varepsilon) + o(\varepsilon).$$

结合我们已经在(i)中证明的 $V(t,x,l) = J(t,x,l;\pi^*)$,可得到

$$J(t,x,l;\pi^*) - J(t,x,l;\pi_\varepsilon) \geqslant o(\varepsilon),$$

从而,有

$$\liminf_{\varepsilon \downarrow 0} \frac{J(t,x,l;\pi^*) - J(t,x,l;\pi_\varepsilon)}{\varepsilon} \geqslant 0,$$

即 π^* 确实是定义 4.2 中的均衡策略。 □

4.4 状态相依最优时间一致策略

本节给出问题(4.4)的最优时间一致投资和再保险策略以及对应的均衡值函数。根据式(4.9),可得

$$V(t,x,l) = J(t,x,l;\pi^*) = E_{t,x,l}[X^{\pi^*}(T) + \beta L^{\pi^*}(T)]$$

$$- \frac{\omega}{2(x+\beta l)}\text{Var}_{t,x,l}[X^{\pi^*}(T) + \beta L^{\pi^*}(T)]$$

$$= E_{t,x,l}\left[X^{\pi^*}(T) + \beta L^{\pi^*}(T) - \frac{\omega}{2(x+\beta l)}(X^{\pi^*}(T) + \beta L^{\pi^*}(T))^2\right]$$

$$+ \frac{\omega}{2(x+\beta l)}[E(X^{\pi^*}(T) + \beta L^{\pi^*}(T))]^2$$

$$= f(t,x,l,x,l) + \frac{\omega}{2(x+\beta l)}g^2(t,x,l).$$

$$(4.15)$$

首先,我们给出与广义 HJB 系统以及状态相依最优时间一致策略表达式的结构相关的引理。

引理 4.1 广义 HJB 系统的式(4.6),式(4.7)和式(4.8)可以化简为如下形式:

$$f_t + \frac{\omega}{x+\beta l}gg_t + \sup_{\pi\in\Pi}\Big\{\big[(r-\gamma_1-\gamma_2)x + \bar{\gamma}_1 l + \gamma_2 m + (\alpha-r)p$$

$$+ a_1\eta_1 q_1 + a_2\eta_2 q_2 + \xi_1 a_1 + \xi_2 a_2\big]\Big(f_x + \frac{\omega}{(x+\beta l)}gg_x\Big)$$

$$+ (x - Al - e^{-Ah}m)\Big(f_l + \frac{\omega}{x+\beta l}gg_l\Big) + \Big(\frac{1}{2}\sigma^2 p^2 + \frac{1}{2}b_1^2 q_1^2$$

$$\qquad\qquad (4.16)$$

$$+ \frac{1}{2}b_2^2 q_2^2 + \lambda\mu_{11}\mu_{21}q_1 q_2\Big)\Big(f_{xx} + \frac{\omega}{x+\beta l}gg_{xx}\Big)\Big\} = 0,$$

$$f_t(t,x,l,y,\tilde{l}) + \big[(r-\gamma_1-\gamma_2)x + \bar{\gamma}_1 l + \gamma_2 m + (\alpha-r)p^*$$

$$+ a_1\eta_1 q_1^* + a_2\eta_2 q_2^* + \xi_1 a_1 + \xi_2 a_2\big]f_x(t,x,l,y,\tilde{l})$$

$$+ (x - Al - me^{-Ah})f_l(t,x,l,y,\tilde{l}) + \Big(\frac{1}{2}\sigma^2 p^{*2} + \frac{1}{2}b_1^2 q_1^{*2}$$

$$\qquad\qquad (4.17)$$

$$+ \frac{1}{2}b_2^2 q_2^{*2} + \lambda\mu_{11}\mu_{21}q_1^* q_2^*\Big)f_{xx}(t,x,l,y,\tilde{l}) = 0,$$

$$g_t(t,x,l) + \left[(r - \gamma_1 - \gamma_2)x + \bar{\gamma}_1 l + \gamma_2 m + (\alpha - r)p^* + a_1\eta_1 q_1^* \right.$$
$$\left. + a_2\eta_2 q_2^* + \xi_1 a_1 + \xi_2 a_2 \right] g_x(t,x,l) + (x - Al - me^{-Ah})g_l(t,x,l)$$
$$+ \left(\frac{1}{2}\sigma^2 p^{*2} + \frac{1}{2}b_1^2 q_1^{*2} + \frac{1}{2}b_2^2 q_2^{*2} + \lambda\mu_{11}\mu_{21}q_1^* q_2^* \right) g_{xx}(t,x,l) = 0,$$

$$(4.18)$$

并且最优时间一致投资和再保险策略具有如下形式：

$$\begin{cases} p^*(t,x,l) = -n_0 \dfrac{f_x + \dfrac{\omega}{x+\beta l}gg_x}{f_{xx} + \dfrac{\omega}{x+\beta l}gg_{xx}}, \\[4mm] q_1^*(t,x,l) = -n_1 \dfrac{f_x + \dfrac{\omega}{x+\beta l}gg_x}{f_{xx} + \dfrac{\omega}{x+\beta l}gg_{xx}}, \\[4mm] q_2^*(t,x,l) = -n_2 \dfrac{f_x + \dfrac{\omega}{x+\beta l}gg_x}{f_{xx} + \dfrac{\omega}{x+\beta l}gg_{xx}}, \end{cases} \qquad (4.19)$$

上式中

$$n_0 = \frac{(\alpha - r)}{\sigma^2}, n_1 = \frac{a_1\eta_1 b_2^2 - a_2\eta_2\lambda\mu_{11}\mu_{21}}{b_1^2 b_2^2 - \lambda^2\mu_{11}^2\mu_{21}^2}, n_2 = \frac{a_2\eta_2 b_1^2 - a_1\eta_1\lambda\mu_{11}\mu_{21}}{b_1^2 b_2^2 - \lambda^2\mu_{11}^2\mu_{21}^2}.$$

证明：根据式(4.8)，可得

$$\mathcal{L}^\pi V(t,x,l) = V_t + \left[(r - \gamma_1 - \gamma_2)x + \bar{\gamma}_1 l + \gamma_2 m \right.$$
$$\left. + (\alpha - r)p + a_1\eta_1 q_1 + a_2\eta_2 q_2 + \xi_1 a_1 + \xi_2 a_2 \right] V_x + (x - Al - e^{-Ah}m)V_l$$
$$+ \left(\frac{1}{2}\sigma^2 p^2 + \frac{1}{2}b_1^2 q_1^2 + \frac{1}{2}b_2^2 q_2^2 + \lambda\mu_{11}\mu_{21}q_1 q_2 \right) V_{xx},$$

$$\mathcal{L}^\pi f(t,x,l,x,l) = f_t(t,x,l,x,l) + \left[(r - \gamma_1 - \gamma_2)x + \bar{\gamma}_1 l + \gamma_2 m \right.$$
$$\left. + (\alpha - r)p + a_1\eta_1 q_1 + a_2\eta_2 q_2 + \xi_1 a_1 + \xi_2 a_2 \right] (f_x(t,x,l,x,l)$$
$$+ f_y(t,x,l,x,l)) + (x - Al - e^{-Ah}m)(f_l(t,x,l,x,l) + f_j(t,x,l,x,l))$$
$$+ \left(\frac{1}{2}\sigma^2 p^2 + \frac{1}{2}b_1^2 q_1^2 + \frac{1}{2}b_2^2 q_2^2 + \lambda\mu_{11}\mu_{21}q_1 q_2 \right) (f_{xx}(t,x,l,x,l)$$
$$+ f_{yy}(t,x,l,x,l) + 2f_{xy}(t,x,l,x,l)),$$

$$\mathcal{L}^{\pi} f^{x,l}(t,x,l) = f_t(t,x,l,x,l) + \big[(r - \gamma_1 - \gamma_2)x + \bar{\gamma}_1 l + \gamma_2 m + (\alpha - r)p$$

$$+ a_1 \eta_1 q_1 + a_2 \eta_2 q_2 + \xi_1 a_1 + \xi_2 a_2 \big] f_x(t,x,l,x,l)$$

$$+ (x - Al - me^{-Ah}) f_l(t,x,l,x,l)$$

$$+ (\frac{1}{2}\sigma^2 p^2 + \frac{1}{2}b_1^2 q_1^2 + \frac{1}{2}b_2^2 q_2^2 + \lambda \mu_{11} \mu_{21} q_1 q_2) f_{xx}(t,x,l,x,l),$$

$$\mathcal{L}^{\pi}(G \diamondsuit g)(t,x,l) = \mathcal{L}^{\pi} G(x,l,g(t,x,l)) = G_g g_t + \big[(r - \gamma_1 - \gamma_2)x + \bar{\gamma}_1 l$$

$$+ \gamma_2 m + (\alpha - r)p + a_1 \eta_1 q_1 + a_2 \eta_2 q_2 + \xi_1 a_1 + \xi_2 a_2 \big](G_x + G_g g_x)$$

$$+ (x - Al - me^{-Ah})(G_l + G_g g_l) + (\frac{1}{2}\sigma^2 p^2 + \frac{1}{2}b_1^2 q_1^2 + \frac{1}{2}b_2^2 q_2^2$$

$$+ \lambda \mu_{11} \mu_{21} q_1 q_2)(G_{xx} + G_{gg} g_x^2 + G_g g_{xx} + 2G_{xg} g_x),$$

$$\mathcal{L}^{\pi} g(t,x,l) = G_g(x,l,g(t,x,l)) \mathcal{L}^{\pi} g(t,x,l) = G_g \{ g_t + \big[(r - \gamma_1 - \gamma_2)x$$

$$+ \bar{\gamma}_1 l + \gamma_2 m + (\alpha - r)p + a_1 \eta_1 q_1 + a_2 \eta_2 q_2 + \xi_1 a_1 + \xi_2 a_2 \big] g_x + (x - Al$$

$$- me^{-Ah}) g_l + (\frac{1}{2}\sigma^2 p^2 + \frac{1}{2}b_1^2 q_1^2 + \frac{1}{2}b_2^2 q_2^2 + \lambda \mu_{11} \mu_{21} q_1 q_2) g_{xx} \},$$

其中 G 在 $(x,l,g(t,x,l))$ 处求值，g 在 (t,x,l) 处求值。

应用上述结果，广义 HJB 系统中的式(4.6)，式(4.7)和式(4.8)可以被重写为：

$$V_t + \sup_{\pi \in \Pi} \big\{ \big[(r - \gamma_1 - \gamma_2)x + \bar{\gamma}_1 l + \gamma_2 m + (\alpha - r)p + a_1 \eta q_1$$

$$+ a_2 \eta_2 q_2 + \xi_1 a_1 + \xi_2 a_2 \big] (V_x - f_y - \frac{\omega_x(x,l)}{2} g^2)$$

$$+ (x - Al - e^{-Ah} m) \Big(V_l - f_l - \frac{\omega_l(x,l)}{2} g^2 \Big) + (\frac{1}{2}\sigma^2 p^2 \qquad (4.20)$$

$$+ \frac{1}{2}b_1^2 q_1^2 + \frac{1}{2}b_2^2 q_2^2 + \lambda \mu_{11} \mu_{21} q_1 q_2)(V_{xx} - f_{yy} - 2f_{xy} - \frac{\omega_{xx}(x,l)}{2} g^2$$

$$- \omega(x,l) g_x^2 - 2\omega_x(x,l) g g_x) \big\} = 0,$$

$$f_t(t,x,l,y,\bar{l}) + [(r - \gamma_1 - \gamma_2)x + \bar{\gamma}_1 l + \gamma_2 m + (\alpha - r)p^*$$

$$+ a_1 \eta_1 q_1^* + a_2 \eta_2 q_2^* + \xi_1 a_1 + \xi_2 a_2]f_x(t,x,l,y,\bar{l})$$

$$+ (x - Al - me^{-Ah})f_l(t,x,l,y,\bar{l}) + (\frac{1}{2}\sigma^2 p^{*2} + \frac{1}{2}b_1^2 q_1^{*2} \tag{4.21}$$

$$+ \frac{1}{2}b_2^2 q_2^{*2} + \lambda\mu_{11}\mu_{21}q_1^* q_2^*)f_{xx}(t,x,l,y,\bar{l}) = 0,$$

$$g_t(t,x,l) + [(r - \gamma_1 - \gamma_2)x + \bar{\gamma}_1 l + \gamma_2 m + (\alpha - r)p^* + a_1 \eta_1 q_1^* + a_2 \eta_2 q_2^*$$

$$+ \xi_1 a_1 + \xi_2 a_2]g_x(t,x,l) + (x - Al - me^{-Ah})g_l(t,x,l) + (\frac{1}{2}\sigma^2 p^{*2}$$

$$+ \frac{1}{2}b_1^2 q_1^{*2} + \frac{1}{2}b_2^2 q_2^{*2} + \lambda\mu_{11}\mu_{21}q_1^* q_2^*)g_{xx}(t,x,l) = 0.$$

$$\tag{4.22}$$

注意到 $\omega(x,l) = \dfrac{\omega}{x + \beta l}$ 以及 $V(t,x,l) = f(t,x,l,x,l) + \dfrac{\omega}{2(x + \beta l)}g^2(t,x,l)$，我们可以得到

$$\omega_x(x,l) = -\frac{\omega}{(x+\beta)^2}, \omega_l(x,l) = -\frac{\omega\beta}{(x+\beta l)^2}, \omega_{xx}(x,l) = \frac{2\omega}{(x+\beta)^3},$$

$$V_t = f_t + \frac{\omega}{(x+\beta l)}gg_t, V_l = f_l + f_{\bar{l}} + \frac{\omega}{(x+\beta l)}gg_l - \frac{\omega\beta}{2(x+\beta l)^2}g^2,$$

$$V_x = f_x + f_y - \frac{\omega}{2(x+\beta l)^2}g^2 + \frac{\omega}{(x+\beta l)}gg_x,$$

$$V_{xx} = f_{xx} + f_{yy} + 2f_{xy} + \frac{\omega}{(x+\beta l)^3}g^2 - 2\frac{\omega}{(x+\beta l)^2}gg_x + \frac{\omega}{x+\beta l}g_x^2 + \frac{\omega}{x+\beta l}gg_{xx},$$

其中 f 和它的导数在 (t,x,x,l) 处求值，而 g 和它的导数在 (t,x,l) 处求值。将上述导数代入方程(4.20)，得到：

$$f_t + \frac{\omega}{x+\beta l}gg_t + \sup_{\pi \in \Pi}\{[(r - \gamma_1 - \gamma_2)x + \bar{\gamma}_1 l + \gamma_2 m + (\alpha - r)p$$

$$+ a_1 \eta_1 q_1 + a_2 \eta_2 q_2 + \xi_1 a_1 + \xi_2 a_2](f_x + \frac{\omega}{(x + \beta l)}gg_x)$$

$$+ (x - Al - e^{-Ah}m)(f_l + \frac{\omega}{x + \beta l}gg_l) + (\frac{1}{2}\sigma^2 p^2 + \frac{1}{2}b_1^2 q_1^2 \tag{4.23}$$

$$+ \frac{1}{2}b_2^2 q_2^2 + \lambda\mu_{11}\mu_{21}q_1 q_2) \times \left(f_{xx} + \frac{\omega}{x + \beta l}gg_{xx}\right)\} = 0.$$

令

$$h(p, q_1, q_2) = \Big[(r - \gamma_1 - \gamma_2)x + \bar{\gamma_1}l + \gamma_2 m + (\alpha - r)p + a_1 \eta_1 q_1$$

$$+ a_2 \eta_2 q_2 + \xi_1 a_1 + \xi_2 a_2 \Big] \Big(f_x + \frac{\omega}{(x + \beta l)} g g_x \Big)$$

$$+ (x - Al - e^{-Ah}m)\Big(f_l + \frac{\omega}{x + \beta l} g g_l \Big) + \Big(\frac{1}{2}\sigma^2 p^2 + \frac{1}{2}b_1^2 q_1^2$$

$$+ \frac{1}{2}b_2^2 q_2^2 + \lambda \mu_{11} \mu_{21} q_1 q_2 \Big)\Big(f_{xx} + \frac{\omega}{x + \beta l} g g_{xx} \Big).$$

对函数 $h(p, q_1, q_2)$ 关于 p, q_1 和 q_2 求导,可得

$$\frac{\partial h(p, q_1, q_2)}{\partial p} = (\alpha - r)\Big(f_x + \frac{\omega}{x + \beta l} g g_x \Big) + \sigma^2 p\Big(f_{xx} + \frac{\omega}{x + \beta l} g g_{xx} \Big),$$

$$\frac{\partial h(p, q_1, q_2)}{\partial q_1} = a_1 \eta_1 \Big(f_x + \frac{\omega}{x + \beta l} g g_x \Big) + (b_1^2 q_1 + \lambda \mu_{11} \mu_{21} q_2)\Big(f_{xx} + \frac{\omega}{x + \beta l} g g_{xx} \Big),$$

$$\frac{\partial h(p, q_1, q_2)}{\partial q_2} = a_2 \eta_2 \Big(f_x + \frac{\omega}{x + \beta l} g g_x \Big) + (b_2^2 q_2 + \lambda \mu_{11} \mu_{21} q_1)\Big(f_{xx} + \frac{\omega}{x + \beta l} g g_{xx} \Big),$$

$$\frac{\partial^2 h(p, q_1, q_2)}{\partial p^2} = \sigma^2 \Big(f_{xx} + \frac{\omega}{x + \beta l} g g_{xx} \Big), \quad \frac{\partial^2 h(p, q_1, q_2)}{\partial p \partial q_1} = \frac{\partial^2 h(p, q_1, q_2)}{\partial p \partial q_2} = 0,$$

$$\frac{\partial^2 h(p, q_1, q_2)}{\partial q_1^2} = b_1^2 \Big(f_{xx} + \frac{\omega}{x + \beta l} g g_{xx} \Big), \quad \frac{\partial^2 h(p, q_1, q_2)}{\partial q_1 \partial q_2} = \lambda \mu_{11} \mu_{21}\Big(f_{xx} + \frac{\omega}{x + \beta l} g g_{xx} \Big),$$

$$\frac{\partial^2 h(p, q_1, q_2)}{\partial q_2^2} = b_2^2 \Big(f_{xx} + \frac{\omega}{x + \beta l} g g_{xx} \Big).$$

从上述结果,可得如下 **Hessian** 矩阵:

$$\mathbf{Hessian} = \begin{pmatrix} \dfrac{\partial^2 h(p_1, q_1, q_2)}{\partial p_1^2} & \dfrac{\partial^2 h(p_1, q_1, q_2)}{\partial p_1 \partial q_1} & \dfrac{\partial^2 h(p_1, q_1, q_2)}{\partial p_1 \partial q_2} \\[3mm] \dfrac{\partial^2 h(p_1, q_1, q_2)}{\partial p_1 \partial q_1} & \dfrac{\partial^2 h(p_1, q_1, q_2)}{\partial q_1^2} & \dfrac{\partial^2 h(p_1, q_1, q_2)}{\partial q_1 \partial q_2} \\[3mm] \dfrac{\partial^2 h(p_1, q_1, q_2)}{\partial p_1 \partial q_2} & \dfrac{\partial^2 h(p_1, q_1, q_2)}{\partial q_1 \partial q_2} & \dfrac{\partial^2 h(p_1, q_1, q_2)}{\partial q_2^2} \end{pmatrix}$$

$$= \mathbf{B}\Big(f_{xx} + \frac{\omega}{x + \beta l} g g_{xx} \Big).$$

其中

$$\mathbf{B} = \begin{pmatrix} \sigma^2 & 0 & 0 \\ 0 & b_1^2 & \lambda\mu_{11}\mu_{21} \\ 0 & \lambda\mu_{11}\mu_{21} & b_2^2 \end{pmatrix}.$$

由于矩阵 $\mathbf{B}$ 是正定的,在下文中我们将得到 $f_{xx} < 0$ 和 $g_{xx} = 0$,因此 Hessian 矩阵是负定的,即 $(\tilde{p},\tilde{q}_1,\tilde{q}_2)$ 是函数 $h(p,q_1,q_2)$ 的最大值点,且满足下面方程:

$$(\alpha - r)\left(f_x + \frac{\omega}{x+\beta l}gg_x\right) + \sigma^2 p\left(f_{xx} + \frac{\omega}{x+\beta l}gg_{xx}\right) = 0,$$

$$a_1\eta_1\left(f_x + \frac{\omega}{x+\beta l}gg_x\right) + (b_1^2 q_1 + \lambda q_2\mu_{11}\mu_{21})\left(f_{xx} + \frac{\omega}{x+\beta l}gg_{xx}\right) = 0,$$

$$a_2\eta_2\left(f_x + \frac{\omega}{x+\beta l}gg_x\right) + (b_2^2 q_2 + \lambda q_1\mu_{11}\mu_{21})\left(f_{xx} + \frac{\omega}{x+\beta l}gg_{xx}\right) = 0.$$

解上述方程,得:

$$
\begin{cases}
\tilde{p} = -\dfrac{(\alpha - r)}{\sigma^2}\dfrac{f_x + \dfrac{\omega}{x+\beta l}gg_x}{f_{xx} + \dfrac{\omega}{x+\beta l}gg_{xx}}, \\[4mm]
\tilde{q}_1 = -\dfrac{a_1\eta_1 b_2^2 - a_2\eta_2\lambda\mu_{11}\mu_{21}}{b_1^2 b_2^2 - \lambda^2\mu_{11}^2\mu_{21}^2}\dfrac{f_x + \dfrac{\omega}{x+\beta l}gg_x}{f_{xx} + \dfrac{\omega}{x+\beta l}gg_{xx}}, \\[4mm]
\tilde{q}_2 = -\dfrac{a_2\eta_2 b_1^2 - a_1\eta_1\lambda\mu_{11}\mu_{21}}{b_1^2 b_2^2 - \lambda^2\mu_{11}^2\mu_{21}^2}\dfrac{f_x + \dfrac{\omega}{x+\beta l}gg_x}{f_{xx} + \dfrac{\omega}{x+\beta l}gg_{xx}}.
\end{cases}
\tag{4.24}
$$

引理 4.1 证毕。 □

下面的定理给出了问题(4.4)的状态相依的最优时间一致投资和再保险决策。

定理 4.4 对于问题(4.4),状态相依最优时间一致投资和再保险策略如下:

$$
\begin{cases}
p^*(t,x,l) = [c_0(t)(x+\beta l) + k_0(t)] \vee 0, \\
q_1^*(t,x,l) = [c_1(t)(x+\beta l) + k_1(t)] \vee 0, \\
q_2^*(t,x,l) = [c_2(t)(x+\beta l) + k_2(t)] \vee 0,
\end{cases}
\tag{4.25}
$$

其中

$$
\begin{cases}
c_0(t) = \dfrac{n_0}{\omega}\big[\, e^{-\int_t^T \bar{F}(s)\,ds} + \omega e^{\int_t^T (\bar{A}(s) - \bar{F}(s))\,ds} - \omega \,\big]\,, \\[2mm]
k_0(t) = n_0\big[\, e^{-\int_t^T \bar{F}(s)\,ds} \int_t^T e^{\int_s^T \bar{A}(u)\,du}\bar{E}(s)\,ds - \int_t^T e^{-\int_t^s \bar{F}(u)\,du}\bar{E}(s)\,ds \,\big]\,, \\[2mm]
c_1(t) = \dfrac{n_1}{\omega}\big[\, e^{-\int_t^T \bar{F}(s)\,ds} + \omega e^{\int_t^T (\bar{A}(s) - \bar{F}(s))\,ds} - \omega \,\big]\,, \\[2mm]
k_1(t) = n_1\big[\, e^{-\int_t^T \bar{F}(s)\,ds} \int_t^T e^{\int_s^T \bar{A}(u)\,du}\bar{E}(s)\,ds - \int_t^T e^{-\int_t^s \bar{F}(u)\,du}\bar{E}(s)\,ds \,\big]\,, \\[2mm]
c_2(t) = \dfrac{n_2}{\omega}\big[\, e^{-\int_t^T \bar{F}(s)\,ds} + \omega e^{\int_t^T (\bar{A}(s) - \bar{F}(s))\,ds} - \omega \,\big]\,, \\[2mm]
k_2(t) = n_2\big[\, e^{-\int_t^T \bar{F}(s)\,ds} \int_t^T e^{\int_s^T \bar{A}(u)\,du}\bar{E}(s)\,ds - \int_t^T e^{-\int_t^s \bar{F}(u)\,du}\bar{E}(s)\,ds \,\big]\,,
\end{cases}
\tag{4.26}
$$

其中

$$
n_0 = \frac{(\alpha-r)}{\sigma^2},\quad n_1 = \frac{a_1\eta_1 b_2^2 - a_2\eta_2\lambda\mu_{11}\mu_{21}}{b_1^2 b_2^2 - \lambda^2\mu_{11}^2\mu_{21}^2},\quad n_2 = \frac{a_2\eta_2 b_1^2 - a_1\eta_1\lambda\mu_{11}\mu_{21}}{b_1^2 b_2^2 - \lambda^2\mu_{11}^2\mu_{21}^2},
$$

$$
\bar{A}(t) = r - \gamma_1 - \gamma_2 + \beta + (\alpha-r)c_0(t) + a_1\eta_1 c_1(t) + a_2\eta_2 c_2(t)\,,
$$

$$
\bar{E}(t) = (\alpha-r)k_0(t) + a_1\eta_1 k_1(t) + a_2\eta_2 k_2(t) + \xi_1 a_1 + \xi_2 a_2 - \sigma^2 c_0(t)k_0(t)
$$
$$
- b_1^2 c_1(t)k_1(t) - b_2^2 c_2(t)k_2(t) - \rho b_1 b_2 c_1(t)k_2(t) - \rho b_1 b_2 c_2(t)k_1(t)\,,
$$

$$
\bar{F}(t) = r - \gamma_1 - \gamma_2 + \beta + (\alpha-r)c_0(t) + a_1\eta_1 c_1(t) + a_2\eta_2 c_2(t) + \sigma^2 c_0^2(t)
$$
$$
+ b_1^2 c_1^2(t) + b_2^2 c_2^2(t) + 2\rho b_1 b_2 c_1(t)c_2(t)\,.
$$

证明:由式(4.24),我们假设最优时间一致投资和再保险策略的表达式具有如下形式:

$$
\begin{cases}
\tilde{p}(t,x,l) = c_0(t)(x + \beta l) + k_0(t)\,, \\[2mm]
\tilde{q}_1(t,x,l) = c_1(t)(x + \beta l) + k_1(t)\,, \\[2mm]
\tilde{q}_2(t,x,l) = c_2(t)(x + \beta l) + k_2(t)\,,
\end{cases}
\tag{4.27}
$$

其中 $c_0(t)$, $c_1(t)$, $c_2(t)$, $k_0(t)$, $k_1(t)$ 和 $k_2(t)$ 是 t 的确定性函数。将上述结果代入式(4.2),我们可以得到如下财富过程:

$$dX^{\pi^*}(t) = \big[(r-\gamma_1-\gamma_2)X^{\pi^*}(t) + \bar{\gamma}_1 L^{\pi^*}(t) + \gamma_2 M^{\pi^*}(t) + ((\alpha-r)c_0(t)$$
$$+ a_1\eta_1 c_1(t) + a_2\eta_2 c_2(t))(X^{\pi^*}(t) + \beta L^{\pi^*}(t)) + (\alpha-r)k_0(t) + a_1\eta_1 k_1(t)$$
$$+ a_2\eta_2 k_2(t) + \xi_1 a_1 + \xi_2 a_2 \big] dt + \big[\sigma c_0(t)(X^{\pi^*}(t) + \beta L^{\pi^*}(t)) + \sigma k_0(t) \big] dW(t)$$
$$+ \big[b_1 c_1(t)(X^{\pi^*}(t) + \beta L^{\pi^*}(t)) + b_1 k_1(t) \big] dW_1(t) + \big[b_2 c_2(t)(X^{\pi^*}(t)$$
$$+ \beta L^{\pi^*}(t)) + b_2 k_2(t) \big] dW_2(t).$$

注意到 $\gamma_2 = \beta e^{-Ah}, \bar{\gamma}_1 - A\beta = (r - \gamma_1 - \gamma_2 + \beta)\beta$ 和
$dL^{\pi}(t) = (X^{\pi}(t) - AL^{\pi}(t) - e^{-Ah}M^{\pi}(t)) dt$, 我们可以得到

$$d(X^{\pi^*}(t) + \beta L^{\pi^*}(t)) = \big[(r - \gamma_1 - \gamma_2 + \beta + (\alpha-r)c_0(t) + a_1\eta_1 c_1(t)$$
$$+ a_2\eta_2 c_2(t))(X^{\pi^*}(t) + \beta L^{\pi^*}(t)) + (\alpha-r)k_0(t) + a_1\eta_1 k_1(t) + a_2\eta_2 k_2(t)$$
$$+ \xi_1 a_1 + \xi_2 a_2 \big] dt + \big[\sigma c_0(t)(X^{\pi^*}(t) + \beta L^{\pi^*}(t)) + \sigma k_0(t) \big] dW(t)$$
$$+ \big[b_1 c_1(t)(X^{\pi^*}(t) + \beta L^{\pi^*}(t)) + b_1 k_1(t) \big] dW_1(t) + \big[b_2 c_2(t)(X^{\pi^*}(t)$$
$$+ \beta L^{\pi^*}(t)) + b_2 k_2(t) \big] dW_2(t)$$
$$= \big[\bar{A}(t)(X^{\pi^*}(t) + \beta L^{\pi^*}(t)) + \bar{B}(t) \big] dt + \big[\bar{C}_0(t)(X^{\pi^*}(t) + \beta L^{\pi^*}(t))$$
$$+ \bar{D}_0(t) \big] dW(t) + \big[\bar{C}_1(t)(X^{\pi^*}(t) + \beta L^{\pi^*}(t)) + \bar{D}_1(t) \big] dW_1(t)$$
$$+ \big[\bar{C}_2(t)(X^{\pi^*}(t) + \beta L^{\pi^*}(t)) + \bar{D}_2(t) \big] dW_2(t),$$

其中

$$\bar{A}(t) = r - \gamma_1 - \gamma_2 + \beta + (\alpha - r)c_0(t) + a_1\eta_1 c_1(t) + a_2\eta_2 c_2(t),$$
$$\bar{B}(t) = (\alpha - r)k_0(t) + a_1\eta_1 k_1(t) + a_2\eta_2 k_2(t) + \xi_1 a_1 + \xi_2 a_2,$$
$$\bar{C}_0(t) = \sigma c_0(t), \bar{D}_0(t) = \sigma k_0(t), \bar{C}_1(t) = b_1 c_1(t),$$
$$\bar{D}_1(t) = b_1 k_1(t), \bar{C}_2(t) = b_2 c_2(t), \bar{D}_2(t) = b_2 k_2(t).$$

接下来, 我们计算 $E[X^{\pi^*}(T) + \beta L^{\pi^*}(T)]$ 和 $E[(X^{\pi^*}(T) + \beta L^{\pi^*}(T))^2]$。
为此, 我们构造如下指数鞅:

$$d\bar{\rho}(t) = \bar{\rho}(t) \big[(-\bar{A}(t) + \bar{C}_0^2(t) + \bar{C}_1^2(t) + \bar{C}_2^2(t) + 2\rho\bar{C}_1(t)\bar{C}_2(t)) dt$$
$$- \bar{C}_0(t) dW(t) - \bar{C}_1(t) dW_1(t) - \bar{C}_2(t) dW_2(t) \big],$$

等价地, 有

$$\bar{\rho}(t) = \bar{\rho}(0)\exp\left\{\int_0^t \left[\left(-\bar{A}(s) + \frac{1}{2}\bar{C}_0^2(s) + \frac{1}{2}\bar{C}_1^2(s) + \frac{1}{2}\bar{C}_2^2(s) + \right.\right.\right.$$

$$\left.\left.\left. \rho\bar{C}_1(s)\bar{C}_2(s)\right)ds - \bar{C}_0(s)dW(s) - \bar{C}_1(s)dW_1(s) - \bar{C}_2(s)dW_2(s)\right]\right\},$$

从而,可得

$$\begin{aligned}\frac{\bar{\rho}(t)}{\bar{\rho}(T)} &= \exp\left\{\int_t^T\left[\left(\bar{A}(s) - \frac{1}{2}\bar{C}_0^2(s) - \frac{1}{2}\bar{C}_1^2(s) - \frac{1}{2}\bar{C}_2^2(s)\right.\right.\right.\\ &\quad \left.\left. - \rho\bar{C}_1(s)\bar{C}_2(s)\right)ds + \bar{C}_0(s)dW(s) + \bar{C}_1(s)dW_1(s)\right.\\ &\quad \left.\left. + \bar{C}_2(s)dW_2(s)\right]\right\}.\end{aligned}\tag{4.28}$$

对 $X^{\pi^*}(t) + \beta L^{\pi^*}(t)$ 应用 Itô 公式,可得

$$d[\bar{\rho}(t)(X^{\pi^*}(t) + \beta L^{\pi^*}(t))]$$

$$= (X^{\pi^*}(t) + \beta L^{\pi^*}(t))d\bar{\rho}(t) + \bar{\rho}(t)d(X^{\pi^*}(t) + \beta L^{\pi^*}(t))$$
$$\quad + \langle\bar{\rho}(t), (X^{\pi^*}(t) + \beta L^{\pi^*}(t))\rangle$$

$$= (X^{\pi^*}(t) + \beta L^{\pi^*}(t))\bar{\rho}(t)[(-\bar{A}(t) + \bar{C}_0^2(t) + \bar{C}_1^2(t) + \bar{C}_2^2(t) +$$
$$2\rho\bar{C}_1(t)\bar{C}_2(t))dt - \bar{C}_0(t)dW(t) - \bar{C}_1(t)dW_1(t) - \bar{C}_2(t)dW_2(t)] +$$
$$\bar{\rho}(t)[\bar{A}(t)(X^{\pi^*}(t) + \beta L^{\pi^*}(t)) + \bar{B}(t)]dt + \bar{\rho}(t)[\bar{C}_0(t)(X^{\pi^*}(t) +$$
$$\beta L^{\pi^*}(t)) + \bar{D}_0(t)]dW(t) + \bar{\rho}(t)[\bar{C}_1(t)(X^{\pi^*}(t) + \beta L^{\pi^*}(t)) +$$
$$\bar{D}_1(t)]dW_1(t) + \bar{\rho}(t)[\bar{C}_2(t)(X^{\pi^*}(t) + \beta L^{\pi^*}(t)) + \bar{D}_2(t)]dW_2(t) -$$
$$\{\bar{C}_0(t)[\bar{C}_0(t)(X^{\pi^*}(t) + \beta L^{\pi^*}(t)) + \bar{D}_0(t)] +$$
$$\bar{C}_1(t)[\bar{C}_1(t)(X^{\pi^*}(t) + \beta L^{\pi^*}(t)) + \bar{D}_1(t)] +$$
$$\bar{C}_2(t)[\bar{C}_2(t)(X^{\pi^*}(t) + \beta L^{\pi^*}(t)) + \bar{D}_2(t)] +$$
$$\rho\bar{C}_1(t)[\bar{C}_2(t)(X^{\pi^*}(t) + \beta L^{\pi^*}(t)) + \bar{D}_2(t)] +$$
$$\rho\bar{C}_2(t)[\bar{C}_1(t)(X^{\pi^*}(t) + \beta L^{\pi^*}(t)) + \bar{D}_1(t)]\}\bar{\rho}(t)dt$$

$$= \bar{\rho}(t)(\bar{B}(t) - \bar{C}_0(t)\bar{D}_0(t) - \bar{C}_1(t)\bar{D}_1(t) - \bar{C}_2(t)\bar{D}_2(t) -$$
$$\rho\bar{C}_1(t)\bar{D}_2(t) - \rho\bar{C}_2(t)\bar{D}_1(t))dt + \bar{\rho}(t)(\bar{D}_0(t)dW(t) +$$
$$\bar{D}_1(t)dW_1(t) + \bar{D}_2(t)dW_2(t)).$$

对上面的方程从 t 到 T 积分,并重新排序,可得

$$\begin{aligned}X^{\pi^*}(T) + \beta L^{\pi^*}(T) &= \frac{\bar{\rho}(t)}{\bar{\rho}(T)}(x + \beta l) + \int_t^T \frac{\bar{\rho}(s)}{\bar{\rho}(T)}(\bar{E}(s)ds\\ &\quad + \bar{D}_0(s)dW(s) + \bar{D}_1(s)dW_1(s) + \bar{D}_2(s)dW_2(s)),\end{aligned}\tag{4.29}$$

其中 $X^{\pi^*}(t) = x$，$L^{\pi^*}(t) = l$ 以及

$$\bar{E}(t) = \bar{B}(t) - \bar{C}_0(t)\bar{D}_0(t) - \bar{C}_1(t)\bar{D}_1(t) - \bar{C}_2(t)\bar{D}_2(t) - \rho\bar{C}_1(t)\bar{D}_2(t) -$$
$$\rho\bar{C}_2(t)\bar{D}_1(t).$$

类似 Björk 等（2014），我们假设

$$E_{t,x,l}[X^{\pi^*}(T) + \beta L^{\pi^*}(T)] = P_1(t)(x + \beta l) + Q_1(t),$$

$$E_{t,x,l}[(X^{\pi^*}(T) + \beta L^{\pi^*}(T))^2] = K(t)(x + \beta l)^2 + P_2(t)(x + \beta l) + Q_2(t).$$

由式（4.28），易知

$$E\left[\frac{\bar{\rho}(t)}{\bar{\rho}(T)}\right] = e^{\int_t^T \bar{A}(s)ds},$$

因此，我们有

$$P_1(t) = e^{\int_t^T \bar{A}(s)ds}, \tag{4.30}$$

$$Q_1(t) = \int_t^T e^{\int_s^T \bar{A}(u)du}\bar{E}(s)ds. \tag{4.31}$$

由式（4.29），我们可以得到

$$(X^{\pi^*}(T) + \beta L^{\pi^*}(T))^2 = \left(\frac{\bar{\rho}(t)}{\bar{\rho}(T)}\right)^2 (x + \beta l)^2 + 2(x + \beta l)\left(\frac{\bar{\rho}(t)}{\bar{\rho}(T)}\right)$$

$$\times \int_t^T \frac{\bar{\rho}(s)}{\bar{\rho}(T)}(\bar{E}(s)ds + \bar{D}_0(s)dW(s) + \bar{D}_1(s)dW_1(s) + \bar{D}_2(s)dW_2(s))$$

$$+ \left[\int_t^T \frac{\bar{\rho}(s)}{\bar{\rho}(T)}(\bar{E}(s)ds + \bar{D}_0(s)dW(s) + \bar{D}_1(s)dW_1(s) + \bar{D}_2(s)dW_2(s))\right]^2,$$

从而，有

$$K(t) = e^{\int_t^T (\bar{A}(s) + \bar{F}(s))ds}, \tag{4.32}$$

$$P_2(t) = 2\int_t^T e^{\int_t^s \bar{A}(u)du} e^{\int_s^T (\bar{A}(u) + \bar{F}(u))du}\bar{E}(s)ds, \tag{4.33}$$

$$Q_2(t) = E\left[\int_t^T \frac{\bar{\rho}(s)}{\bar{\rho}(T)}(\bar{E}(s)ds + \bar{D}_0(s)dW(s) + \bar{D}_1(s)dW_1(s)\right.$$

$$\left. + \bar{D}_2(s)dW_2(s))\right]^2, \tag{4.34}$$

其中

$$\bar{F}(t) = \bar{A}(t) + \bar{C}_0^2(t) + \bar{C}_1^2(t) + \bar{C}_2^2(t) + 2\rho\bar{C}_1(t)\bar{C}_2(t).$$

注意到

$$f(t,x,l,y,\tilde{l}) = E_{t,x,l}[X^{\pi^*}(T) + \beta L^{\pi^*}(T)] -$$

$$\frac{\omega}{2(y+\beta\tilde{l})}E_{t,x,l}\big[(X^{\pi^*}(T) + \beta L^{\pi^*}(T))^2\big]$$

$$= P_1(t)(x + \beta l) + Q_1(t) - \frac{\omega}{2(y+\beta\tilde{l})}[K(t)(x+\beta l)^2$$

$$+ P_2(t)(x+\beta l) + Q_2(t)], \quad\quad (4.35)$$

$$g(t,x,l) = E_{t,x,l}[X^{\pi^*}(T) + \beta L^{\pi^*}(T)] = P_1(t)(x+\beta l) + Q_1(t). \quad\quad (4.36)$$

因此,我们有

$$f_t = P'_1(t)(x+\beta l) + Q'_1(t) - \frac{\omega}{2(y+\beta\tilde{l})}[K'(t)(x+\beta l)^2 + P'_2(t)(x+\beta l) + Q'_2(t)],$$

$$f_x = -\frac{\omega}{y+\beta\tilde{l}}K(t)(x+\beta l) + P_1(t) - \frac{\omega}{2(y+\beta\tilde{l})}P_2(t), f_{xx} = -\frac{\omega}{y+\beta\tilde{l}}K(t),$$

$$f_l = -\beta\frac{\omega}{y+\beta\tilde{l}}K(t)(x+\beta l) + \beta(P_1(t) - \frac{\omega}{2(y+\beta\tilde{l})}P_2(t)) = \beta f_x,$$

$$g_t = P'_1(t)(x+\beta l) + Q'_1(t), g_x = P_1(t), g_l = \beta P_1(t) = \beta g_x, g_{xx} = 0,$$

从而,可得

$$\frac{f_x + \frac{\omega}{x+\beta l}gg_x}{f_{xx} + \frac{\omega}{x+\beta l}gg_{xx}} = [P_1(t) - \frac{\omega}{2(x+\beta l)}[2K(t)(x+\beta l) + P_2(t)]$$

$$+ \frac{\omega}{x+\beta l}[P_1(t)(x+\beta l) + Q_1(t)]P_1(t)]\left[-\frac{\omega}{x+\beta l}K(t)\right]^{-1}$$

$$= [(x+\beta l)(P_1(t) - \omega K(t) + \omega P_1^2(t)) + \omega P_1(t)Q_1(t)$$

$$- \frac{\omega}{2}P_2(t)][^-\omega K(t)] - 1, \quad\quad (4.37)$$

其中 f 和它的导数在 (t,x,l,x,l) 处求值,而 g 和它的导数在 (t,x,l) 处求值。通过比较式(4.24)和(4.27)中的 $(\tilde{p},\tilde{q}_1,\tilde{q}_2)$,我们可得

$$\begin{cases}
c_0(t) = -\dfrac{(\alpha-r)}{\sigma^2}\dfrac{P_1(t)-\omega K(t)+\omega P_1^2(t)}{-\omega K(t)}, \\[3mm]
k_0(t) = -\dfrac{(\alpha-r)}{\sigma^2}\dfrac{P_1(t)Q_1(t)-\dfrac{1}{2}P_2(t)}{-K(t)}, \\[3mm]
c_1(t) = -\dfrac{a_1\eta_1 b_2^2 - a_2\eta_2\lambda\mu_{11}\mu_{21}}{b_1^2 b_2^2 - \lambda^2\mu_{11}^2\mu_{21}^2}\dfrac{P_1(t)-\omega K(t)+\omega P_1^2(t)}{-\omega K(t)}, \\[3mm]
k_1(t) = -\dfrac{a_1\eta_1 b_2^2 - a_2\eta_2\lambda\mu_{11}\mu_{21}}{b_1^2 b_2^2 - \lambda^2\mu_{11}^2\mu_{21}^2}\dfrac{P_1(t)Q_1(t)-\dfrac{1}{2}P_2(t)}{-K(t)}, \\[3mm]
c_2(t) = -\dfrac{a_2\eta_2 b_1^2 - a_1\eta_1\lambda\mu_{11}\mu_{21}}{b_1^2 b_2^2 - \lambda^2\mu_{11}^2\mu_{21}^2}\dfrac{P_1(t)-\omega K(t)+\omega P_1^2(t)}{-\omega K(t)}, \\[3mm]
k_2(t) = -\dfrac{a_2\eta_2 b_1^2 - a_1\eta_1\lambda\mu_{11}\mu_{21}}{b_1^2 b_2^2 - \lambda^2\mu_{11}^2\mu_{21}^2}\dfrac{P_1(t)Q_1(t)-\dfrac{1}{2}P_2(t)}{-K(t)},
\end{cases} \tag{4.38}$$

进而,可得

$$\begin{aligned}
\frac{P_1(t)-\omega K(t)+\omega P_1^2(t)}{-\omega K(t)} &= -\frac{1}{\omega}\frac{P_1(t)}{K(t)} + 1 - \frac{P_1^2(t)}{K(t)} \\[2mm]
&= -\frac{1}{\omega}e^{-\int_t^T \bar{F}(s)ds} + 1 - e^{\int_t^T(\bar{A}(s)-\bar{F}(s))ds} \\[2mm]
&= -\frac{1}{\omega}\left[e^{-\int_t^T \bar{F}(s)ds} + \omega e^{\int_t^T(\bar{A}(s)-\bar{F}(s))ds} - \omega \right],
\end{aligned}$$

和

$$\frac{P_1(t)Q_1(t)-\dfrac{1}{2}P_2(t)}{-K(t)} = -\left[e^{-\int_t^T \bar{F}(s)ds}\int_t^T e^{\int_s^T \bar{A}(u)du}\bar{E}(s)ds - \int_t^T e^{-\int_s^t \bar{F}(u)du}\bar{E}(s)ds \right].$$

定理 4.4 证毕。 □

注 4.1 (i) 从定理 4.4 容易看出,问题(4.4)的最优时间一致投资和再保险策略不是完全的显式表达,因为参数 $c_0(t)$,$k_0(t)$,$c_1(t)$,$k_1(t)$,$c_2(t)$ 和 $k_2(t)$ 满足积分方程组。关于积分方程组(4.26)的解的存在性和唯一性将在后面讨论。

(ii) 在定理 4.4 中,我们通过构造指数鞅获得了最优时间一致投资和再保险策略。理论上,对于具有延迟的财富演化方程,很难找到对应的鞅过程。在式(3.8)中的两个条件下,我们得到了与财富过程 $X^\pi(t) + \beta L^\pi(t)$ 相对应的随机微分方程。在此基础上,构造了与财富过程 $X^\pi(t) + \beta L^\pi(t)$ 相联系的指数鞅。也就是说,式(3.8)中的两个条件对寻求最优时间一致的解起了关键作用。

(iii) 从定理4.4我们可以发现,最优时间一致投资和再保险策略并不包含参数 A 和 h,但包含参数 γ_1, γ_2 和 β,这与此前章节结果是一致的。此处的最优时间一致投资和再保险策略依赖于一段时期的财富绩效,它是财富组合 $x + \beta l$ 的线性函数,这与定理3.6的结果不同,这是状态相依风险回避函数形式带来的影响。

如果 $A = h = \beta = \gamma_1 = \gamma_2 = 0$,则模型退化为不考虑有界记忆的情形。由定理4.4,有以下推论。

推论4.5 对于问题(4.4),如果不考虑有界记忆,则状态相依最优时间一致投资和再保险策略如下:

$$\begin{cases} p^*(t,x) = [\,c_0(t)x + k_0(t)\,] \vee 0, \\ q_1^*(t,x) = [\,c_1(t)x + k_1(t)\,] \vee 0, \\ q_2^*(t,x) = [\,c_2(t)x + k_2(t)\,] \vee 0, \end{cases}$$

其中

$$\begin{cases} c_0(t) = \dfrac{n_0}{\omega}\big[\,e^{-\int_t^T \hat{F}(s)ds} + \omega e^{\int_t^T(\hat{A}(s)-\hat{F}(s))ds} - \omega\,\big], \\[2mm] k_0(t) = n_0\Big[\,e^{-\int_t^T \hat{F}(s)ds}\int_t^T e^{\int_s^T \hat{A}(u)du}\hat{E}(s)ds - \int_t^T e^{-\int_t^s \hat{F}(u)du}\hat{E}(s)ds\,\Big], \\[2mm] c_1(t) = \dfrac{n_1}{\omega}\big[\,e^{-\int_t^T \hat{F}(s)ds} + \omega e^{\int_t^T(\hat{A}(s)-\hat{F}(s))ds} - \omega\,\big], \\[2mm] k_1(t) = n_1\Big[\,e^{-\int_t^T \hat{F}(s)ds}\int_t^T e^{\int_s^T \hat{A}(u)du}\hat{E}(s)ds - \int_t^T e^{-\int_t^s \hat{F}(u)du}\hat{E}(s)ds\,\Big], \\[2mm] c_2(t) = \dfrac{n_2}{\omega}\big[\,e^{-\int_t^T \hat{F}(s)ds} + \omega e^{\int_t^T(\hat{A}(s)-\hat{F}(s))ds} - \omega\,\big], \\[2mm] k_2(t) = n_2\Big[\,e^{-\int_t^T \hat{F}(s)ds}\int_t^T e^{\int_s^T \hat{A}(u)du}\hat{E}(s)ds - \int_t^T e^{-\int_t^s \hat{F}(u)du}\hat{E}(s)ds\,\Big], \end{cases}$$

并且

$$\hat{A}(t) = r + (\alpha - r)c_0(t) + a_1\eta_1 c_1(t) + a_2\eta_2 c_2(t), \tag{4.39}$$

$$\hat{E}(t) = (\alpha - r)k_0(t) + a_1\eta_1 k_1(t) + a_2\eta_2 k_2(t) + \xi_1 a_1 +$$
$$\xi_2 a_2 - \sigma^2 c_0(t)k_0(t) - b_1^2 c_1(t)k_1(t) - b_2^2 c_2(t)k_2(t) -$$
$$\rho b_1 b_2 c_1(t)k_2(t) - \rho b_1 b_2 c_2(t)k_1(t), \tag{4.40}$$

$$\hat{F}(t) = r + (\alpha - r)c_0(t) + a_1\eta_1 c_1(t) + a_2\eta_2 c_2(t) + \sigma^2 c_0^2(t) +$$
$$b_1^2 c_1^2(t) + b_2^2 c_2^2(t) + 2\rho b_1 b_2 c_1(t)c_2(t). \tag{4.41}$$

接下来,我们考虑均衡值函数。考虑到约束 $p(\cdot) \geqslant 0, q_1(\cdot) \geqslant 0$ 和 $q_2(\cdot) \geqslant 0$,并注意 $n_0 > 0$,因此,我们需要分三种情形讨论,具体分类同第 2 章。下面的定理中,我们只对情形 2 下的均衡值函数做详细推导,另外两种情形可做类似讨论。

定理 4.6 对于问题(4.4),在情形 2 下,如果在初始时刻 t 的初始财富 $x + \beta l$ 满足

$$\frac{(x+\beta l)}{\omega}\left[e^{-\int_t^T \bar{F}(s)ds} + \omega e^{\int_t^T (\bar{A}(s) - \bar{F}(s))ds} - \omega\right]$$
$$- \left[e^{-\int_t^T \bar{F}(s)ds}\int_t^T e^{\int_s^T \bar{A}(u)du}\bar{E}(s)ds - \int_t^T e^{-\int_t^s \bar{F}(u)du}\bar{E}(s)ds\right] > 0, \tag{4.42}$$

则对应于广义 HJB 方程(4.6)的均衡值函数由下式给出

$$V(t,x,l) = (x + \beta l)\left[P_1(t) + \frac{\omega}{2}P_1^2(t) - \frac{\omega}{2}K(t)\right] + Q_1(t)$$
$$- \frac{\omega}{2}P_2(t) + \omega P_1(t)Q_1(t) + \frac{\omega}{2(x+\beta l)}[Q_1^2(t) - Q_2(t)], \tag{4.43}$$

其中 $P_1(t), Q_1(t), K(t), P_2(t)$ 和 $Q_2(t)$ 分别由式(4.30),式(4.31),式(4.32),式(4.33)和式(4.34)给出。相反地,如果在初始时刻 t 的初始财富 $x + \beta l$ 满足

$$\frac{(x+\beta l)}{\omega}[e^{-\int_t^T \bar{F}(s)ds} + \omega e^{\int_t^T (\bar{A}(s) - \bar{F}(s))ds} - \omega]$$
$$- \left[e^{-\int_t^T \bar{F}(s)ds}\int_t^T e^{\int_s^T \bar{A}(u)du}\bar{E}(s)ds - \int_t^T e^{-\int_t^s \bar{F}(u)du}\bar{E}(s)ds\right] \leqslant 0, \tag{4.44}$$

则对应于广义 HJB 方程(4.6)的均衡值函数由下式给出

$$V(t,x,l) = e^{(r-\gamma_1-\gamma_2+\beta)(T-t)}(X^{\pi^*}(t) + \beta L^{\pi^*}(t))$$
$$+ \frac{\xi_1 a_1 + \xi_2 a_2}{r - \gamma_1 - \gamma_2 + \beta}[e^{(r-\gamma_1-\gamma_2+\beta)(T-t)} - 1]. \tag{4.45}$$

证明:如果式(4.42)成立,则 $c_0(t)(x+\beta l) + k_0(t) \geqslant 0, c_1(t)(x+\beta l) +$

$k_1(t) \geqslant 0$ 和 $c_2(t)(x+\beta l)+k_2(t) \geqslant 0$。将式(4.35)和式(4.36)代入式(4.15),可得均衡值函数如下：

$$V(t,x,l) = f(t,x,l,x,l) + \frac{\omega}{2x}g^2(t,x,l)$$

$$= P_1(t)(x+\beta l) + Q_1(t) - \frac{\omega}{2(x+\beta l)}[K(t)(x+\beta l)^2 + P_2(t)(x$$

$$+\beta l) + Q_2(t)] + \frac{\omega}{2(x+\beta l)}[P_1(t)(x+\beta l) + Q_1(t)]^2,$$

即式(4.43)成立。相反地,如果式(4.44)成立,我们有 $c_0(t)(x+\beta l)+k_0(t)$ $< 0, c_1(t)(x+\beta l)+k_1(t) < 0$ 和 $c_2(t)(x+\beta l)+k_2(t) < 0$, 即此时的最优时间一致投资和再保险策略 $p^*(\cdot)=0, q_1^*(\cdot)=0$ 和 $q_2^*(\cdot)=0$, 与此相对应的财富动态 $X^{\pi^*}(t)+\beta L^{\pi^*}(t)$ 满足如下微分方程：

$$d(X^{\pi^*}(t)+\beta L^{\pi^*}(t)) = (r-\gamma_1-\gamma_2+\beta)(X^{\pi^*}(t)+\beta L^{\pi^*}(t)+\\ \xi_1 a_1 + \xi_2 a_2)dt,$$

等价地,有

$$X^{\pi^*}(T)+\beta L^{\pi^*}(T) = e^{(r-\gamma_1-\gamma_2+\beta)(T-t)}(X^{\pi^*}(t)+\beta L^{\pi^*}(t)) +\\ \frac{\xi_1 a_1 + \xi_2 a_2}{r-\gamma_1-\gamma_2+\beta}[e^{(r-\gamma_1-\gamma_2+\beta)(T-t)}-1],$$

从而,有

$$E[X^{\pi^*}(T)+\beta L^{\pi^*}(T)] = e^{(r-\gamma_1-\gamma_2+\beta)(T-t)}(X^{\pi^*}(t)+\beta L^{\pi^*}(t))\\ + \frac{\xi_1 a_1 + \xi_2 a_2}{r-\gamma_1-\gamma_2+\beta}[e^{(r-\gamma_1-\gamma_2+\beta)(T-t)}-1],$$

以及

$$\mathrm{Var}[X^{\pi^*}(T)+\beta L^{\pi^*}(T)] = 0.$$

因此,均衡值函数是

$$V(t,x,l) = e^{(r-\gamma_1-\gamma_2+\beta)(T-t)}(X^{\pi^*}(t)+\beta L^{\pi^*}(t))\\ + \frac{\xi_1 a_1 + \xi_2 a_2}{r-\gamma_1-\gamma_2+\beta}[e^{(r-\gamma_1-\gamma_2+\beta)(T-t)}-1].$$

定理4.6证毕。 □

类似推论4.5,在情形2下,由定理4.6,我们可以得到不考虑有界记忆的均衡值函数如下：

推论4.7 对于问题(4.4),在情形2下且不考虑有界记忆,如果初始时

刻 t 的初始财富 x 满足

$$\frac{x}{\omega}[e^{-\int_t^T \bar{F}(s)ds} + \omega e^{\int_t^T(\bar{A}(s)-\bar{F}(s))ds} - \omega]$$

$$- [e^{-\int_t^T \bar{F}(s)ds}\int_t^T e^{\int_s^T \bar{A}(u)du}\hat{E}(s)ds - \int_t^T e^{-\int_s^t \bar{F}(u)du}\hat{E}(s)ds] > 0,$$

则对应的均衡值函数由下式给出

$$V(t,x) = x\left[P_1(t) + \frac{\omega}{2}P_1^2(t) - \frac{\omega}{2}K(t)\right] + Q_1(t) - \frac{\omega}{2}P_2(t)$$

$$+ \omega P_1(t)Q_1(t) + \frac{\omega}{2x}[Q_1^2(t) - Q_2(t)],$$

其中 $P_1(t),Q_1(t),K(t),P(t)$ 和 $Q_2(t)$ 分别由式(4.30),式(4.31),式(4.32),式(4.33)和式(4.34)给出。相反地,如果初始时刻 t 的初始财富 x 满足

$$\frac{x}{\omega}[e^{-\int_t^T \bar{F}(s)ds} + \omega e^{\int_t^T(\bar{A}(s)-\bar{F}(s))ds} - \omega]$$

$$- [e^{-\int_t^T \bar{F}(s)ds}\int_t^T e^{\int_s^T \bar{A}(u)du}\hat{E}(s)ds - \int_t^T e^{-\int_s^t \bar{F}(u)du}\hat{E}(s)ds] \leq 0,$$

则对应的均衡值函数如下

$$V(t,x) = e^{r(T-t)}X^{\pi^*}(t) + \frac{\xi_1 a_1 + \xi_2 a_2}{r}[e^{r(T-t)} - 1],$$

其中 $\hat{A}(t),\hat{E}(t)$ 和 $\hat{F}(t)$ 分别由式(4.39),式(4.40)和式(4.41)给出。

下面的定理证明积分方程(4.26)存在唯一的全局解。

定理 4.8 积分方程组(4.26)在空间 $C[0,T]$ 中存在唯一的解 $c_0(t)$, $k_0(t),c_1(t),k_1(t),c_2(t)$ 和 $k_2(t)$,其中 $C[0,T]$ 是定义在 $[0,T]$ 上的连续函数构成的空间。

证明:首先考虑积分方程组(4.26)中关于 $c_0(t),c_1(t)$ 和 $c_2(t)$ 的积分方程。构造函数序列 $c_{0i}(t),c_{1i}(t)$ 和 $c_{2i}(t) \in C[0,T], i \in \mathbb{N}$。

$$\begin{cases} c_{00}(t) \equiv c_{10}(t) \equiv c_{20}(t) \equiv 1, \\ c_{0i}(t) = \frac{n_0}{\omega}[e^{-\int_t^T \bar{F}_{i-1}(s)ds} + \omega e^{\int_t^T(\bar{A}_{i-1}(s)-\bar{F}_{i-1}(s))ds} - \omega], \\ c_{1i}(t) = \frac{n_1}{\omega}[e^{-\int_t^T \bar{F}_{i-1}(s)ds} + \omega e^{\int_t^T(\bar{A}_{i-1}(s)-\bar{F}_{i-1}(s))ds} - \omega], \quad (4.46) \\ c_{2i}(t) = \frac{n_2}{\omega}[e^{-\int_t^T \bar{F}_{i-1}(s)ds} + \omega e^{\int_t^T(\bar{A}_{i-1}(s)-\bar{F}_{i-1}(s))ds} - \omega], \end{cases}$$

其中

$$\bar{A}_{i-1}(s) = r - \gamma_1 - \gamma_2 + \beta + (\alpha - r)c_{0,i-1}(s) + a_1\eta_1 c_{1,i-1}(s) + $$
$$a_2\eta_2 c_{2,i-1}(s), \tag{4.47}$$

$$\bar{F}_{i-1}(s) = r - \gamma_1 - \gamma_2 + \beta + (\alpha - r)c_{0,i-1}(s) + a_1\eta_1 c_{1,i-1}(s) + $$
$$a_2\eta_2 c_{2,i-1}(s) + \sigma^2 c_{0,i-1}^2(s) + b_1^2 c_{1,i-1}^2(s) + b_2^2 c_{2,i-1}^2(s) + $$
$$2\rho b_1 b_2 c_{1,i-1}(s) c_{2,i-1}(s). \tag{4.48}$$

接着,我们将分(i),(ii)和(iii)三步,证明函数序列 $\{c_{0i}(t)\}$, $\{c_{1i}(t)\}$ 和 $\{c_{2i}(t)\}$ 都收敛于 $C[0,T]$ 中的 $c_0(t)$, $c_1(t)$ 和 $c_2(t)$。

(i) 我们证明函数序列 $\{c_{0i}(t)\}$, $\{c_{1i}(t)\}$ 和 $\{c_{2i}(t)\}$ 在 $C[0,T]$ 一致有界。

注意到

$$\bar{F}_{i-1}(s) - \bar{A}_{i-1}(s) = \sigma^2 c_{0,i-1}^2(s) + b_1^2 c_{1,i-1}^2(s) + b_2^2 c_{2,i-1}^2(s) + $$
$$2\rho b_1 b_2 c_{1,i-1}(s) c_{2,i-1}(s),$$

并应用 Cauchy-Schwartz 不等式,容易验证对所有的 $i \in \mathbb{N}$ 和任意的 $s \in [0,T]$,有 $\bar{F}_{i-1}(s) - \bar{A}_{i-1}(s) \geq 0$。从而,可得

$$-\omega \leq [e^{-\int_t^T(\bar{A}_{i-1}(s)+\bar{F}_{i-1}(s)-\bar{A}_{i-1}(s))ds} + \omega e^{\int_t^T(\bar{A}_{i-1}(s)-\bar{F}_{i-1}(s))ds} - \omega] \leq e^{-\int_t^T\bar{A}_{i-1}(s)ds}.$$

注意到 $\dfrac{n_0}{\omega}$, $\dfrac{n_1}{\omega}$ 和 $\dfrac{n_2}{\omega}$ 都是常数,因此为证明 $\{c_{0i}(t)\}$, $\{c_{1i}(t)\}$ 和 $\{c_{2i}(t)\}$ 在 $C[0,T]$ 一致有界,只需证明对所有的 $i \in \mathbb{N}$ 和任意的 $t \in [0,T]$, $e^{-\int_t^T\bar{A}(s)ds}$ 有上界。令 $\phi_i(t) = (\alpha - r)c_{0i}(t) + a_1\eta_1 c_{1i}(t) + a_2\eta_2 c_{2i}(t)$, 我们有

$$\phi_i(t) = \vartheta\{e^{-\int_t^T[(r-\gamma_1-\gamma_2+\beta)+\phi_{i-1}(s)+(\bar{F}_{i-1}(s)-\bar{A}_{i-1}(s))]ds} + \omega e^{\int_t^T(\bar{A}_{i-1}(s)-\bar{F}_{i-1}(s))ds} - \omega\},$$

其中

$$\vartheta = (\alpha - r)\frac{n_0}{\omega} + a_1\eta_1\frac{n_1}{\omega} + a_2\eta_2\frac{n_2}{\omega}$$
$$= \frac{(\alpha - r)^2}{\omega\sigma^2} + \frac{a_1^2\eta_1^2 b_2^2 + a_2^2\eta_2^2 b_1^2 - 2a_1\eta_1 a_2\eta_2\lambda\mu_{11}\mu_{21}}{\omega(b_1^2 b_2^2 - \lambda^2\mu_{11}^2\mu_{21}^2)}.$$

易知 $\vartheta > 0$, 因此,对所有的 $i \in \mathbb{N}$ 和任意的 $t \in [0,T]$,我们有下面不等式

$$-\vartheta\omega \leq \phi_i(t) \leq \vartheta e^{-\int_t^T[\phi_{i-1}(s)]ds} \leq \vartheta e^{\vartheta\omega(T-t)} \leq \vartheta e^{\vartheta\omega T},$$

即对任意 $t \in [0,T]$,有

$$e^{-\int_t^T\bar{A}(s)ds} = e^{-\int_t^T[(r-\gamma_1-\gamma_2+\beta)+(\alpha-r)c_{0,i-1}(s)+a_1\eta_1 c_{1,i-1}(s)+a_2\eta_2 c_{2,i-1}(s)]ds} \leq Me^{\vartheta\omega T}.$$

(ii) 我们证明 $\{c'_{0i}(t)\}$, $\{c'_{1i}(t)\}$ 和 $\{c'_{2i}(t)\}$ 在 $C[0,T]$ 中一致有界。

由递归定义,不难发现对所有的 $i \in \mathbb{N}$,c_{0i}, c_{1i} 和 c_{2i} 是连续可微的,从而,有

$$c'_{0i}(t) = \frac{n_0}{\omega}[\bar{F}_{i-1}(t)e^{-\int^T \bar{F}_{i-1}(s)ds} + \omega(\bar{F}_{i-1}(t) - \bar{A}_{i-1}(t))e^{\int^T_t (\bar{A}_{i-1}(s) - \bar{F}_{i-1}(s))ds}],$$

$$c'_{1i}(t) = \frac{n_1}{\omega}[\bar{F}_{i-1}(t)e^{-\int^T \bar{F}_{i-1}(s)ds} + \omega(\bar{F}_{i-1}(t) - \bar{A}_{i-1}(t))e^{\int^T_t (\bar{A}_{i-1}(s) - \bar{F}_{i-1}(s))ds}],$$

$$c'_{2i}(t) = \frac{n_2}{\omega}[\bar{F}_{i-1}(t)e^{-\int^T \bar{F}_{i-1}(s)ds} + \omega(\bar{F}_{i-1}(t) - \bar{A}_{i-1}(t))e^{\int^T_t (\bar{A}_{i-1}(s) - \bar{F}_{i-1}(s))ds}].$$

由于函数序列 $\{c_{0i}(t)\}$,$\{c_{1i}(t)\}$ 和 $\{c_{2i}(t)\}$ 已经在(i)部分中被证明是一致有界的,因此,由上式知,函数序列 $\{c'_{0i}(t)\}$,$\{c'_{1i}(t)\}$ 和 $\{c'_{2i}(t)\}$ 是一致有界的。

(iii)我们证明 $c_0(t), c_1(t)$ 和 $c_2(t)$ 是存在且唯一的。

对于任意的 $s, t \in [0, T]$,应用(ii)中的结果,我们有

$$|c_{0i}(t) - c_{0i}(s)| = \left| \int_0^1 \frac{d}{du} c_{0i}(s + u(t - s)) du \right|$$

$$= \left| (t - s) \int_0^1 c'_{0i}(s + u(t - s)) du \right| \leqslant M_0(t - s),$$

$$|c_{1i}(t) - c_{1i}(s)| = \left| \int_0^1 \frac{d}{du} c_{1i}(s + u(t - s)) du \right|$$

$$= \left| (t - s) \int_0^1 c'_{1i}(s + u(t - s)) du \right| \leqslant M_1(t - s),$$

$$|c_{2i}(t) - c_{2i}(s)| = \left| \int_0^1 \frac{d}{du} c_{2i}(s + u(t - s)) du \right|$$

$$= \left| (t - s) \int_0^1 c'_{2i}(s + u(t - s)) du \right| \leqslant M_2(t - s),$$

其中 M_0, M_1 和 M_2 是与 $i \in \mathbb{N}$ 无关的常数。因此,函数序列 $\{c_{0i}(t)\}$,$\{c_{1i}(t)\}$ 和 $\{c_{2i}(t)\}$ 是等度连续的,结合在(i)部分中已经证明了函数序列 $\{c_{0i}(t)\}$,$\{c_{1i}(t)\}$ 和 $\{c_{2i}(t)\}$ 是一致有界的,再应用 Arzela-Ascoli 定理,可知存在 $c_0(t), c_1(t)$ 和 $c_2(t)$ 以及子序列 $\{c_{0i_j}(t)\}$,$\{c_{1i_j}(t)\}$ 和 $\{c_{2i_j}(t)\}$,使得 $\lim_{j \to \infty} c_{0i_j}(t) = c_0(t)$,$\lim_{j \to \infty} c_{1i_j}(t) = c_1(t)$ 和 $\lim_{j \to \infty} c_{2i_j}(t) = c_2(t)$。对式(4.46)两侧取极限,于是 $c_0(t), c_1(t)$ 和 $c_2(t)$ 是方程组(4.26)的解得证。

另外,我们假设存在 $\hat{c}_0(t), \hat{c}_1(t)$ 和 $\hat{c}_2(t)$ 也是方程组(4.26)的解。注意到 $c_0(t), \hat{c}_0(t), c_1(t), \hat{c}_1(t), c_2(t)$ 和 $\hat{c}_2(t)$ 都是有界的,并且函数 $\phi(x) = e^x$ 对于任意给定的有界集都是全局 Lipschitz 函数,因此,可得

$$|c_0(t) - \hat{c}_0(t)| \leq M_0 \int_t^T |c_0(s) - \hat{c}_0(s)| \, ds,$$

$$|c_1(t) - \hat{c}_1(t)| \leq M_1 \int_t^T |c_1(s) - \hat{c}_1(s)| \, ds,$$

$$|c_2(t) - \hat{c}_2(t)| \leq M_2 \int_t^T |c_2(s) - \hat{c}_2(s)| \, ds.$$

应用 Gronwall 不等式,我们可以证明 $c_0(t) \equiv \hat{c}_0(t)$, $c_1(t) \equiv \hat{c}_1(t)$ 和 $c_2(t) \equiv \hat{c}_2(t)$。

最后,我们证明积分方程组(4.26)剩余方程的解存在且唯一。注意这三个方程是关于 $k_0(t)$, $k_1(t)$ 和 $k_2(t)$ 的线性积分方程,根据标准的积分方程理论(Kanwal,2013;Kythe 和 Puri,2011),应用不动点定理或 Picard 迭代方法,可以证明方程组(4.26)剩余三个方程存在唯一解。   □

注 4.2   根据上述证明过程,对于任意序列 $\{c_{0i}\}$, $\{c_{1i}\}$ 和 $\{c_{2i}\}$, 存在进一步的子序列收敛于方程组(4.26)的解 $c_0(t)$, $c_1(t)$ 和 $c_2(t)$。事实上,这呈现了一种计算 $c_0(t)$, $c_1(t)$ 和 $c_2(t)$ 的数值算法。类似地,关于 $k_0(t)$, $k_1(t)$ 和 $k_2(t)$ 的数值算法如下:

$$\begin{cases} k_{00}(t) \equiv k_{10}(t) \equiv k_{20}(t) \equiv 1, \\ k_{0i}(t) = n_0 \left[e^{-\int_t^T \bar{F}_{i-1}(s)\,ds} \int_t^T e^{\int_s^T \bar{A}_{i-1}(u)\,du} \bar{E}_{i-1}(s)\,ds - \int_t^T e^{-\int_t^s \bar{F}_{i-1}(u)\,du} \bar{E}_{i-1}(s)\,ds \right], \\ k_{1i}(t) = n_1 \left[e^{-\int_t^T \bar{F}_{i-1}(s)\,ds} \int_t^T e^{\int_s^T \bar{A}_{i-1}(u)\,du} \bar{E}_{i-1}(s)\,ds - \int_t^T e^{-\int_t^s \bar{F}_{i-1}(u)\,du} \bar{E}_{i-1}(s)\,ds \right], \\ k_{2i}(t) = n_2 \left[e^{-\int_t^T \bar{F}_{i-1}(s)\,ds} \int_t^T e^{\int_s^T \bar{A}_{i-1}(u)\,du} \bar{E}_{i-1}(s)\,ds - \int_t^T e^{-\int_t^s \bar{F}_{i-1}(u)\,du} \bar{E}_{i-1}(s)\,ds \right], \end{cases}$$

$$(4.49)$$

其中

$$\begin{aligned} \bar{E}_{i-1}(s) = {} & (\alpha - r)k_{0,i-1}(s) + a_1\eta_1 k_{1,i-1}(s) + a_2\eta_2 k_{2,i-1}(s) + \xi_1 a_1 + \xi_2 a_2 - \\ & \sigma^2 c_{0,i-1}(s)k_0(s) - b_1^2 c_{1,i-1}(s)k_{1,i-1}(s) - b_2^2 c_{2,i-1}(s)k_{2,i-1}(s) - \\ & \rho b_1 b_2 c_{1,i-1}(s)k_{2,i-1}(s) - \rho b_1 b_2 c_{2,i-1}(s)k_{1,i-1}(s), \end{aligned}$$

$\bar{A}_{i-1}(s)$ 和 $\bar{F}_{i-1}(s)$ 由式(4.47)和式(4.48)给出。

4.5 数值算例

本节通过一个算例来说明结果。根据本章模型设定,模型基本参数选取见表4.1,经计算表4.1给出的参数满足情形2的条件。我们通过只变动一个参数而保持其他参数不变来分析该参数变化对定理4.4中状态相依最优时间一致策略的影响,见图4.1~图4.18。其中 $c_0(t), k_0(t), c_1(t), k_1(t), c_2(t)$ 和 $k_2(t)$ 满足积分方程组(4.26),且没有显式解,我们构造迭代序列(4.46)和(4.49)获得它们的数值解,并代入定理4.4中的状态相依最优时间一致策略。

表 4.1　模型基本参数

λ_1	λ_2	λ	μ_{11}	μ_{21}	μ_{12}	μ_{22}	θ_1	θ_2	η_1
2	3	1	0.1	0.1	0.2	0.2	0.2	0.2	0.5
η_2	r	α	σ	A	h	β	ω	T	x
0.5	0.02	0.08	0.8	0.1	1	0.1	1	3	1

图4.1~图4.5分别描述了刻画记忆特征的参数 A, h, β 和风险回避参数 ω 以及初始财富 x 的变化对状态相依最优时间一致投资策略的影响。从图4.1中可以看到,投资在风险资产的数量 p 随着 A 的增加而减少。图4.2显示,h 越大,风险资产的投资数量 p 就越大。在图4.3中,投资在风险资产的数量 p 随 β 增加而增加。比较图4.1~图4.3和图3.1~图3.3可以发现,状态相依风险回避下的最优时间一致投资策略受参数 A, h 和 β 的影响,与无状态相依风险回避的情形相比,从影响方向和趋势看,是相同的。图4.4显示,风险回避系数 ω 越大,投资于风险资产的数量 p 越大,这与无状态相依风险回避情形下的图3.4是一致的。与上一章不同的是,本章我们考虑的是带状态相依风险回避的均值-方差偏好,从定理4.4可以看出初始财富状态 x 会影响最优时间一致策略。图4.5显示,风险资产的投资数量 p 随初始财富 x 的增加而增加,这是因为拥有的财富越多,保险公司的风险承受能力相对越大。由于风险资产的回报率更大,为了获得更多的收益,保险公司会在风险承受能力范围内尽可能多地投资风险资产。

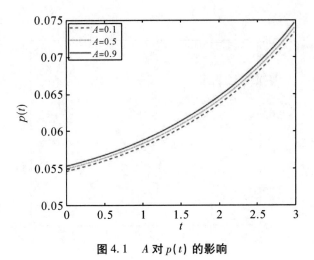

图 4.1 A 对 $p(t)$ 的影响

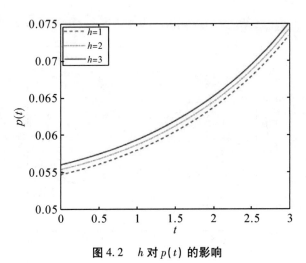

图 4.2 h 对 $p(t)$ 的影响

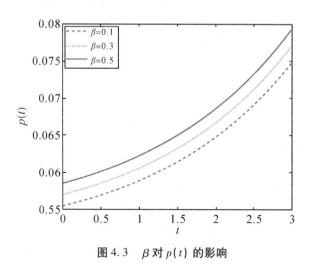

图 4.3 β 对 $p(t)$ 的影响

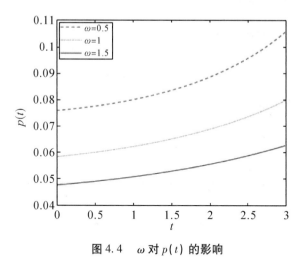

图 4.4 ω 对 $p(t)$ 的影响

基于有界记忆与共同冲击的投资和再保险策略研究

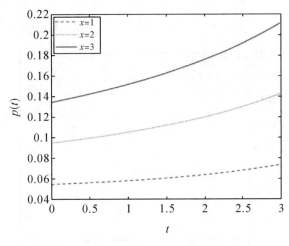

图 4.5 x 对 $p(t)$ 的影响

图 4.6~图 4.15 分别描述了刻画记忆特征的参数 A,h,β 和风险回避参数 ω 以及初始财富水平 x 对两类保险业务的状态相依最优时间一致再保险策略的影响。从图 4.6 和图 4.7 可以看到,随着参数 A 的增加,两类保险业务的留存水平 q_1 和 q_2 都是降低的。图 4.8 和图 4.9 显示,h 越大,两类保险业务的留存水平 q_1 和 q_2 越大。从图 4.10 和图 4.11 可以看到,两类保险业务的留存水平 q_1 和 q_2 随 β 增加而上升。从图 4.12 和图 4.13 可以看到,风险回避系数 ω 越大,两类保险业务的留存水平 q_1 和 q_2 越小。这些结果都与上一章是一致的。与上一章不同的是,本章我们考虑了状态相依风险回避均值-方差偏好,因此初始财富会对留存水平产生影响。从图 4.14 和图 4.15 也可以看出,随着初始财富水平的增加,两类保险业务的留存水平 q_1 和 q_2 都上升,其原因与财富水平对风险资产投资数量的影响是类似的。保险公司所持有的财富越多,其风险承受能力相对越大,为争取更多收益,保险公司会在自身风险承受能力范围内,最大限度地减少再保险的购买,因为再保险的购买费率大于保险公司从投保人处收取的费率。

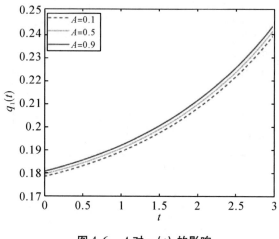

图 4.6　A 对 $q_1(t)$ 的影响

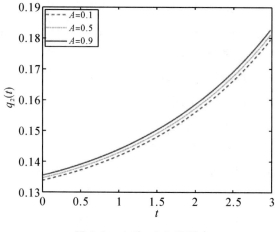

图 4.7　A 对 $q_2(t)$ 的影响

基于有界记忆与共同冲击的投资和再保险策略研究

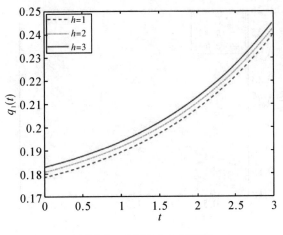

图 4.8　h 对 $q_1(t)$ 的影响

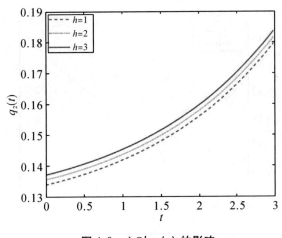

图 4.9　h 对 $q_2(t)$ 的影响

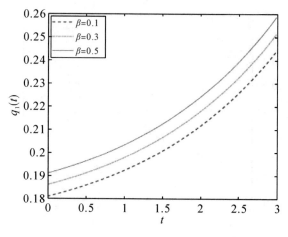

图 4.10 β 对 $q_1(t)$ 的影响

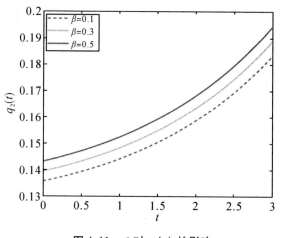

图 4.11 β 对 $q_2(t)$ 的影响

130 基于有界记忆与共同冲击的投资和再保险策略研究

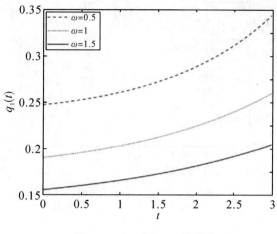

图 4.12　ω 对 $q_1(t)$ 的影响

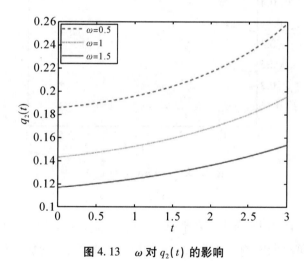

图 4.13　ω 对 $q_2(t)$ 的影响

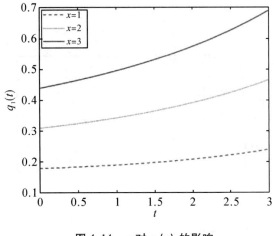

图 4.14 x 对 $q_1(t)$ 的影响

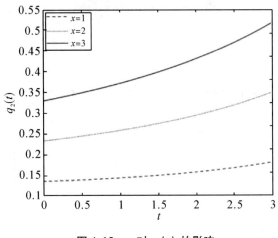

图 4.15 x 对 $q_2(t)$ 的影响

图 4.16~图 4.18 描述了索赔强度参数 λ_1, λ_2 和 λ 对状态相依最优时间一致再保险策略的影响。从图 4.16 可以看到,随着 λ_1 增加,第一类保险业务留存水平 q_1 下降,而第二类保险业务留存水平 q_2 略有上升。图 4.17 显示,λ_2 越大,第二类保险业务留存水平 q_2 越小,而第一类保险业务留存水平 q_1 越大。从图 4.18 可以看到,λ 增加,两类保险业务的留存水平 q_1 和 q_2 都降低。这些结果与上一章是一致的,其经济解释也是相同的。

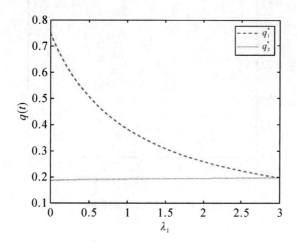

图 4.16 λ_1 对 $q(t)$ 的影响

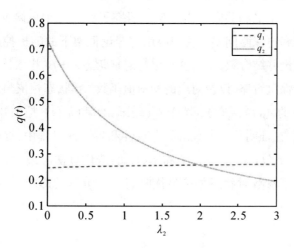

图 4.17 λ_2 对 $q(t)$ 的影响

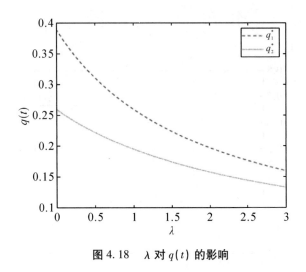

图 4.18 λ 对 $q(t)$ 的影响

4.6 本章小结

    本章在有界记忆和共同冲击框架下研究了状态相依风险回避均值-方差偏好的投资和再保险问题。我们应用博弈论框架下的随机控制理论和随机延迟控制理论并结合靷方法,推导出与财富状态 $x + \beta l$ 相依的最优时间一致的投资和再保险策略,以及对应的均衡值函数。在状态相依最优时间一致策略表达式中的 $c_0(t)$, $k_0(t)$, $c_1(t)$, $k_1(t)$, $c_2(t)$ 和 $k_2(t)$ 是未知的,但它们满足积分方程,在证明积分方程解的存在性和唯一性过程中,提供了一种求解 $c_0(t)$, $k_0(t)$, $c_1(t)$, $k_1(t)$, $c_2(t)$ 和 $k_2(t)$ 的迭代算法。最后,我们用一个数值实例分析了参数对状态相依最优时间一致策略的影响,并给出了经济解释。

5 模型不确定下的投资
和再保险策略

5.1 引言

在前三章中,我们基于有界记忆和共同冲击的框架在不同的模型设定和决策准则下研究了保险公司的投资和再保险决策问题。事实上,前面三章隐含地假定了保险公司准确地知道资产收益随机过程和盈余过程的真实概率分布。然而,这是不现实的,模型本身可能是不确定的。针对模型的不确定性,Anderson 等(2003)提出了一种鲁棒控制方法来处理这种不确定性。他们考虑了一个参考模型以及一系列替代模型,然后在最坏情形的模型中寻找最优稳健投资组合。应用这种方法,Maenhout(2006)研究了均值回归风险溢价的稳健投资组合优化问题。Branger 和 Larsen(2013)研究了跳跃-扩散风险下的稳健投资组合选择。在保险精算领域,Yi 等(2015)在几何布朗运动下以马科维茨均值-方差准则为决策目标获得了模糊厌恶保险公司(ambiguity averse insurer, AAI)的鲁棒有效策略和鲁棒有效前沿。Zheng 等(2016)研究了常方差弹性(CEV)模型下以最大化指数效用为目标的投资和再保险问题。Zeng 等(2016)研究了时间不一致的鲁棒投资和再保险问题。此外,Guan 和 Liang(2019)、Chen 和 Yang(2020)等也在不同的模型设置下利用该鲁棒控制方法获得了稳健的投资和再保险策略。

基于上述讨论,本章将模型不确定性纳入有界记忆和共同冲击模型框架,并假设保险公司可以将财富投资于一个无风险资产和一个风险资产,其中风险资产价格服从跳扩散过程,而保险公司的盈余过程则以二维相依扩散逼近过程刻画。通过引入历史绩效,我们得到了由随机延迟微分方程刻画的财富过程。应用 Girsanov 定理,我们将参考模型转化为相应测度下的替代模型。在此基础上,我们综合应用博弈论框架中的随机控制理论、随机延迟控制理论以及鲁棒控制方法,推导出相应的广义 HJB 方程,通过求解该方程,获得了稳健最优时间一致投资和再保险策略以及相应的稳健均衡值函数。并对忽略模型不确定性时的效用损失进行了分析,在最后的数值算例中分析了相关参数变化对稳健最优时间一致投资和再保险策略以及效用损失造成的影响。

5.2 模型设定

令 $(\Omega, \mathbb{P}, \{\mathcal{F}_t\}_{t \in [0,T]}, \mathbb{P})$ 表示带流的概率空间,并且满足通常条件,即 $\{\mathcal{F}_t\}_{t \in [0,T]}$ 是右连续的且概率测度 $\mathbb{P}$ 是完备的,其中 $\{\mathcal{F}_t\}_{t \in [0,T]}$ 代表直到 t 时刻的市场信息总和。假设本章涉及的所有随机过程都适应于概率空间 $(\Omega, \mathbb{P}, \{\mathcal{F}_t\}_{t \in [0,T]}, \mathbb{P})$ 。

5.2.1 金融市场

在这一小节中,我们考虑金融市场由一个无风险资产和一个风险资产组成,其中无风险资产价格动态由下式给出:

$$dB(t) = rB(t)dt, B(0) = b_0,$$

其中 $r(>0)$ 是常数,表示无风险利率。风险资产价格服从如下过程:

$$dS(t) = S(t-)\left[\alpha dt + \sigma dW(t) + d\sum_{i=1}^{N_0(t)} Y_{0i}\right], S(0) = s_0,$$

其中 α 和 σ 都是常数,分别表示风险资产回报率和波动率。$\{W(t)\}_{t \in [0,T]}$ 是标准的布朗运动,$\{N_0(t)\}_{t>0}$ 强度为 λ_0 的泊松过程,价格跳变量 $\{Y_{0i}, i \geq 1\}$ 是一簇独立同分布于函数 $F_0(y_0)$ 的随机变量。并且,我们假设当 $y_0 > -1$ 时,$0 < F_0(y_0) \leq 1$;否则,$F_0(y_0) = 0$。令 $E[Y_{0i}] = \mu_{01}, E[Y_{0i}^2] = \mu_{02}$。此外,为确保金融市场不会出现无风险套利机会,我们需要假设风险资产的平均回报率大于无风险利率,即 $\alpha + \lambda_0\mu_{01} > r$。

我们考虑用 $\Omega \times [0,T] \times (-1, \infty)$ 上的泊松随机测度 $N_0(\cdot, \cdot)$ 来表示复合泊松过程 $\sum_{i=1}^{N_0(t)} Y_{0i}$,则

$$\sum_{i=1}^{N_0(t)} Y_{0i} = \int_0^t \int_{-1}^\infty y_0 N_0(ds, dy_0), t \in [0, T].$$

如果 $\nu(dt, dy_0) = \lambda_0 dt dF_0(y_0)$，那么

$$E\left[\sum_{i=1}^{N_0(t)} Y_{0i}\right] = \int_0^t \int_{-1}^\infty y_0 \nu(ds, dy_0), t \in [0, T],$$

其中 $\nu(\cdot, \cdot)$ 是随机测度的补偿器。因此，$\widetilde{N}_0(\cdot, \cdot) = N_0(\cdot, \cdot) - \nu(\cdot, \cdot)$ 是与复合泊松过程 $\sum_{i=1}^{N_0(t)} Y_{0i}$ 相关的补偿测度，并且我们有下式：

$$\int_0^t \int_{-1}^\infty y_0 \widetilde{N}_0(ds, dy_0) = \sum_{i=1}^{N_0(t)} Y_{0i} - E\left[\sum_{i=1}^{N_0(t)} Y_{0i}\right], t \in [0, T].$$

5.2.2 盈余过程

假设保险公司持有一个保险组合，该组合由两项不同的保险业务组成，如医疗保险和死亡保险，如同式（4.1），我们用相依的二维扩散逼近过程来描述保险公司的盈余过程 $\hat{U}(t)$ 如下：

$$
\begin{aligned}
d\hat{U}(t) &= cdt - q_1(t) d\hat{C}_1(t) - q_2(t) d\hat{C}_2(t) \\
&= \left[a_1 \eta_1 q_1(t) + (\theta_1 - \eta_1) a_1 + a_2 \eta_2 q_2(t) + (\theta_2 - \eta_2) a_2 \right] dt \\
&\quad + \sqrt{b_1^2 q_1^2(t) + b_2^2 q_2^2(t) + 2 q_1(t) q_2(t) \lambda \mu_{11} \mu_{21}}\, dW_0(t),
\end{aligned}
$$

其中 a_1, a_2, b_1 和 b_2 由式（2.5）给出，$\xi_1 = \theta_1 - \eta_1$ 和 $\xi_2 = \theta_2 - \eta_2$，并且 $W_0(t)$ 是标准的布朗运动。关于盈余过程中的具体参数需要满足的假设条件以及其他变量的经济解释同第 2.2.2 小节。

5.2.3 财富动态

令 $X(t)$ 表示保险公司在 t 时刻的财富，$p_1(t)$ 表示风险资产的投资数量，则 $X(t) - p_1(t)$ 表示无风险资产的投资数量。采用与第 2 章相同的方法引入历史绩效的影响，得到保险公司的财富演化动态由如下随机延迟微分方程描述：

$$
\begin{aligned}
dX^\pi(t) &= (X^\pi(t) - p_1(t)) \frac{dB(t)}{B(t)} + p_1(t) \frac{dS(t)}{S(t)} + d\hat{U}(t) \\
&\quad - f(t, X(t) - \bar{L}(t), X(t) - M(t)) dt \\
&= \left[(r - \gamma_1 - \gamma_2) X^\pi(t) + \bar{\gamma}_1 L^\pi(t) + \gamma_2 M^\pi(t) + (\alpha - r) p_1(t) + \right.
\end{aligned}
$$

$$\begin{aligned}
&(\xi_1 + q_1(t)\eta_1)a_1 \\
&+ (\xi_2 + q_2(t)\eta_2)a_2] dt + \\
&\overline{\sqrt{b_1^2 q_1^2(t) + b_2^2 q_2^2(t) + 2q_1(t)q_2(t)\lambda\mu_{11}\mu_{21}}} dW_0(t) \\
&+ p_1(t)\sigma dW(t) + \int_{-1}^{\infty} p_1(t)y_0 N_0(dt, dy_0),
\end{aligned} \quad (5.1)$$

其中

$$dL^{\pi}(t) = (X^{\pi}(t) - AL^{\pi}(t) - e^{-Ah}M^{\pi}(t)) dt.$$

关于刻画记忆特征的参数 $\gamma_1, \bar{\gamma}_1, \gamma_2$ 以及变量 $L(t), \bar{L}(t), M(t)$ 的解释与第 2.2.3 节相同。

5.3 优化问题与广义 HJB 方程

5.3.1 优化问题

由于我们关注的是一段时期的加权绩效对决策的影响,因此,我们在第 3 章考虑了如下形式的优化问题:

$$\sup_{\pi \in \Pi} \left\{ E_{t,x,l}[X^{\pi}(T) + \beta L^{\pi}(T)] - \frac{\omega}{2} \mathrm{Var}_{t,x,l}[X^{\pi}(T) + \beta L^{\pi}(T)] \right\}.$$

对应于问题(5.2)的框架是传统的投资和再保险模型,此时保险公司被假定为模糊中性的,即保险公司能够准确地找到真实概率测度 $\mathbb{P}$。然而,现实中,精确的概率测度 $\mathbb{P}$ 是很难被发现的,大多数保险公司都是模糊厌恶的,即保险公司不能准确地找到真实的概率测度 $\mathbb{P}$;因此,这些保险公司希望在最坏的经济环境中也能找到一个策略能最大化他们的期望目标。基于这样的考虑,我们将概率测度的不确定性纳入优化问题(5.2),并且概率测度 $\mathbb{P}$ 下的模型(5.1)被视作参考模型,保险公司会考虑一些替代模型。类似 Anderson 等(2003),替代模型定义在一类与概率测度 $\mathbb{P}$ 等价的概率测度 $\mathbb{Q}$ 下,如下所示:

$$Q := \{ \mathbb{Q} \mid \mathbb{Q} \sim \mathbb{P} \}.$$

定义 5.1[容许策略] 对任意给定的 $t \in [0,T]$,一个投资和再保险策略 $\pi(t) = (p_1(t), q_1(t), q_2(t))$ 被称为是容许的,如果它满足:

(i) $\pi(t)$ 是 $\{\mathcal{F}_t\}_{t \in [0,T]}$ -循序可测的;

(ii) $E_{t,x,l}^{Q^*}\left[\int_0^T((p_1(t))^2+(q_1(t))^2+(q_2(t))^2)dt\right]<+\infty, p_1(t)\geqslant 0,$ $q_1(t)\geqslant 0$ 和 $q_2(t)\geqslant 0$, 其中 Q^* 表示被选中的用于描述最坏经济情形的概率测度;

(iii) $\forall(t,x,l)\in[0,T]\times\mathbb{R}\times\mathbb{R}$, 随机延迟微分方程(5.1)有唯一的强解。令 Π 表示所有容许策略构成的集合。

根据 Girsanov 定理, 存在循序可测过程 $\varphi(t)=(\varphi_1(t),\varphi_2(t),\varphi_3(t))$ 满足 $\frac{d\mathbb{Q}}{d\mathbb{P}}\big|_{\mathcal{F}_t}=\Lambda^\varphi(T)$, 其中

$$\Lambda^\varphi(t)=\exp\Big\{-\int_0^t\varphi_1(u)dW_0(u)-\frac{1}{2}\int_0^t\varphi_1^2(u)du-\int_0^t\varphi_2(u)dW(u)$$

$$-\frac{1}{2}\int_0^t\varphi_2^2(u)du+\int_0^t\int_{-1}^\infty\ln\varphi_3(u)N_0(du,dy_0)+$$

$$\int_0^t\int_{-1}^\infty(1-\varphi_3(u))\nu(du,dy_0)\Big\}. \tag{5.3}$$

由 $\varphi(t)$ 的定义, 易知 $\Lambda^\varphi(t)$ 在概率测度 $\mathbb{P}$ 下是鞅, 并且 $E[\Lambda^\varphi(t)]=1$。另外, 在概率测度 $\mathbb{Q}$ 下, 我们也有两个相互独立的布朗运动 $W_0^\mathbb{Q}(t)$ 和 $W^\mathbb{Q}(t)$, 他们分别由下式给出

$$dW_0^\mathbb{Q}(t)=dW_0(t)+\varphi_1(t)dt, dW^\mathbb{Q}(t)=dW(t)+\varphi_2(t)dt.$$

强度 λ_0 的泊松过程 $N_0(t)$ 也变换为强度为 $\lambda_0\varphi_3(t)$ 的泊松过程 $N_0^\mathbb{Q}(t)$。类似 Branger 和 Larsen(2013), 为了便于处理, 我们假设概率测度 $\mathbb{P}$ 和 $\mathbb{Q}$ 下, 跳随机变量 Y_{0i} 具有相同的分布函数。基于以上讨论, 保险公司的财富动态(5.1)转换成概率测度 $\mathbb{Q}$ 下的如下过程:

$$dX^\pi(t)=\big[(r-\gamma_1-\gamma_2)X^\pi(t)+\overline{\gamma_1}L^\pi(t)+\gamma_2M^\pi(t)+(\alpha-r)p_1(t)$$

$$+(\xi_1+q_1(t)\eta_1)a_1+(\xi_2+q_2(t)\eta_2)a_2-\sigma p_1(t)\varphi_2(t)$$

$$-\sqrt{b_1^2q_1^2(t)+b_2^2q_2^2(t)+2q_1(t)q_2(t)\lambda\mu_{11}\mu_{21}}\,\varphi_1(t)\big]dt$$

$$+\sqrt{b_1^2q_1^2(t)+b_2^2q_2^2(t)+2q_1(t)q_2(t)\lambda\mu_{11}\mu_{21}}\,dW_0^\mathbb{Q}(t)+p_1(t)\sigma dW^\mathbb{Q}(t)$$

$$+\int_{-1}^\infty p_1(t)y_0N_0^\mathbb{Q}(dt,dy_0),$$

$$\tag{5.4}$$

如同 Maenhout(2006)、Yi 等(2015)以及 Zeng 等(2016), 我们对问题(5.2)进行修正, 考虑如下鲁棒优化问题:

$$\sup_{\pi \in \Pi} J(t,x,l;\pi) = \sup_{\pi \in \Pi} \inf_{\mathbb{Q} \in Q} \hat{J}(t,x,l;\pi,\mathbb{Q}), \tag{5.5}$$

其中

$$\hat{J}(t,x,l;\pi,\mathbb{Q}) = E_{t,x,l}^{\mathbb{Q}}[X^{\pi}(T) + \beta L^{\pi}(T)] - \frac{\omega}{2}\mathrm{Var}_{t,x,l}^{\mathbb{Q}}[X^{\pi}(T) + \beta L^{\pi}(T)]$$

$$+ E_{t,x,l}^{\mathbb{Q}}\Big[\int_t^T \Big(\frac{\varphi_1^2(u)}{2\phi_1(u)} + \frac{\varphi_2^2(u)}{2\phi_2(u)} + \frac{\lambda_0(\varphi_3(u)\ln\varphi_3(u) - \varphi_3(u) + 1)}{\phi_3(u)}\Big)du\Big],$$

$$\tag{5.6}$$

$\phi_1(t), \phi_2(t)$ 和 $\phi_3(t)$ 都是非负的,它们被用来捕捉 AAI 的模糊厌恶程度。并且,$\phi_1(t), \phi_2(t)$ 和 $\phi_3(t)$ 越大,AAI 的模糊厌恶度越高。与参考测度 $\mathbb{P}$ 的偏差受到期望中后三项惩罚,该偏差依赖于扩散风险和跳风险引起的相对熵。下面的引理给出相对熵从 t 到 $t + dt$ 的增加量。

引理 5.1 关于上述讨论中的相对熵从 t 到 $t + dt$ 的增加量由下式给出:

$$\Big[\frac{1}{2}(\varphi_1^2(t) + \varphi_2^2(t)) + \lambda_0(\varphi_3(t)\ln\varphi_3(t) - \varphi_3(t) + 1)\Big]dt. \tag{5.6}$$

证明:相对熵被定义为式(5.3)中定义的 Radon-Nikodym 导数在替代测度 $\mathbb{Q}$ 下的期望。由 Itô 公式,可得

$$d\ln\Lambda^{\varphi}(t) = -\varphi_1(t)dW_0(t) - \frac{1}{2}\varphi_1^2(t)dt - \varphi_2(t)dW(t)$$

$$-\frac{1}{2}\varphi_2^2(t)dt + \lambda_0(1 - \varphi_3(t))dt + \int_{-1}^{\infty}\ln\varphi_3(t)N_0(dt,dy_0).$$

从而,可得从 t 到 $t + \delta$ 的相对熵,如下:

$$E^{\mathbb{Q}}\Big[\ln\frac{\Lambda(t+\delta)}{\Lambda(t)}\Big] = E^{\mathbb{Q}}\Big[-\int_t^{t+\delta}\varphi_1(u)(dW_0^{\mathbb{Q}}(u) - \varphi_1(u)du) - \frac{1}{2}\int_t^{t+\delta}\varphi_1^2(u)du$$

$$-\int_t^{t+\delta}\varphi_2(u)(dW^{\mathbb{Q}}(u) - \varphi_2(u)du) - \frac{1}{2}\int_t^{t+\delta}\varphi_2^2(u)du + \int_t^{t\delta}\lambda_0(1 - \varphi_3(u))du$$

$$+\int_t^{t+\delta}\int_{-1}^{\infty}\ln\varphi_3(u)\tilde{N}_0(du,dy_0) + \int_t^{t+\delta}\int_{-1}^{\infty}\lambda_0\varphi_3(u)\ln\varphi_3(u)du\Big]$$

$$= E^{\mathbb{Q}}\Big[\int_t^{t+\delta}\Big(\frac{1}{2}(\varphi_1^2(u) + \varphi_2^2(u)) + \lambda_0(\varphi_3(u)\ln\varphi_3(u) - \varphi_3(u) + 1)\Big)du\Big].$$

令 $\delta \to 0$,便得到式(5.6)。 $\qquad\Box$

5.3.2 广义 HJB 方程

如同前两章,我们旨在寻找问题(5.5)的稳健最优时间一致策略,定义均衡策略如下:

定义 5.2 考虑一个容许策略 π^*,它可被视作候选均衡策略。对于任意给定的策略 $\hat{\pi} \in \Pi$,任意实数 $\varepsilon(>0)$ 和初始点 $(t,x,l) \in [0,T] \times \mathbb{R} \times \mathbb{R}$,定义策略 π_ε 如下:

$$\pi_\varepsilon = \begin{cases} \hat{\pi}(u,x,l), (u,x,l) \in [t,t+\varepsilon) \times \mathbb{R} \times \mathbb{R}, \\ \pi^*(u,x,l), (u,x,l) \in [t+\varepsilon,T] \times \mathbb{R} \times \mathbb{R}. \end{cases}$$

如果

$$\liminf_{\varepsilon \downarrow 0} \frac{J(t,x,l;\pi^*) - J(t,x,l;\pi_\varepsilon)}{\varepsilon} \geqslant 0,$$

则我们称 π^* 是均衡策略,并且均衡值函数 $W(t,x,l)$ 由下式给出:

$$W(t,x,l) = J(t,x,l;\pi^*). \tag{5.7}$$

为便于给出广义 HJB 方程和验证定理,我们定义一个无穷小算子。令 $C^{1,2,1}([0,T] \times \mathbb{R} \times \mathbb{R})$ 表示在 $[0,T] \times \mathbb{R} \times \mathbb{R} \times \mathbb{R} \times \mathbb{R}$ 上任意 $\psi(t,x,l)$ 本身和它的导函数 $\psi_t(t,x,l), \psi_x(,t,x,l), \psi_{xx}(t,x,l)$ 和 $\psi_l(t,x,l)$ 都连续的函数组成的空间。对于任意函数 $\psi(t,x,l) \in C^{1,2,1}([0,T] \times \mathbb{R} \times \mathbb{R})$ 和给定的策略 $\pi \in \Pi$,在替代测度 $\mathbb{Q}$ 下的无穷小算子定义如下:

$$\mathcal{L}^\pi \psi(t,x,l) = \psi_t + [(r - \gamma_1 - \gamma_2)x + \overline{\gamma}_1 l + \gamma_2 m + (\alpha - r)p_1 + (\xi_1 + q_1\eta_1)a_1$$
$$+ (\xi_2 + q_2\eta_2)a_2 - \sqrt{b_1^2 q_1^2(t) + b_2^2 q_2^2(t) + 2q_1 q_2 \lambda \mu_{11} \mu_{21}} \varphi_1 - \sigma p_1 \varphi_2]\psi_x$$
$$+ (x - Al - e^{-Ah}m)\psi_l + \frac{1}{2}(b_1^2 q_1^2 + b_2^2 q_2^2 + 2q_1 q_2 \lambda \mu_{11} \mu_{21} + p_1^2 \sigma^2)\psi_{xx}$$
$$+ \lambda_0 \varphi_3 E^{\mathbb{Q}}[\psi(t,x+p_1 y_0,l) - \psi(t,x,l)]. \tag{5.8}$$

定理 5.3[验证定理] 对于鲁棒均值-方差问题(5.5),假设存在两个实值函数 $V(t,x,l), g(t,x,l) \in C^{1,2,1}([0,T] \times \mathbb{R} \times \mathbb{R})$ 满足如下条件:

$$\sup_{\pi \in \Pi} \inf_{\mathbb{Q} \in Q} \left\{ \mathcal{L}^{\pi,\varphi} V(t,x,l) - \frac{\omega}{2} \mathcal{L}^{\pi,\varphi} g^2(t,x,l) + \omega g(t,x,l) \mathcal{L}^{\pi,\varphi} g(t,x,l) \right.$$
$$\left. + \frac{\varphi_1^2(t)}{2\phi_1(t)} + \frac{\varphi_2^2(t)}{2\phi_2(t)} + \frac{\lambda_0(\varphi_3(t)\ln\varphi_3(t) - \varphi_3(t) + 1)}{\phi_3(t)} \right\} = 0,$$

$$\tag{5.9}$$

$$\mathcal{L}^{\pi^*,\varphi^*}g(t,x,l) = 0, \tag{5.10}$$

$$(\pi^*,\varphi^*) := \arg\sup_{\pi\in\Pi}\inf_{\mathbb{Q}\in Q}\Big\{\mathcal{L}^{\pi,\varphi}V(t,x,l) - \frac{\omega}{2}\mathcal{L}^{\pi,\varphi}g^2(t,x,l) +$$

$$\omega g(t,x,l)\mathcal{L}^{\pi,\varphi}g(t,x,l) + \frac{\varphi_1^2(t)}{2\phi_1(t)} + \frac{\varphi_2^2(t)}{2\phi_2(t)}$$

$$+ \frac{\lambda_0(\varphi_3(t)\ln\varphi_3(t) - \varphi_3(t) + 1)}{\phi_3(t)}\Big\},$$

$$V(T,x,l) = x + \beta l, g(T,x,l) = x + \beta l,$$

那么 $E_{t,x,l}^{\mathbb{Q}}[X^{\pi^*}(T) + \beta L^{\pi^*}(T)] = g(t,x,l), W(t,x,l) = V(t,x,l)$，并且 π^* 是稳健均衡策略。

对该验证定理的证明类似定理 3.5，此处不再赘述。

5.4 稳健最优时间一致策略

本节我们推导问题(5.5)的稳健最优时间一致投资和再保险策略以及对应的稳健均衡值函数。如同 Branger 和 Larsen（2013）、Chen 和 Yang（2020），为了使问题(5.5)易于处理，并确保问题(5.5)中的惩罚是合理的，必须对模糊厌恶参数施加一些限制。我们假设 $\phi_1(t) = \beta_1, \phi_2(t) = \beta_2$ 和 $\phi_3(t) = \beta_3$，其中 β_1, β_2 和 β_3 都是非负的。根据无穷小算子(5.8)，方程(5.9)和(5.10)可以被重写为

$$\sup_{\pi\in\Pi}\inf_{\mathbb{Q}\in Q}\Big\{V_t + \big[(r - \gamma_1 - \gamma_2)x + \bar{\gamma}_1 l + \gamma_2 m + (\alpha - r)p_1 + (\xi_1 + q_1\eta_1)a_1$$

$$+ (\xi_2 + q_2\eta_2)a_2 - \sqrt{b_1^2 q_1^2 + b_2^2 q_2^2 + 2q_1 q_2 \lambda\mu_{11}\mu_{21}}\,\varphi_1 - \sigma p_1\varphi_2\big]V_x$$

$$+ (x - Al - e^{-Ah}m)V_l + \frac{1}{2}(b_1^2 q_1^2 + b_2^2 q_2^2 + 2q_1 q_2 \lambda\mu_{11}\mu_{21}$$

$$+ p_1^2\sigma^2)(V_{xx} - \omega g_x^2) + \lambda_0\varphi_3\big[E^{\mathbb{Q}}[V(t,x + p_1 y_0, l) - V(t,x,l)]$$

$$- \frac{\omega}{2}E^{\mathbb{Q}}[g^2(t,x + p_1 y_0, l) - g^2(t,x,l)] + \omega g E^{\mathbb{Q}}[g(t,x + p_1 y_0, l)$$

$$- g(t,x,l)]\big] + \frac{\varphi_1^2}{2\beta_1} + \frac{\varphi_2^2}{2\beta_2} + \frac{\lambda_0(\varphi_3\ln\varphi_3 - \varphi_3 + 1)}{\beta_3}\Big\} = 0,$$

$$\tag{5.11}$$

$$g_t + \left[(r - \gamma_1 - \gamma_2)x + \bar{\gamma}_1 l + \gamma_2 m + (\alpha - r)p_1^* + (\xi_1 + q_1^* \eta_1)a_1 \right.$$

$$+ (\xi_2 + q_2^* \eta_2)a_2 - \sqrt{b_1^2 (q_1^*)^2 + b_2^2 (q_2^*)^2 + 2q_1^* q_2^* \lambda \mu_{11} \mu_{21}} \, \varphi_1^*$$

$$\left. - \sigma p_1^* \varphi_2^* \right] g_x + (x - Al - e^{-Ah}m)g_l + \frac{1}{2}\left(b_1^2 (\quad)^2 + b_2^2 (\quad)^2 \right.$$

$$+ 2q_1^* q_2^* \lambda \mu_{11} \mu_{21} + (\quad)^2 \sigma^2) g_{xx}$$

$$+ \lambda_0 \varphi_3^* E^{\mathbb{Q}} \left[g(t, x + p_1^* y_0, l) - g(t, x, l) \right] = 0,$$

$$(5.12)$$

其中终值条件是 $V(T, x, l) = x + \beta l$ 和 $g(T, x, l) = x + \beta l$。

为确保留存比例 $q_1(\cdot)$ 和 $q_2(\cdot)$ 是非负的，我们分三种情形讨论，具体与第 2 章相同。下面的定理中，我们只对情形 2 做详细分析，另外两种情形可做类似推导。

定理 5.4 对于问题 (5.5)，在情形 2 下，稳健的最优时间一致投资和再保险策略如下：

$$p_1^*(t) = \frac{e^{-(r - \gamma_1 - \gamma_2 + \beta)(T-t)}}{\omega + \beta_2}\left[\frac{\alpha - r}{\sigma^2} - \frac{\lambda_0(\omega \mu_{02} p_1^*(t)e^{(r - \gamma_1 - \gamma_2 + \beta)(T-t)} - \mu_{01})}{\sigma^2} \right.$$

$$\left. \times e^{\beta_3\left(\frac{\omega}{2}\mu_{02}(p_1^*(t))^2 e^{2(r - \gamma_1 - \gamma_2 + \beta)(T-t)} - \mu_{01}p_1^*(t)e^{(r - \gamma_1 - \gamma_2 + \beta)(T-t)} \right)} \right], \quad (5.13)$$

$$q_1^*(t) = \frac{n_1}{\omega + \beta_1}e^{-(r - \gamma_1 - \gamma_2 + \beta)(T-t)}, \quad (5.14)$$

$$q_2^*(t) = \frac{n_2}{\omega + \beta_1}e^{-(r - \gamma_1 - \gamma_2 + \beta)(T-t)}, \quad (5.15)$$

以及对应的稳健均衡值函数是

$$V(t, x, l) = e^{(r - \gamma_1 - \gamma_2 + \beta)(T-t)}(x + \beta l) - \frac{[\xi_1 a_1 + \xi_2 a_2]}{r - \gamma_1 - \gamma_2 + \beta}(1 - e^{(r - \gamma_1 - \gamma_2 + \beta)(T-t)})$$

$$+ \frac{1}{\omega + \beta_1}\left(a_1 n_1 \eta_1 + a_2 n_2 \eta_2 - \frac{1}{2}b_1^2 n_1^2 - \frac{1}{2}b_2^2 n_2^2 - \lambda \mu_{11} \mu_{21} n_1 n_2 \right)(T - t)$$

$$+ \int_t^T \left[(\alpha - r)p_1^*(s)e^{(r - \gamma_1 - \gamma_2 + \beta)(T-s)} - \frac{(p_1^*(s))^2 \sigma^2(\omega + \beta_2)e^{2(r - \gamma_1 - \gamma_2 + \beta)(T-s)}}{2} \right.$$

$$+ \frac{\lambda_0}{\beta_3}\left(1 - e^{\beta_3\left(\frac{\omega}{2}\mu_{02}(p_1^*(s))^2 e^{2(r - \gamma_1 - \gamma_2 + \beta)(T-s)} - \mu_{01}p_1^*(s)e^{(r - \gamma_1 - \gamma_2 + \beta)(T-s)} \right)}\right) \bigg] ds,$$

$$(5.16)$$

另外，最坏情形测度是

$$\varphi_1^*(t) = \beta_1 \sqrt{b_1^2 \left(q_1^*(t)\right)^2 + b_2^2 \left(q_2^*(t)\right)^2 + 2q_1^*(t)q_2^*(t)\lambda\mu_{11}\mu_{21}} \, e^{(r-\gamma_1-\gamma_2+\beta)(T-t)},$$

$$\tag{5.17}$$

$$\varphi_2^*(t) = \beta_2\sigma p_1^*(t)e^{(r-\gamma_1-\gamma_2+\beta)(T-t)}, \tag{5.18}$$

$$\varphi_3^*(t) = e^{\beta_3\left(\frac{\omega}{2}\mu_{02}(p_1^*(t))^2e^{2(r-\gamma_1-\gamma_2+\beta)(T-t)} - \mu_{01}p_1^*(t)e^{(r-\gamma_1-\gamma_2+\beta)(T-t)}\right)}. \tag{5.19}$$

证明:根据 V 和 g 的终值条件,我们假设 V 和 g 具有如下形式:

$$V(t,x,l) = H(t)(x+\beta l) + F(t), \tag{5.20}$$

$$g(t,x,l) = P(t)(x+\beta l) + Q(t), \tag{5.21}$$

其中 $H(T) = P(T) = 1$ 和 $F(T) = Q(T) = 0$。对 V 和 g 关于 t, x 和 l,可得

$$V_t = H'(t)(x+\beta l) + F'(t), V_x = H(t), V_l = \beta H(t) = \beta V_x, V_{xx} = 0,$$

$$g_t = P'(t)(x+\beta l) + Q'(t), g_x = P(t), g_l = \beta P(t) = \beta g_x, g_{xx} = 0.$$

经计算,我们还有

$$E[V(t,x+p_1y_0,l) - V(t,x,l)] = \mu_{01}p_1H(t),$$

$$E[g^2(t,x+p_1y_0,l) - g^2(t,x,l)] = \mu_{02}p_1^2P^2(t) +$$
$$2\mu_{01}p_1P(t)[P(t)(x+\beta l) + Q(t)],$$

$$E[g(t,x+p_1y_0,l) - g(t,x,l)] = \mu_{01}p_1P(t).$$

将上述结果代入式(5.11)和式(5.12),注意到条件(3.8),可得

$$\sup_{\pi\in\Pi}\inf_{\mathbb{Q}\in Q}\Big\{ H'(t)(x+\beta l) + F'(t) + \big[(r-\gamma_1-\gamma_2+\beta)(x+\beta l) + (\alpha-r)p_1$$

$$+ (\xi_1+q_1\eta_1)a_1 + (\xi_2+q_2\eta_2)a_2 - \sqrt{b_1^2q_1^2 + b_2^2q_2^2 + 2q_1q_2\lambda\mu_{11}\mu_{21}}\,\varphi_1$$

$$- \sigma p_1\varphi_2 + \lambda_0\varphi_3\mu_{01}p_1 \big]H(t) - \frac{\omega}{2}\big(b_1^2q_1^2 + b_2^2q_2^2 + 2q_1q_2\lambda\mu_{11}\mu_{21} + p_1^2\sigma^2$$

$$+ \lambda_0\varphi_3\mu_{02}p_1^2\big)P^2(t) + \frac{\varphi_1^2}{2\beta_1} + \frac{\varphi_2^2}{2\beta_2} + \frac{\lambda_0(\varphi_3\ln\varphi_3 - \varphi_3 + 1)}{\beta_3} \Big\} = 0, \tag{5.22}$$

$$P'(t)(x+\beta l) + Q'(t) + \big[(r-\gamma_1-\gamma_2+\beta)(x+\beta l) + (\alpha-r)p_1^*$$

$$+ (\xi_1+q_1^*\eta_1)a_1 + (\xi_2+q_2^*\eta_2)a_2$$

$$- \sqrt{b_1^2(q_1^*)^2 + b_2^2(q_2^*)^2 + 2q_1^*q_2^*\lambda\mu_{11}\mu_{21}}\,\varphi_1^*$$

$$- \sigma p_1^*\varphi_2^* + \lambda_0\varphi_3^*\mu_{01}p_1^* \big]P(t) = 0. \tag{5.23}$$

应用一阶最优条件,式(5.22)达到下确界部分的点 φ_1^*, φ_2^* 和 φ_3^* 如下:

$$\varphi_1^* = \beta_1\sqrt{b_1^2q_1^2 + b_2^2q_2^2 + 2q_1q_2\lambda\mu_{11}\mu_{21}}\,H(t), \tag{5.24}$$

$$\varphi_2^* = \beta_2\sigma p_1H(t), \tag{5.25}$$

$$\varphi_3^* = e^{\beta_3\left(\frac{\omega}{2}\mu_{02}p_1^2P^2(t) - \mu_{01}p_1H(t)\right)}. \tag{5.26}$$

将上述结果代入式(5.22)，我们得到

$$
\begin{aligned}
\sup_{\pi \in \Pi} \Big\{ & H'(t)(x+\beta l) + F'(t) + \big[(r-\gamma_1-\gamma_2+\beta)(x+\beta l) + (\alpha-r)p_1 \\
& + (\xi_1+q_1\eta_1)a_1 + (\xi_2+q_2\eta_2)a_2\big]H(t) - \frac{\omega}{2}(b_1^2 q_1^2 + b_2^2 q_2^2 \\
& + 2q_1 q_2 \lambda\mu_{11}\mu_{21} + p_1^2\sigma^2)P^2(t) - \frac{\beta_1}{2}(b_1^2 q_1^2 + b_2^2 q_2^2 \\
& + 2q_1 q_2 \lambda\mu_{11}\mu_{21})H^2(t) - \frac{\beta_2}{2}\sigma^2 p_1^2 H^2(t) \\
& + \frac{\lambda_0}{\beta_3}\big(1 - e^{\beta_3\left(\frac{\omega}{2}\mu_{02}p_1^2 P^2(t) - \mu_{01}p_1 H(t)\right)}\big) \Big\} = 0.
\end{aligned} \tag{5.27}
$$

再一次应用一阶最优条件，可得到方程(5.27)达到上确界部分的点 p_1^*，q_1^* 和 q_2^*，如下所示：

$$
\begin{aligned}
p_1^*(t) = \frac{1}{\omega P^2(t) + \beta_2 H^2(t)} \Big[& \frac{\alpha-r}{\sigma^2}H(t) - \frac{\lambda_0}{\sigma^2}(\omega\mu_{02}p_1^*(t)P^2(t) \\
& - \mu_{01}H(t))e^{\beta_3\left(\frac{\omega}{2}\mu_{02}(p_1^*(t))^2 P^2(t) - \mu_{01}p_1^*(t)H(t)\right)} \Big],
\end{aligned} \tag{5.28}
$$

$$
q_1^*(t) = n_1 \frac{H(t)}{\omega P^2(t) + \beta_1 H^2(t)}, \tag{5.29}
$$

$$
q_2^*(t) = n_2 \frac{H(t)}{\omega P^2(t) + \beta_1 H^2(t)}, \tag{5.30}
$$

其中

$$
n_1 = \frac{a_1\eta_1 b_2^2 - a_2\eta_2\lambda\mu_{11}\mu_{21}}{b_1^2 b_2^2 - \lambda^2\mu_{11}^2\mu_{21}^2}, \quad n_2 = \frac{a_2\eta_2 b_1^2 - a_1\eta_1\lambda\mu_{11}\mu_{21}}{b_1^2 b_2^2 - \lambda^2\mu_{11}^2\mu_{21}^2}.
$$

将式(5.24)~式(5.26)和式(5.28)~式(5.30)代回式(5.27)和式(5.23)，可得

$$
\begin{aligned}
& H'(t)(x+\beta l) + F'(t) + \big[(r-\gamma_1-\gamma_2+\beta)(x+\beta l) + (\alpha-r)p_1^* + \xi_1 a_1 \\
& + \xi_2 a_2\big]H(t) + \Big(a_1 n_1 \eta_1 + a_2 n_2 \eta_2 - \frac{1}{2}b_1^2 b_1^2 - \frac{1}{2}b_2^2 n_2^2 - \lambda\mu_{11}\mu_{21}n_1 n_2\Big) \\
& \times \Big(\frac{H^2(t)}{\omega P^2(t) + \beta_1 H^2(t)}\Big) - \frac{(p_1^*)^2\sigma^2}{2}(\omega P^2(t) + \beta_2 H^2(t)) \\
& + \frac{\lambda_0}{\beta_3}\big(1 - e^{\beta_3\left(\frac{\omega}{2}\mu_{02}p_1^2 P^2(t) - \mu_{01}p_1 H(t)\right)}\big) = 0,
\end{aligned} \tag{5.31}
$$

$$P'(t)(x + \beta l) + Q'(t) + \left[(r - \gamma_1 - \gamma_2 + \beta)(x + \beta l) + (\alpha - r)p_1^* + \xi_1 a_1 \right.$$

$$\left. + \xi_2 a_2 \right] P(t) + (a_1 n_1 \eta_1 + a_2 n_2 \eta_2) \frac{H(t)P(t)}{\omega P^2(t) + \beta_1 H^2(t)} - \beta_1 (b_1^2 n_1^2 + b_2^2 n_2^2$$

$$+ 2n_1 n_2 \lambda \mu_{11} \mu_{21}) \frac{H^3(t)P(t)}{(\omega P^2(t) + \beta_1 H^2(t))^2} - \beta_2 \sigma^2(\,)^2 H(t)P(t)$$

$$+ \lambda_0 \mu_{01} p_1^* P(t) e^{\beta_3 (\frac{\omega}{2} \mu_{02}(p_1^*)^2 P^2(t) - \mu_{01} p_1^* H(t))} = 0. \tag{5.32}$$

对式(5.31)和式(5.32)分离变量 $x + \beta l$，可得如下微分方程:

$$H'(t) + (r - \gamma_1 - \gamma_2 + \beta)H(t) = 0, H(T) = 1,$$

$$P'(t) + (r - \gamma_1 - \gamma_2 + \beta)P(t) = 0, P(T) = 1,$$

$$F'(t) + \left[(\alpha - r)p_1^* + \xi_1 a_1 + \xi_2 a_2 \right] H(t) - \frac{(p_1^*)^2 \sigma^2}{2}(\omega P^2(t) + \beta_2 H^2(t))$$

$$+ \frac{\lambda_0}{\beta_3} (1 - e^{\beta_3(\frac{\omega}{2} \mu_{02}(p_1^*)^2 P^2(t) - \mu_{01} p_1^* H(t))}) + \left(a_1 n_1 \eta_1 + a_2 n_2 \eta_2 - \frac{1}{2} b_1^2 n_1^2 - \frac{1}{2} b_2^2 n_2^2 \right.$$

$$\left. - \lambda \mu_{11} \mu_{21} n_1 n_2 \right) \frac{1}{\omega + \beta_1} = 0, F(T) = 0,$$

$$Q'(t) + \left[(\alpha - r)p_1^* + \xi_1 a_1 + \xi_2 a_2 \right] P(t) - \beta_2 \sigma^2(\,)^2 H(t)P(t)$$

$$+ \lambda_0 \mu_{01} p_1^* P(t) e^{\beta_3(\frac{\omega}{2} \mu_{02}(p_1^*)^2 P^2(t) - \mu_{01} p_1^* H(t))} + (a_1 n_1 \eta_1 + a_2 n_2 \eta_2) \frac{1}{\omega + \beta_1}$$

$$- \beta_1 (b_1^2 n_1^2 + b_2^2 n_2^2 + 2\lambda \mu_{11} \mu_{21} n_1 n_2) \frac{1}{(\omega + \beta_1)^2} = 0, Q(T) = 0.$$

解上述方程,可得:

$$H(t) = P(t) = e^{(r - \gamma_1 - \gamma_2 + \beta)(T-t)}, \tag{5.33}$$

$$F(t) = -\frac{[\xi_1 a_1 + \xi_2 a_2]}{r - \gamma_1 - \gamma_2 + \beta}(1 - e^{(r - \gamma_1 - \gamma_2 + \beta)(T-t)})$$

$$+ \frac{1}{\omega + \beta_1} \left(a_1 n_1 \eta_1 + a_2 n_2 \eta_2 - \frac{1}{2} b_1^2 n_1^2 - \frac{1}{2} b_2^2 n_2^2 - \lambda \mu_{11} \mu_{21} n_1 n_2 \right)(T-t)$$

$$+ \int_t^T \left[(\alpha - r)p_1^*(s) e^{(r - \gamma_1 - \gamma_2 + \beta)(T-s)} - \frac{(p_1^*(s))^2 \sigma^2 (\omega + \beta_2) e^{2(r - \gamma_1 - \gamma_2 + \beta)(T-s)}}{2} \right.$$

$$+ \frac{\lambda_0}{\beta_3} (1 - e^{\beta_3(\frac{\omega}{2} \mu_{02}(p_1^*(s))^2 e^{2(r - \gamma_1 - \gamma_2 + \beta)(T-s)} - \mu_{01}(p_1^*(s))^2 e^{(r - \gamma_1 - \gamma_2 + \beta)(T-s)})}) \left. \right] ds, \tag{5.34}$$

$$Q(t) = -\frac{[\xi_1 a_1 + \xi_2 a_2]}{r - \gamma_1 - \gamma_2 + \beta}(1 - e^{(r-\gamma_1-\gamma_2+\beta)(T-t)}) + \frac{1}{\omega + \beta_1}(a_1 n_1 \eta_1$$

$$+ a_2 n_2 \eta_2)(T - t) - \frac{\beta_1}{(\omega + \beta_1)^2}(b_1^2 n_1^2 + b_2^2 n_2^2 + 2\lambda \mu_{11} \mu_{21} n_1 n_2)(T - t)$$

$$+ \int_t^T \big[(\alpha - r) p_1^*(s) - \beta_2 \sigma^2('s))^2 e^{2(r-\gamma_1-\gamma_2+\beta)(T-s)}$$

$$+ \lambda_0 \mu_{01} p_1^*(s) e^{(r-\gamma_1-\gamma_2+\beta)(T-s)} e^{\beta_3\left(\frac{\omega}{2}\mu_{02}(p_1^*(s))^2 e^{2(r-\gamma_1-\gamma_2+\beta)(T-s)} - \mu_{01} p_1^*(s) e^{(r-\gamma_1-\gamma_2+\beta)(T-s)}\right)} \big] ds.$$

$$(5.35)$$

将上述结果代回式(5.28)~式(5.30),式(5.20)和式(5.24)~式(5.26),我们得到式(5.13)~式(5.19)。注意到情形2($n_1 > 0$ 和 $n_2 > 0$),确保了 $q_1^*(t) > 0$ 和 $q_2^*(t) > 0$。定理5.4得证。

命题5.5 式(5.13)有唯一的正根,即存在唯一的 $p_1^*(t) \in [0, +\infty)$ 满足式(5.13)。

证明:由式(5.13),可得

$$\sigma^2 p_1^*(\omega + \beta_2) e^{(r-\gamma_1-\gamma_2+\beta)(T-t)} = \alpha - r - \lambda_0(\omega \mu_{02} p_1^* e^{(r-\gamma_1-\gamma_2+\beta)(T-t)} - \mu_{01})$$

$$\times e^{\beta_3\left(\frac{\omega}{2}\mu_{02}(p_1^*)^2 e^{2(r-\gamma_1-\gamma_2+\beta)(T-t)} - \mu_{01} p_1^* e^{(r-\gamma_1-\gamma_2+\beta)(T-t)}\right)}.$$

令

$$h(p_1) = \alpha - r - \lambda_0(\omega \mu_{02} p_1 e^{(r-\gamma_1-\gamma_2+\beta)(T-t)} - \mu_{01})$$

$$\times e^{\beta_3\left(\frac{\omega}{2}\mu_{02} p_1^2 e^{2(r-\gamma_1-\gamma_2+\beta)(T-t)} - \mu_{01} p_1 e^{(r-\gamma_1-\gamma_2+\beta)(T-t)}\right)} - \sigma^2 p_1(\omega + \beta_2) e^{(r-\gamma_1-\gamma_2+\beta)(T-t)}.$$

进一步,$h(\cdot)$ 的导数如下:

$$h'(p_1) = -\lambda_0 \omega \mu_{02} e^{(r-\gamma_1-\gamma_2+\beta)(T-t)} e^{\beta_3\left(\frac{\omega}{2}\mu_{02} p_1^2 e^{2(r-\gamma_1-\gamma_2+\beta)(T-t)} - \mu_{01} p_1 e^{(r-\gamma_1-\gamma_2+\beta)(T-t)}\right)} -$$

$$\lambda_0 \beta_3 e^{(r-\gamma_1-\gamma_2+\beta)(T-t)} (\omega \mu_{02} p_1 e^{(r-\gamma_1-\gamma_2+\beta)(T-t)} - \mu_{01})^2 \times$$

$$e^{\beta_3\left(\frac{\omega}{2}\mu_{02} p_1^2 e^{2(r-\gamma_1-\gamma_2+\beta)(T-t)} - \mu_{01} p_1 e^{(r-\gamma_1-\gamma_2+\beta)(T-t)}\right)} -$$

$$\sigma^2(\omega + \beta_2) e^{(r-\gamma_1-\gamma_2+\beta)(T-t)} < 0,$$

即 $h(p_1)$ 是 p_1 的减函数。此外,容易看出 $h(0) = \alpha - r + \lambda_0 \mu_{01} > 0$,当 $p_1 >$

$$\max\left\{\frac{\mu_{01}}{\omega \mu_{02} e^{(r-\gamma_1-\gamma_2+\beta)(T-t)}}, \frac{\alpha - r}{\sigma^2(\omega + \beta_2) e^{(r-\gamma_1-\gamma_2+\beta)(T-t)}}\right\} > 0 时,还有 h(p_1) < 0。$$

命题5.5得证。

如果模糊厌恶系数 $\beta_1 = \beta_2 = \beta_3 = 0$，那么此时保险公司从 AAI 退化为模糊中性保险公司(ambiguity-neutral insurer，ANI)，并且 $\varphi_1(t) = \varphi_2(t) = 0$ 和 $\varphi_3(t) = 1$。当保险公司由 AAI 退化为 ANI 后，与此相对应的财富演化动态和优化问题分别由式(5.1)和(5.2)给出，并且相对应的广义 HJB 系统由以下两式给出：

$$
\begin{aligned}
\sup_{\pi \in \Pi} \Big\{ & V_t + \big[(r - \gamma_1 - \gamma_2)x + \bar{\gamma}_1 l + \gamma_2 m + (\alpha - r)p_1 \\
& + (\xi_1 + q_1\eta_1)a_1 + (\xi_2 + q_2\eta_2)a_2 \big] V_x + (x - Al - e^{-Ah}m) V_l \\
& + \frac{1}{2}(b_1^2 q_1^2 + b_2^2 q_2^2 + 2q_1 q_2 \lambda \mu_{11}\mu_{21} + p_1^2 \sigma^2)(V_{xx} - \omega g_x^2) \\
& + \lambda_0 \big[E[V(t, x + p_1 y_0, l) - V(t, x, l)] \\
& - \frac{\omega}{2} E[g^2(t, x + p_1 y_0, l) - g^2(t, x, l)] \\
& + \omega g E[g(t, x + p_1 y_0, l) - g(t, x, l)]] \Big\} = 0,
\end{aligned}
$$

$$
\begin{aligned}
g_t + & \big[(r - \gamma_1 - \gamma_2)x + \bar{\gamma}_1 l + \gamma_2 m + (\alpha - r)p_1^* + (\xi_1 + q_1^* \eta_1)a_1 \\
& + (\xi_2 + q_2^* \eta_2)a_2 \big] g_x + (x - Al - e^{-Ah}m)g_l + \frac{1}{2}(b_1^2 ( )^2 \\
& + b_2^2 ( )^2 + 2q_1^* q_2^* \lambda \mu_{11}\mu_{21} + ( )^2 \sigma^2)g_{xx} \\
& + \lambda_0 E[g(t, x + p_1^* y_0, l) - g(t, x, l)] = 0.
\end{aligned}
$$

基于上述讨论，并由定理 5.4 可得到保险公司为 ANI 时的最优时间一致投资和再保险策略，如下面推论。

推论 5.6 当保险公司是 ANI 时，在情形 2 下，最优时间一致投资和再保险策略如下：

$$
\hat{p}_1^*(t) = \frac{\alpha - r + \lambda_0 \mu_{01}}{\omega(\sigma^2 + \lambda_0 \mu_{02})} e^{-(r - \gamma_1 - \gamma_2 + \beta)(T-t)}, \tag{5.36}
$$

$$
\hat{q}_1^*(t) = \frac{n_1}{\omega} e^{-(r - \gamma_1 - \gamma_2 + \beta)(T-t)}, \tag{5.37}
$$

$$
\hat{q}_2^*(t) = \frac{n_2}{\omega} e^{-(r - \gamma_1 - \gamma_2 + \beta)(T-t)}, \tag{5.38}
$$

对应的均衡值函数是

$$\hat{V}(t,x,l) = e^{(r-\gamma_1-\gamma_2+\beta)(T-t)}(x+\beta l) - \frac{[\xi_1 a_1 + \xi_2 a_2]}{r-\gamma_1-\gamma_2+\beta}$$

$$\times (1 - e^{(r-\gamma_1-\gamma_2+\beta)(T-t)}) + \frac{(\alpha - r + \lambda_0\mu_{01})^2}{2\omega(\sigma^2 + \lambda_0\mu_{02})}(T-t) \qquad (5.39)$$

$$+ \frac{1}{\omega}\left(a_1 n_1 \eta_1 + a_2 n_2 \eta_2 - \frac{b_1^2 n_1^2}{2} - \frac{b_2^2 n_2^2}{2} - \lambda\mu_{11}\mu_{21}n_1 n_2\right)(T-t).$$

ANI 的最优策略对于 AAI 来说是次最优的,即推论 5.6 中的策略是 AAI 的次最优策略。令 $\hat{\pi}^* = (\hat{p}_1^*, \hat{q}_1^*, \hat{q}_2^*)$,并假设 AAI 采取推论 5.6 中给出的次最优策略,则对应的值函数定义为

$$V_{sub}(t,x,l) = \inf_{\mathbb{Q} \in Q} J(t,x,l;\hat{\pi}^*). \qquad (5.40)$$

命题 5.7 问题 (5.40) 在情形 2 下的值函数由下式给出:

$$V_{sub}(t,x,l) = e^{(r-\gamma_1-\gamma_2+\beta)(T-t)}(x+\beta l) - \frac{[\xi_1 a_1 + \xi_2 a_2]}{r-\gamma_1-\gamma_2+\beta} \times (1 - e^{(r-\gamma_1-\gamma_2+\beta)(T-t)})$$

$$+ \frac{(a_1\eta_1 n_1 + a_2\eta_2 n_2)(T-t)}{\omega} - \frac{\omega+\beta_1}{2\omega^2}(b_1^2 n_1^2 + b_2^2 n_2^2 + 2\lambda\mu_{11}\mu_{21}n_1 n_2)(T-t)$$

$$+ \frac{(\alpha-r)(\alpha-r+\lambda_0\mu_{01})(T-t)}{\omega(\sigma^2 + \lambda_0\mu_{02})} - \frac{\sigma^2(\alpha-r+\lambda_0\mu_{01})^2(\beta_2+\omega)(T-t)}{2\omega^2(\sigma^2+\lambda_0\mu_{02})^2}$$

$$+ \frac{\lambda_0}{\beta_3}\left(1 - e^{\beta_3\left(\frac{\mu_{02}(\alpha-r+\lambda_0\mu_{01})^2}{2\omega(\sigma^2+\lambda_0\mu_{02})^2} - \frac{\mu_{01}(\alpha-r+\lambda_0\mu_{01})}{\omega(\sigma^2+\lambda_0\mu_{02})}\right)}\right)(T-t).$$

$$(5.41)$$

基于定理 5.4、推论 5.6 以及命题 5.7 的讨论,我们定义如下效用损失函数 UL(utility loss):

$$UL := 1 - \frac{V_{sub}(t,x,l)}{V(t,x,l)}. \qquad (5.42)$$

注 5.1 如果我们在推论 5.6 的基础上进一步不考虑风险资产的价格跳,那么最优时间一致投资策略退化为 $\hat{p}_1^*(t) = \frac{\alpha-r}{\omega\sigma^2}$,再保险策略不受影响,对应的均衡值函数变为

$$V_0(t,x,l) = e^{(r-\gamma_1-\gamma_2+\beta)(T-t)}(x+\beta l) - \frac{[\xi_1 a_1 + \xi_2 a_2]}{r-\gamma_1-\gamma_2+\beta}$$

$$\times (1 - e^{(r-\gamma_1-\gamma_2+\beta)(T-t)}) + \frac{(\alpha-r)^2}{2\omega\sigma^2}(T-t) + \frac{1}{\omega}(a_1 n_1 \eta_1$$

$$+ a_2 n_2 \eta_2 - \frac{b_1^2 n_1^2}{2} - \frac{b_2^2 n_2^2}{2} - \lambda\mu_{11}\mu_{21}n_1 n_2)(T-t),$$

如果 $A = h = \beta = \gamma_1 = \gamma_2 = 0$，则模型退化为不考虑有界记忆的情形。由定理 5.4，有以下推论。

推论 5.8 对于问题 (5.5)，在情形 2 下且不考虑有界记忆时，稳健最优时间一致投资和再保险策略如下：

$$\bar{p}_1^*(t) = \frac{e^{-r(T-t)}}{\omega+\beta_2}\Big[\frac{\alpha-r}{\sigma^2} - \frac{\lambda_0(\omega\mu_{02}\bar{p}_1^* e^{r(T-t)} - \mu_{01})}{\sigma^2} \times \tag{5.43}$$

$$e^{\beta_3\left(\frac{\omega}{2}\mu_{02}(\bar{p}_1^*)^2 e^{2r(T-t)} - \mu_{01}\bar{p}_1^* e^{r(T-t)}\right)}\Big],$$

$$\bar{q}_1^*(t) = \frac{n_1}{\omega+\beta_1} e^{-r(T-t)}, \tag{5.44}$$

$$\bar{q}_2^*(t) = \frac{n_2}{\omega+\beta_1} e^{-r(T-t)}, \tag{5.45}$$

对应的均衡值函数是：

$$\bar{V}(t,x,l) = e^{r(T-t)}(x+\beta l) - \frac{[\xi_1 a_1 + \xi_2 a_2]}{r}(1 - e^{r(T-t)})$$

$$+ \frac{1}{\omega+\beta_1}\Big(a_1 n_1 \eta_1 + a_2 n_2 \eta_2 - \frac{1}{2}b_1^2 n_1^2 - \frac{1}{2}b_2^2 n_2^2 - \lambda\mu_{11}\mu_{21}n_1 n_2\Big)(T-t)$$

$$+ \int_t^T \Big[(\alpha-r)\bar{p}_1^*(s)e^{r(T-s)} - \frac{(\bar{p}_1^*(s))^2\sigma^2(\omega+\beta_2)e^{2r(T-s)}}{2}$$

$$+ \frac{\lambda_0}{\beta_3}(1 - e^{\beta_3\left(\frac{\omega}{2}\mu_{02}(\bar{p}_1^*(s))^2 e^{2r(T-s)} - \mu_{01}\bar{p}_1^*(s)e^{r(T-s)}\right)})\Big]ds.$$

$$\tag{5.46}$$

注 5.2 在推论 5.8 的基础上，我们进一步忽略共同冲击的影响，即 $\lambda = 0$，此时稳健最优时间一致投资和再保险策略如下：

$$\bar{p}_{01}^*(t) = \frac{e^{-r(T-t)}}{\omega + \beta_2} \Big[\frac{\alpha - r}{\sigma^2} - \frac{\lambda_0(\omega\mu_{02}\bar{p}_1^* e^{r(T-t)} - \mu_{01})}{\sigma^2} \tag{5.47}$$

$$\times e^{\beta_3\left(\frac{\omega}{2}\mu_{02}(\bar{p}_1^*)^2 e^{2r(T-t)} - \mu_{01}\bar{p}_1^* e^{r(T-t)}\right)} \Big],$$

$$\bar{q}_{01}^*(t) = \frac{\mu_{11}\eta_1}{\mu_{12}(\omega + \beta_1)} e^{-r(T-t)}, \tag{5.48}$$

$$\bar{q}_{02}^*(t) = \frac{\mu_{21}\eta_2}{\mu_{22}(\omega + \beta_1)} e^{-r(T-t)}, \tag{5.49}$$

对应的稳健均衡值函数是

$$\bar{V}(t,x) = e^{r(T-t)}x - \frac{[\xi_1 a_1 + \xi_2 a_2]}{r}(1 - e^{r(T-t)})$$

$$+ \frac{1}{2(\omega + \beta_1)}\Big(\frac{\lambda_1\mu_{11}^2\eta_1^2}{\mu_{12}} + \frac{\lambda_2\mu_{21}^2\eta_2^2}{\mu_{22}}\Big)(T-t) + \int_t^T \Big[(\alpha - r)\bar{p}_1^*(s)e^{r(T-s)}$$

$$- \frac{(\bar{p}_1^*(s))^2\sigma^2(\omega + \beta_2)e^{2r(T-s)}}{2} + \frac{\lambda_0}{\beta_3}(1 - e^{\beta_3\left(\frac{\omega}{2}\mu_{02}(\bar{p}_1^*(s))^2 e^{2r(T-s)} - \mu_{01}\bar{p}_1^*(s)e^{r(T-s)}\right)}) \Big]ds.$$

$$\tag{5.50}$$

其中 $\bar{p}_{01}^*(t)$, $\bar{q}_{01}^*(t)$ 和 $\bar{q}_{02}^*(t)$ 与 Zeng 等(2016)中的 $\pi_2^*(t)$ 和 $p_2^*(t)$ 在表达形式上是一致的。

5.5 数值算例

本节通过一个算例来说明结果。根据本章模型设定,模型基本参数选取见表5.1,经计算表5.1参数满足情形2的条件。我们通过只变动一个参数而保持其他参数不变来分析该参数变化对定理5.4中的稳健最优时间一致策略以及对式(5.42)中效用损失的影响,见图5.1~图5.22。

表 5.1　模型基本参数

λ_0	λ_1	λ_2	λ	μ_{01}	μ_{11}	μ_{21}	μ_{02}	μ_{12}	μ_{22}	θ_1	θ_2	η_1
1	2	3	1	1	0.2	0.2	2	0.3	0.3	0.2	0.2	0.4
η_2	α	r	σ	β_1	β_2	β_3	ω	x	T	A	β	h
0.4	0.08	0.03	0.8	0.5	0.5	0.7	0.3	1	3	0.1	0.1	1

图 5.1~图 5.6 分别描述了参数 $A, h, \beta, \omega, \beta_2$ 和 β_3 对稳健最优时间一致投资策略的影响。从图 5.1~图 5.4 可以看出，风险资产的投资数量 p_1，随着参数 A 的增加而减少，随着参数 h 的增加而增加，随着参数 β 的增加而增加，随着参数 ω 的增加而减少。这些结果与前两章是一致的，其经济解释此处不再赘述。图 5.5 和图 5.6 表明，对于 AAI，模糊回避参数 β_2 或 β_3 越大，投资于风险资产的数量 p_1 越大。由于 β_2 和 β_3 分别表示与扩散风险和跳跃风险有关的模糊厌恶系数，保险公司对较大的 β_2 或 β_3 的参考模型的信心较低，因此保险公司将减少风险资产的投资。对 ANI 来说，保险公司完全相信参考模型，认为参考模型完全精确地刻画了风险资产的价格和投资组合的价值，因此，与 AAI 相比，ANI 更愿意投资于风险资产。

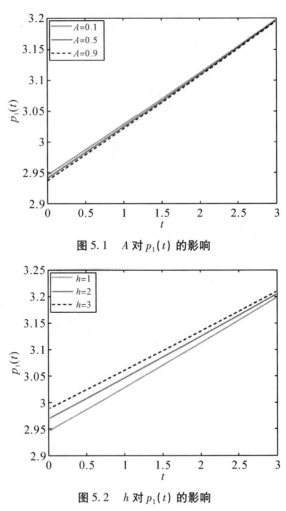

图 5.1　A 对 $p_1(t)$ 的影响

图 5.2　h 对 $p_1(t)$ 的影响

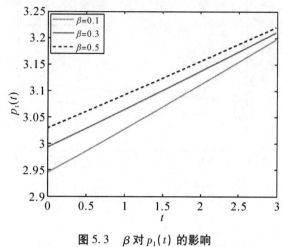

图 5.3　β 对 $p_1(t)$ 的影响

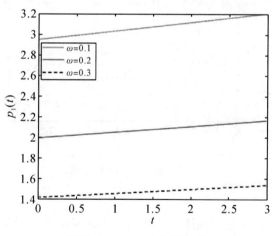

图 5.4　ω 对 $p_1(t)$ 的影响

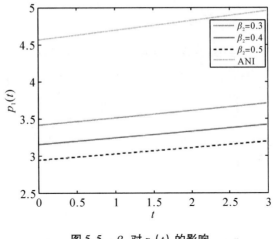

图 5.5 β_2 对 $p_1(t)$ 的影响

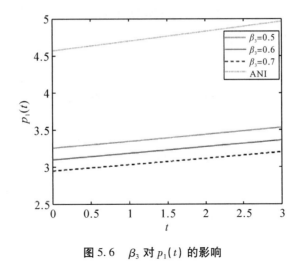

图 5.6 β_3 对 $p_1(t)$ 的影响

  图 5.7~图 5.16 分别描述了参数 A,h,β,ω 和 β_1 对稳健最优时间一致再保险策略的影响。从图 5.7~图 5.14 可以看出,保险业务的留存水平 $q_1(q_2)$,随着 A 的增加而降低,随着 h 的增加而上升,随着 β 的增加而上升,随 ω 增加而降低。这些结果与前两章一致,其经济解释此处不再赘述。从图 5.15 和图 5.16 可以看到,模糊回避参数 β_1 越大,两类保险业务的留存水平 q_1 和 q_2 都会越低。其原因类似于 β_2 和 β_3 对于投资策略的作用机制。因

为 β_1 越大,保险公司对于参考模型越怀疑,即保险公司对于参考模型的信心越低,因此,为了规避模型不确定性导致的风险,保险公司会购买更多的再保险,从而两类保险业务的留存水平 q_1 和 q_2 都会降低。对 ANI 而言,保险公司完全相信参考模型,因此,与 AAI 相比,ANI 为了在风险承受能力范围内获得更多的收益,再保险的购买量会相对少一些,从而保险业务的自留比例会高一些。

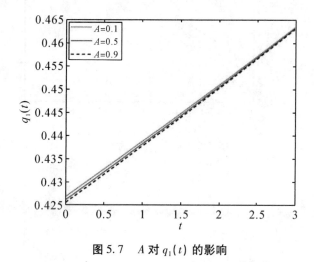

图 5.7 A 对 $q_1(t)$ 的影响

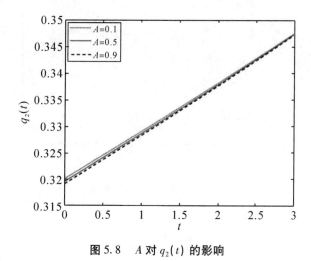

图 5.8 A 对 $q_2(t)$ 的影响

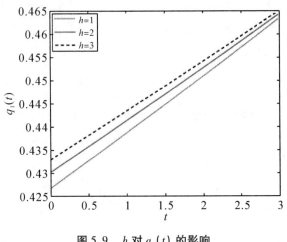

图 5.9　h 对 $q_1(t)$ 的影响

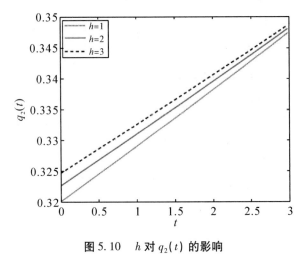

图 5.10　h 对 $q_2(t)$ 的影响

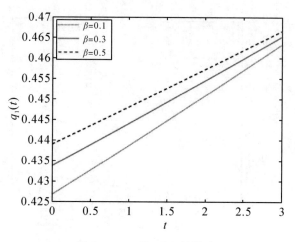

图 5.11　β 对 $q_1(t)$ 的影响

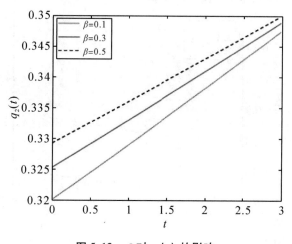

图 5.12　β 对 $q_2(t)$ 的影响

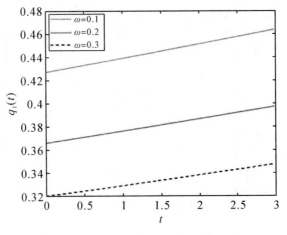

图 5.13　ω 对 $q_1(t)$ 的影响

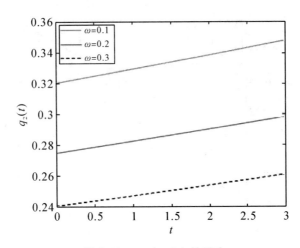

图 5.14　ω 对 $q_2(t)$ 的影响

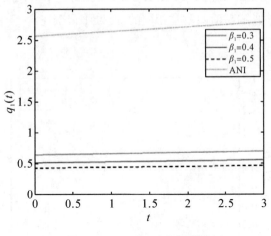

图 5.15 β_1 对 $q_1(t)$ 的影响

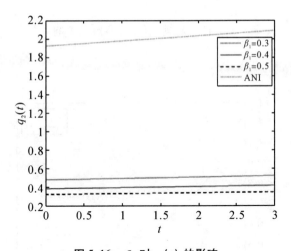

图 5.16 β_1 对 $q_2(t)$ 的影响

图 5.17~图 5.19 分别描述了参数 λ_1,λ_2 和 λ 对稳健最优时间一致再保险策略的影响。从图 5.17 可以看出,随着参数 λ_1 增加,第一类保险业务的留存水平 q_1 降低,而第二类保险业务的留存水平 q_2 略有上升。图 5.18 表明,参数 λ_2 越大,第二类保险业务的留存水平 q_2 越低,而第一类保险业务的留存水平 q_1 越高。图 5.19 则显示,两类保险业务的留存水平 q_1 和 q_2 随着共

同冲击参数 λ 的增加而降低。在趋势上,参数 λ_1,λ_2 和 λ 对稳健最优时间一致再保险策略的影响与前两章是相同的,此处不再赘述。

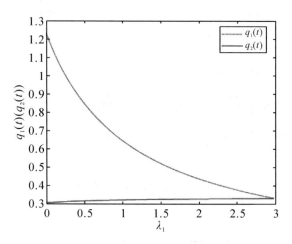

图 5.17　λ_1 对 $q_1(t)$($q_2(t)$) 的影响

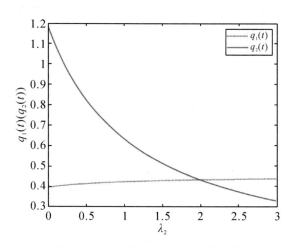

图 5.18　λ_2 对 $q_1(t)$($q_2(t)$) 的影响

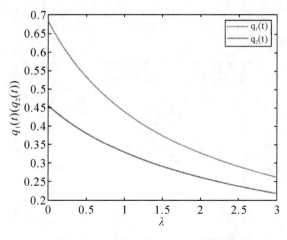

图 5.19 λ 对 $q_1(t)(q_2(t))$ 的影响

图 5.20 ~ 图 5.22 描述了模糊回避参数 β_1, β_2 和 β_3 对忽略 AAI 模型不确定性时所造成的效用损失的影响。图 5.20 ~ 图 5.22 表明,模糊回避参数 β_1, β_2 和 β_3 对效用损失会产生正方向的影响,这意味着,对于 AAI 而言,从参考模型所能获得的信息越少,那么所带来的效用损失越大。

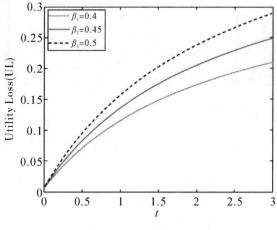

图 5.20 β_1 对效用损失的影响

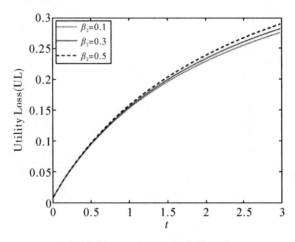

图 5.21 β_2 对效用损失的影响

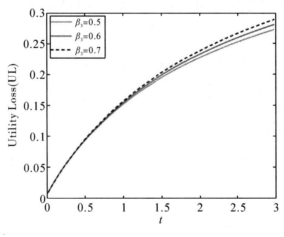

图 5.22 β_3 对效用损失的影响

基于有界记忆与共同冲击的投资和再保险策略研究

5.6 本章小结

本章将模型不确定性纳入有界记忆和共同冲击模型框架,综合应用博弈论框架下的随机控制理论、随机延迟控制理论以及鲁棒控制方法,获得了稳健最优时间一致策略和稳健均衡值函数,并对忽略模型不确定性时的效用损失进行了分析,通过数值算例分析了相关参数变化对稳健最优时间一致策略和效用损失造成的影响。可以发现,有界记忆特征对稳健最优时间一致策略都有影响,且其影响趋势与前面章节结果相同;AAI 的模糊厌恶度会影响稳健最优时间一致投资和再保险策略,AAI 面对模型不确定性时的最优投资和再保险策略小于 ANI;忽略模型不确定性带来的效用损失随着模糊厌恶回避系数的增加而增加;共同冲击因素对两类相依业务的稳健最优时间一致再保险策略影响显著。

6 结论与展望

6.1 主要结论

  本书主要在有界记忆和共同冲击框架下研究保险公司的投资和再保险策略问题。在有界记忆和共同冲击框架下,第 2 章在跳扩散金融市场与卖空限制下,应用随机线性二次控制和随机延迟控制理论获得了辅助问题的粘性解,在此基础上,应用拉格朗日对偶定理获得了对应的有效策略和有效前沿,并用数值算例分析了相关模型参数对有效前沿的影响。第 3 章假设保险公司可投资于一个无风险资产、一个可违约债券和一个风险资产,其中风险资产价格过程服从 Heston 随机波动率模型。在此模型设定下,综合应用博弈论框架中的随机控制理论及随机延迟控制理论获得了关于可违约债券、风险资产以及两类相依保险业务的最优时间一致决策,并且我们给相应的广义 HJB 方程提供了验证。另外,我们通过数值算例分析了刻画有界记忆特征的参数和共同冲击参数以及刻画违约风险的参数对最优时间一致策略的影响,其结果与经济现实一致。从决策依据看,第 4 章是对第 3 章的拓展,由于第 3 章中我们考虑的均值-方差效用的风险回避系数是常数,导致获得的最优时间一致决策,包括可违约债券和风险资产的投资数量以及两类相依再保险策略的自留比例都与财富状态无关,这与经济现实不太一致,因此,第 4 章考虑了状态相依风险回避均值-方差偏好,为简化后续的计算,我们假设风险资产的价格过程服从几何布朗运动,然后综合应用博弈论框架下的随机控制理论、随机延迟控制理论和鞅方法,获得了状态相依的最优时间一致投资和再保险策略以及对应的均衡值函数,并且最后数值分析的结果显示,有界记忆和共同冲击对状态相依最优时间一致策略的影响与第 3 章相同,其他参数或变量的影响也符合经济直感。事实上,第 5 章在某种意义上是第 2、3 和 4 章的拓展,第 2、3 和 4 章隐含假设保险公司能精确地找到涉及模型的概率分布,然而这不太符合经济现实,因此,第 5 章将模型不确定性纳入有界记忆和共同冲击模型框架研究常系数风险回避均值-方差偏好下的投资和再保险策略问题,其中我们假设风险资产的价格服从跳扩散过程,然后应用博弈论框架中的随机控制理论、随机延迟控制理论和鲁棒控制方法,获得了稳健最优时间一致投资和再保险策略以及对应的稳健均衡值函数,并且分析了忽略模型不确定性带来的效用损失,此外数值分析的结果显示,第 5 章中关于有界记忆和共同冲击的参数对稳健最优时间一致策略的影响与第 4 章相同,而模糊厌恶参数的影响也基本符合经济现实。

6.2　研究展望

本书基于有界记忆和共同冲击模型框架在不同模型设定和经济假设下研究了保险公司的投资和再保险决策,主要研究结果为保险公司进行投资和再保险决策提供了更贴近实际的现实依据,具有一定的理论意义和现实意义。但是金融市场复杂多变,还有很多现实的因素值得进一步研究。具体而言,下一步的工作将从以下两方面展开:①单个代理人。事实上,本书主要研究了单个保险公司的投资和再保险决策问题,在此基础上,有三方面值得深化:从金融市场的设置看,随机利率和通货膨胀风险是值得引入的;从经济环境约束看,可以考虑动态 VaR 约束和不破产约束;从决策准则看,均值-半方差准则以及损失回避偏好更适合作行为决策依据。②多个代理人。现实经济市场中存在多个保险公司,它们也往往存在某种竞争关系,因此有必要在模型不确定情形下进一步引入非零和博弈、Stackelberg 博弈以及平均场博弈。

参考文献

阿春香, 邵仪, 2020. CEV 模型下时滞最优投资与再保险问题. 运筹学学报 (24): 73-87.

毕俊娜, 李旻瀚, 2020. 基于新巴塞尔协议监管下保险人的均值-方差最优投资-再保险问题. 数学学报 (中文版) (63): 61-76.

常浩, 王春峰, 房振明, 2019. 随机金融市场环境下的最优再保险-投资策略. 控制理论与应用 (36): 307-318.

谷爱玲, 陈树敏, 2016. 状态相依效用下的超额损失再保险-投资策略. 运筹学学报 (20): 91-104.

杨鹏, 2014. 均值-方差准则下 CEV 模型的最优投资和再保险. 系统科学与数学 (34): 1100-1107.

朱怀念, 张成科, 曹铭, 2021. Heston 模型下保险公司和再保险公司的投资与再保险博弈. 中国管理科学 (6): 1-12.

AGRAM N, HAADEM S, ØKSENDAL B, 2013. A maximum principle for infinite horizon delay equations. SIAM Journal On Mathematical Analysis (45): 2499-2522.

AMBAGASPITIYA R S, 1998. On the distribution of a sum of correlated aggregate claims. Insurance: Mathematics And Economics (23): 15-19.

AMBAGASPITIYA R S, 1999. On the distributions of two classes of correlated aggregate claims. Insurance: Mathematics and Economics (24): 301-308.

ANDERSON E W, HANSEN L P, SARGENT T J, 2003. A quartet of semigroups for model specification, robustness, prices of risk, and model detection. Journal of the European Economic Association (1): 68-123.

BAI L, CAI J, ZHOU M, 2013. Optimal reinsurance policies for an insurer with a bivariate reserve risk process in a dynamic setting. Insurance: Mathematics and Economics (53): 664-670.

BAI L, GUO J, 2008. Optimal proportional reinsurance and investment with multiple risky assets and no-shorting constraint. Insurance: Mathematics and Economics (42): 968-975.

BAI L, ZHANG H, 2008. Dynamic mean-variance problem with constrained risk control for the insurers. Mathematical Methods of Operations Research (68): 181-205.

BAUER H, RIEDER U, 2005. Stochastic control problems with delay. Mathematical Methods of Operations Research (62): 411-427.

BÄUERLE N, 2005. Benchmark and mean-variance problems for insurers. Mathematical Methods of Operations Research, 62 (1): 159-165.

BI J, GUO J, BAI L, 2011. Optimal multi-asset investment with no-shorting constraint under mean-variance criterion for an insurer. Journal of Systems Science and Complexity (24): 291-307.

BI J, LIANG Z, XU F, 2016. Optimal mean-variance investment and reinsurance problems for the risk model with common shock dependence. Insurance: mathematics and Economics (70): 245-258.

BI J, MENG Q, ZHANG Y, 2014. Dynamic mean-variance and optimal reinsurance problems under the no-bankruptcy constraint for an insurer. Annals of Operations Research (212): 43-59.

BI J, CAI J, 2019. Optimal investment-reinsurance strategies with state dependent risk aversion and VaR constraints in correlated markets. Insurance: Mathematics and Economics (85): 1-14.

BI J, GUO J, 2013. Optimal mean-variance problem with constrained controls in a jump-diffusion financial market for an insurer. Journal of Optimization Theory and Applications (157): 252-275.

BIELECKI T R, JANG I, 2006. Portfolio optimization with a defaultable security. Asia-Pacific Financial Markets (13): 113-127.

BJÖRK T, KHAPKO M, MURGOCI A, 2017. On time-inconsistent stochastic control in continuous time. Finance and Stochastics (21): 331-360.

BJÖRK T, MURGOCI A, ZHOU X Y, 2014. Mean-variance portfolio optimization with state-dependent risk aversion. Mathematical Finance： An International Journal of Mathematics, Statistics and Financial Economics （24）： 1-24.

BJÖRK T, MURGOCI A, 2010. A general theory of Markovian time inconsistent stochastic control problems. Stockholm School of Economics.

BJÖRK T, MURGOCI A, 2014. A theory of Markovian time-inconsistent stochastic control in discrete time. Finance and Stochastics （18）： 545-592.

BRANGER N, LARSEN L S, 2013. Robust portfolio choice with uncertainty about jump and diffusion risk. Journal of Banking and Finance （37）： 5036-5047.

BROWNE S, 1995. Optimal investment policies for a firm with a random risk process： exponential utility and minimizing the probability of ruin. Mathematics of Operations Research （20）： 937-958.

CAO Y, WAN N, 2009. Optimal proportional reinsurance and investment based on Hamilton-Jacobi-Bellman equation. Insurance： Mathematics and Economics （45）： 157-162.

CENTENO M, 2005. Dependent risks and excess of loss reinsurance. Insurance： Mathematics and Economics （37）： 229-238.

CHANG M H, PANG T, PEMY M, 2008. Optimal control of stochastic functional differential equations with a bounded memory. Stochastics An International Journal of Probability and Stochastic Processes （80）： 69-96.

CHANG M H, PANG T, YANG Y, 2011. A stochastic portfolio optimization model with bounded memory. Mathematics of Operations Research （36）： 604-619.

CHEN L, SHEN Y, 2019. Stochastic Stackelberg differential reinsurance games under time-inconsistent mean-variance framework. Insurance： Mathematics and Economics （88）： 120-137.

CHEN L, WU Z, 2010. Maximum principle for the stochastic optimal control problem with delay and application. Automatica （46）： 1074-1080.

CHEN P, YAM S C P, 2013. Optimal proportional reinsurance and investment with regime-switching for mean-variance insurers. Insurance： Mathematics and Economics （53）： 871-883.

CHEN Z, YANG, P. (2020). Robust optimal reinsurance-investment strategy with price jumps and correlated claims. Insurance: Mathematics and Economics (92): 27−46.

CHUNXIANG A, LAI Y, SHAO Y, 2018. Optimal excess-of-loss reinsurance and investment problem with delay and jump-diffusion risk process under the CEV model. Journal of Computational and Applied Mathematics (342): 317−336.

CHUNXIANG A, LI Z, 2015. Optimal investment and excess-of-loss reinsurance problem with delay for an insurer under Heston's SV model. Insurance: Mathematics and Economics (61): 181−196.

CRAMÉR H, 1976. A century with probability theory: Some personal recollections. The Annals of Probability (4): 509−546.

CRAMÉR H, 1955. Collective Risk Theory. Stockholm: Skandia Jubilee Volume.

DRIESSEN J, 2005. Is default event risk priced in corporate bonds? The Review of Financial Studies (18): 165−195.

DUFFIE D, SINGLETON K J, 2012. Credit Risk: Pricing, Measurement and Management. Princeton : Princeton University Press.

ELSANOSI I, ØKSENDAL B, SULEM A, 2000. Some solvable stochastic control problems with delay. Stochastics: An International Journal of Probability and Stochastic Processes (71): 69−89.

FEDERICO S, GOLDYS B, GOZZI F, 2010. HJB equations for the optimal control of differential equations with delays and state constraints, I: regularity of viscosity solutions. SIAM Journal on Control and Optimization (48): 4910−4937.

Federico S, Goldys B, Gozzi F, 2011. HJB equations for the optimal control of differential equations with delays and state constraints, II: verification and optimal feedbacks. SIAM Journal on Control and Optimization (49): 2378 − 2414.

FEDERICO S, 2011. A stochastic control problem with delay arising in a pension fund model. Finance and Stochastics (15): 421−459.

FLEMING W H, SONER H M, 2006. Controlled Markov Processes and

Niscosity solutions. Springer, New York.

GOZZI F, MARINELLI C, SAVIN S, 2009. On controlled linear diffusions with delay in a model of optimal advertising under uncertainty with memory effects. Journal of Optimization Theory and Applications (142): 291-321.

GRANDELL J, 1991. Aspects of Risk Theory. Springer, New York.

GU A, GUO X, LI Z, 2012. Optimal control of excess-of-loss reinsurance and investment for insurers under a CEV model. Insurance: Mathematics and Economics (51): 674-684.

GU M, YANG Y, LI S, 2010. Constant elasticity of variance model for proportional reinsurance and investment strategies. Insurance: Mathematics and Economics (46): 580-587.

GUAN G, LIANG Z, 2019. Robust optimal reinsurance and investment strategies for an AAI with multiple risks. Insurance: Mathematics and Economics (89): 63-78.

HAN X, LIANG Z, ZHANG C, 2019. Optimal proportional reinsurance with common shock dependence to minimise the probability of drawdown. Annals of Actuarial Science (13): 268-294.

HIPP C, PLUM M, 2000. Optimal investment for insurers. Insurance: Mathematics and Economics (27): 215-228.

HØJGAARD B, TAKSAR M, 1998. Optimal proportional reinsurance policies for diffusion models. Scandinavian Actuarial Journal (2): 166-180.

HØJGAARD B, TAKSAR M, 1998. Optimal proportional reinsurance policies for diffusion models with transaction costs. Insurance: Mathematics and Economics (22): 41-51.

JARROW R A, TURNBULL S M, 1995. Pricing derivatives on financial securities subject to credit risk. The Journal of Finance (50): 53-85.

KANWAL R P, 2013. Linear Integral Equations. Springer, New York.

KOLMANOVSKII V B, MAIZENBERG T L, 1973. Optimal control of stochastic systems with aftereffect. Automation and Remote Control (1): 47-61.

KUSUOKA S, 1999. A Remark on Default Risk Models. Springer, New York.

KYTHE P, PURI P, 2011. Computational Methods for Linear Integral Equations. Springer, New York.

LARSSEN B, 2002. Dynamic programming in stochastic control of systems with delay. Stochastics: An International Journal of Probability and Stochastic Processes (74): 651-673.

LARSSEN B, RISEBRO N H, 2003. When are HJB-equations in stochastic control of delay systems finite dimensional?. Stochastic Analysis and Applications (21): 643-671.

LI D, RONG X, ZHAO H, 2014. Optimal reinsurance-investment problem for maximizing the product of the insurer's and the reinsurer's utilities under a CEV model. Journal of Computational and Applied Mathematics (255): 671-683.

LI D, RONG X, ZHAO H, 2015. Time-consistent reinsurance-investment strategy for an insurer and a reinsurer with mean-variance criterion under the CEV model. Journal of Computational and Applied Mathematics (283) : 142-162.

LI D, RONG X, ZHAO H, 2015. Time-consistent reinsurance-investment strategy for a mean-variance insurer under stochastic interest rate model and inflation risk. Insurance: Mathematics and Economics (64): 28-44.

LI D, RONG X, ZHAO H, 2016. Optimal reinsurance and investment problem for an insurer and a reinsurer with jump-diffusion risk process under the Heston model. Computational and Applied Mathematics (35): 533-557.

LI D, RONG X, ZHAO H, 2017. Equilibrium excess-of-loss reinsurance-investment strategy for a mean-variance insurer under stochastic volatility model. Communications in Statistics-Theory and Methods (46): 9459-9475.

LI D, RONG X, ZHAO H, 2017. Equilibrium investment strategy for DC pension plan with default risk and return of premiums clauses under CEV model. Insurance: Mathematics and Economics (72): 6-20.

LI D, NG W L, 2000. Optimal dynamic portfolio selection: Multiperiod mean-variance formulation. Mathematical Finance (10): 387-406.

LI Y, LI Z, 2013. Optimal time-consistent investment and reinsurance strategies for mean-variance insurers with state dependent risk aversion. Insurance: Mathematics and Economics (53): 86-97.

LI Z, ZENG Y, LAI Y, 2012. Optimal time-consistent investment and reinsurance strategies for insurers under Heston's SV model. Insurance: Mathematics and Economics, 51, 191−203.

LIANG Z, BI J, YUEN K C, 2016. Optimal mean-variance reinsurance and investment in a jump-diffusion financial market with common shock dependence. Mathematical Methods of Operations Research (84): 155−181.

LIANG Z, YUEN K C, ZHANG C, 2018. Optimal reinsurance and investment in a jump-diffusion financial market with common shock dependence. Journal of Applied Mathematics and Computing (56): 637−664.

LIANG Z, SONG M, 2015. Time-consistent reinsurance and investment strategies for mean-variance insurer under partial information. Insurance: Mathematics and Economics (65): 66−76.

LIANG Z, YUEN K C, 2016. Optimal dynamic reinsurance with dependent risks: variance premium principle. Scandinavian Actuarial Journal (1): 18−36.

LIN X, LI Y, 2011. Optimal reinsurance and investment for a jump diffusion risk process under the CEV model. North American Actuarial Journal (15): 417−431.

LIN X, QIAN Y, 2016. Time-consistent mean-variance reinsurance-investment strategy for insurers under CEV model. Scandinavian Actuarial Journal (7): 646−671.

LINDSKOG F, MCNEIL A J, 2003. Common Poisson shock models: applications to insurance and credit risk modelling. ASTIN Bulletin: The Journal of the IAA (33): 209−238.

LUNDBERG F I, 1903. Approximerad Framställning av sannolikhets funktionen. II, Aterförsäkring av Kollektivrisker. Almqvist and Wiksell, Uppsala.

MADAN D B, UNAL H, 1998. Pricing the risks of default. Review of Derivatives Research (2): 121−160.

MAENHOUT P J, 2006. Robust portfolio rules and detection-error probabilities for a mean-reverting risk premium. Journal of Economic Theory (128): 136−163.

MAO X, SABANIS S, 2013. Delay geometric Brownian motion in financial option valuation. Stochastics An International Journal of Probability and Stochastic Processes (85): 295−320.

Markowitz H, 1952. Portfolio selection. The Journal of Finance (7): 77-91.

MERTON R C, 1969. Lifetime portfolio selection under uncertainty: The continuous-time case. The Review of Economics and Statistics (51): 247-257.

MERTON R C, 1971. Optimum consumption and portfolio rules in a continuous-time model. Journal of Economic Theory (3): 373-413.

MILEVSKY M A, MOORE K S, YOUNG V R, 2006. Asset allocation and annuity-purchase strategies to minimize the probability of financial ruin. Mathematical Finance (16): 647-671.

MING Z, LIANG Z, ZHANG C, 2016. Optimal mean-variance reinsurance with common shock dependence. The ANZIAM Journal (58): 162-181.

MOHAMMED S E A, 1984. Stochastic Functional Differential Equations. Pitman, London.

MOHAMMED S E A, 1998. Stochastic Differential Systems with Memory: Theory, Examples and Applications. Springer, New York.

ØKSENDAL B, SULEM A, ZHANG T, 2011. Optimal control of stochastic delay equations and time-advanced backward stochastic differential equations. Advances in Applied Probability (43): 572-596.

ØKSENDAL B, SULEM A, 2001. A maximum principle for optimal control of stochastic systems with delay, with applications to finance. Optimal Control and Partial Differential Equations-Innovations and Applications. Amsterdam: IOS Press.

PARTRAT C, 1994. Compound model for two dependent kinds of claim. Insurance: Mathematics and Economics (15): 219-231.

PROMISLOW S D, YOUNG V R, 2005. Minimizing the probability of ruin when claims follow Brownian motion with drift. North American Actuarial Journal (9): 110-128.

SCHEUTZOW M, 1984. Qualitative behaviour of stochastic delay equations with a bounded memory. Stochastics (12): 41-80.

SCHMIDLI H, 2001. Optimal proportional reinsurance policies in a dynamic setting. Scandinavian Actuarial Journal (1): 55-68.

SCHMIDLI H, 2002. On minimizing the ruin probability by investment and reinsurance. Annals of Applied Probability (12): 890-907.

SHEN Y, ZENG Y, 2014. Optimal investment-reinsurance with delay for mean-variance insurers: A maximum principle approach. Insurance: Mathematics and Economics (57): 1-12.

SUN H, GENG B, WANG S, 2020. Asymptotic sum-ruin probability for a bidimensional risk model with common shock dependence. Stochastics: 1-15.

SUN Z, GUO J, 2018. Optimal mean-variance investment and reinsurance problem for an insurer with stochastic volatility. Mathematical Methods of Operations Research (88): 59-79.

Wang Y, Rong X, Zhao H, 2018. Optimal investment strategies for an insurer and a reinsurer with a jump diffusion risk process under the CEV model. Journal of Computational and Applied Mathematics (328): 414-431.

Wu K, Wu W, 2016. Optimal controls for a large insurance under a CEV model: based on the Legendre transform-dual method. Journal of Quantitative Economics (14): 167-178.

YANG H, ZHANG L, 2005. Optimal investment for insurer with jump-diffusion risk process. Insurance: Mathematics and Economics (37): 615-634.

YANG P, 2017. Time-consistent mean-variance reinsurance-investment in a jump-diffusion financial market. Optimization (66): 737-758.

YI B, VIENS F, LI Z, 2015. Robust optimal strategies for an insurer with reinsurance and investment under benchmark and mean-variance criteria. Scandinavian Actuarial Journal (8): 725-751.

YU F, 2002. Modeling expected return on defaultable bonds. The Journal of Fixed Income (12): 69-81.

YUEN K C, GUO J, WU X, 2002. On a correlated aggregate claims model with Poisson and Erlang risk processes. Insurance: Mathematics and Economics (31): 205-214.

YUEN K C, GUO J, WU X, 2006. On the first time of ruin in the bivariate compound Poisson model. Insurance: Mathematics and Economics (38): 298-308.

YUEN K C, LIANG Z, ZHOU M, 2015. Optimal proportional reinsurance with common shock dependence. Insurance: Mathematics and Economics (64): 1-13.

ZENG Y, LI D, GU A, 2016. Robust equilibrium reinsurance-investment strategy for a mean-variance insurer in a model with jumps. Insurance: Mathematics and Economics (66): 138–152.

ZENG Y, LI Z, LAI Y, 2013. Time-consistent investment and reinsurance strategies for mean-variance insurers with jumps. Insurance: Mathematics and Economics (52): 498–507.

ZENG Y, LI Z, 2011. Optimal time-consistent investment and reinsurance policies for mean-variance insurers. Insurance: Mathematics and Economics (49): 145–154.

ZHANG C, LIANG Z, 2017. Portfolio optimization for jump-diffusion risky assets with common shock dependence and state dependent risk aversion. Optimal Control Applications and Methods (38): 229–246.

ZHANG Q, CHEN P, 2018. Time-consistent mean-variance proportional reinsurance and investment problem in a defaultable market. Optimization (67): 683–699.

ZHANG Y, ZHAO P, 2020. Optimal reinsurance-investment problem with dependent risks based on Legendre transform. Journal of Industrial and Management Optimization (16): 1457.

ZHAO H, RONG X, ZHAO Y, 2013. Optimal excess-of-loss reinsurance and investment problem for an insurer with jump-diffusion risk process under the Heston model. Insurance: Mathematics and Economics (53): 504–514.

ZHAO H, SHEN Y, ZENG Y, 2016. Time-consistent investment-reinsurance strategy for mean-variance insurers with a defaultable security. Journal of Mathematical Analysis and Applications (437): 1036–1057.

ZHAO H, WENG C G, SHEN Y, 2017. Time-consistent investment-reinsurance strategies towards joint interests of the insurer and the reinsurer under CEV models. Science China Mathematics (60): 317–344.

ZHENG X, ZHOU J, SUN Z, 2016. Robust optimal portfolio and proportional reinsurance for an insurer under a CEV model. Insurance: Mathematics and Economics (67): 77–87.

ZHOU X Y, LI D, 2000. Continuous-time mean-variance portfolio selection: A stochastic LQ framework. Applied Mathematics and Optimization (42): 19–33.